河合隼雄著作集

第II期

コンプレックスと人間

1

岩波書店

序説　現代人と心

テロリズムとコンプレックス

新しい世紀になりどのような変化が生じるのか、などと思っているとき、二〇〇一年九月十一日の衝撃的な事件が生じた。現代の科学技術と、資本主義経済の象徴とも言える、世界貿易センターの二つの高層ビルが、これまた現代の科学技術の粋とも言える航空機によって、あえなく破壊されてしまった。ひとつのビルが破壊された後に時間の経過があったので、第二のビルの事故を、テレビによって世界中の多くの人びとが実際に見る、という恐ろしいことが生じた。すべてのことが現代ならではのことであった。

テロリズムは絶対に許せないことである。これに実際的にどう対処するかは、極めて難しい問題である。ここではその点はしばらく措くとして、人間の心の問題という点から、これを考えてみよう。

この衝撃的なシーンを見て、これが二十一世紀の幕開けとして生じたのでは、と思ったとき、私は二十世紀のはじまりに生じた、人間の心に関する「事件」を思い出した。それは、一九〇〇年におけるフロイトの『夢判断』の出版である。それがどうして「事件」かと言われるかも知れないが、心の問題を考える上で、これは忘れることのできないことである。一九〇〇年なので、二十世紀のはじまる一年前であるが、その後の展開から見て、これを二十世紀のはじまりの「事件」と見ていいだろう。

この書物の出版を契機として、フロイトの精神分析運動が展開されることになるが、これは、言うなれば、それまで絶対視されていた「自我」の主体性をゆるがすものであった、ということができる。

西洋においては、啓蒙時代を経て、科学技術の発展に伴い、人間は神の力を借りなくても自力で多くのことができると確信し、人間のそのような力の中心として、自立的で主体性をもった自我というのが、誕生したのである。かくて、人間の自我は理性的、合理的な判断によって、それまでの絶対的な神の地位を奪うかに見えたが、フロイトは、自我はそれほど強力でないことを実証して見せたのである。自我は無意識によって、思いがけない影響を受けている、というのが彼の指摘であった。

自我はその主体性、統合性を保つために、それに不適合なものを外に排除する傾向をもっている。それらの心的内容は自我によって受け入れ難い感情によって色づけられたコンプレックスを形成する(この詳細については、本書を参照されたい)。

自我はその主体性を維持するために、コンプレックスを抑圧する。これが成功している間は何事も生じないが、コンプレックスの力が強くなってくると、それは自我の主体性を脅かし、神経症の症状などとして顕在化してくる。自我はどうしようもない症状に悩まされるが、どのように対処していいかわからない。これを治療するためには、本書にいろいろな例をあげて論じているように、自我は自分の防衛をゆるめ、コンプレックスについて知り、それとどのような関係を保つのが得策かを考え出さねばならない。これが、心理療法の過程であり、それをどのように行なうべきかを、フロイトやユングをはじめ、多くの深層心理学者が検討し、それは二十世紀の間に大いに進歩してきた。

個人の神経症の治療は、このようにして研究されてきたが、今は、似たようなことが個人ではなく、地球規模で起こっている、と言えないだろうか。地球全体を個人の心全体と同等と考え、たとえば、自我の役割をアメリカがとろうとする。そこで、アメリカはアメリカなりの方針によって、全体を統合できたと考えるが、何のことはない、コンプレックスと同じように、それに従わない組織ができてきて、まるで神経症症状のようにテロリズムの事件を起こす。そうなると、アメリカは神経症に悩む人のように、いらいらしたり、その症状をなくするためにどうしたらよいのかわからないままに、沈みこんだり、他の人にあたったり、などということが生じる。現在のアメリカの状況は、それによく似ていないだろうか。

もちろん、ここに述べたことは、ふたつの現象の間に極めて類似性の高い要素がある、ということであり、ここからすぐに結論に至るのはむしろ性急にすぎるであろう。しかし、二十世紀という百年間の間に、自我とコンプレックスの関係をどのようにするか、いろいろと考えたように、おそらく、二十一世紀は、地球上に住む人類が、その全体としての統合性や主体性について、大いに悩み、考えねばならぬ世紀となる、ということはできるであろう。これはなかなか一筋縄では捉えられない問題である。

〝もの〟と〝こころ〟

二十一世紀において「こころ」のことを考える上において、どうしても避けて通れないのは心身相関の問題である。これと関連して、日本では特に、「もの」の問題がいろいろな形で問題となってきていると思われる。

古来から、わが国では「もの」と「こころ」を明確に分離して考えなかった(そのような分離以前の考えとして、一応「こころ」という表記を用いることにしよう)。この点については詳論を避けるが、たとえば「もののけ」などという表現に、両者の分離以前の「もの」の存在を感じることができる。あるいは、「もの静か」「もの淋しい」という表現もある。もちろん、そうは言うものの区別して考えられることもあるからこそ、「もの」と「こころ」という異なる言葉をもっているのだが、西洋近代ほど、その区別は明確ではなかった。

西洋の近代においては、物質と精神は明確に区別されることになった。それは前節に述べた、近代自我の誕生と同時に生じたことである。これによって、人間は自分を他の事物と区別し、それを客観的観察の対象とすることにより自然科学を発展させ、それと関連するテクノロジーを大いに発展させた。このことによって、人間は自然を相当に支配し、操作を加えることによって、物質的繁栄を遂げることができた。

日本は明治の開国以来、欧米の文明を熱心に取り入れるように努力した。それがある程度成功したところで、欧米の「物質主義」に対して、日本の「精神」で立ち向かうなどという愚かな考えをもって戦い、敗戦を経験することになった。その後しばらく続く物質的貧困のなかで、何とかして「もの」を十分に獲得することが「幸福」に至る道と考え、またもや努力を続けた。敗戦後五十年の間に、日本は経済的には大いに豊かになったが、このためにかえって多くのこころの問題をかかえこむことになった。

たとえば、端的に言えば、ものが豊かになったために、子育てが難しくなったと言えないだろうか。物が少ないときは、互いに分け合うことは当然のことであった。あるいは「もったいない」ということが身にしみて感じられた。もったいない、という考えは単なる物の節約ではなく、「塵ひとつに三千の仏あり」というような仏教的な存在論を背景にもっており、このような日常生活のなかで、とりたてて明確に言語化しなくとも、宗教教育や道徳教育を行なっていた、と言うことができる。そこで、豊富な物を前にして、「もったいない」が無効になるということは、単に生活様式が変るという以上に、知らぬ間に重要な教育を日本の家庭が放棄してしまったことになる。

あるいは、いろいろと便利な物や面白い物が出てくると、それを手に入れるためにはお金が必要となり、お金を稼ぐために父親も母親も過酷な仕事を強いられ、しかも、その労働は家庭を離れて行なわれるので、どうしても親と子の接する時間が少なくなってくる。子どもの方も将来の高収入を得る職業や地位を獲得するために、幼いときから「勉強」を強いられるので、親子のすれちがいはますます大きくなり、夕食を共にすることさえ出来なくなってしまう。

人間のこころは人間関係によって育てられることが大きいので、家庭内の親子関係の喪失は、こころを貧しくすることになる。それを補償するものとしての家庭外の人間関係は、これまた乏しいと言わざるを得ない。昔には存在した地域内の人間関係も稀薄になっている。

これらの現象はまだまだあげられるだろうが、それは措くとして、要するに、「もの」と「こころ」を分離しない文化のシステムが、「もの」と「こころ」の分離を前提として、急激に豊富になった「もの」を無反省に取り入れているうちに、とうとうバランスを崩してしまったのが、日本の現状ではなかろうか。

日本人はよく西洋の文明のことを「物質文明」と呼んだりするが、それは、このような文明がキリスト教という宗教を基にして生まれてきたことを忘れているからではなかろうか。すでに述べたような強力な自我の確立も、自と他、心と物などを明確に区別することも、もとはと言えば、唯一の神と人間、人間と他の被造物とを明確に区別する世界観から生じてきたと言うことができる。彼らの豊富な「もの」は、唯一の神によって支えられている。それは単なる「物質文明」などではない。

とは言っても、西洋においても自然科学の発展によって、神の力を借りずとも人間が自力で多くのことができることがわかり、神の力は弱まっていったのも事実である。しかし、そこに神経症という現象が生じてきたことはすでに述べたとおりである。そこで、これに対しても神の力に頼らず人間の力によって治療を行なうことが考えられた。そのために人間のこころをつき離して出来る限り客観的に見ることが試みられるようになった。

こころの構造

神の力を借りずに、神経症の治療を行なおうとしたのがフロイトである。彼はそこで自分なりに自分のこころをできる限り客観化し、その構造やダイナミズムを明らかにしようとした。ユングははじめフロイトと協調していたが、彼はフロイトと異なり精神分裂病の患者と接することが多かったために、フロイトの考えた、こころを意識と無意識の領域に分けて考えることには賛成したが、無意識については、彼なりの理論をつくりあげていった。これから述べることは、ユングの考えに基づいている。

ここでまず大切なことは、「こころの構造」などと言っても、体の構造を研究するように客観的には研究できないことである。あくまで主観的に「こころ」が「こころ」を通じて知ったことを、できるだけ客観的に述べようとしているのである。身体の場合と異なり、人間を解剖したら、「自我」や「無意識」がでてくるわけではない。しかし、こころが自らの状態について考えるときに、本書に図示したような「こころの構造」の図が役立つ、というわけである。

こころの構造をこのような観点から考えるとして、二十一世紀においてはそれはどうなるのだろうか。いろいろ考え方を変えてゆかねばならないが、まず第一に「こころ」のことを考える上で「体」のことを無視できないということである。「こころ」を「こころ」の側から考えるにしろ、こころと体は思いの外に重なっていることを意識せざるを得ない。感情はこころのことであると共に体のことでもある。それに近年には「心身症」というのが増加してきた。それは身体症状を示すが何らかの意味で心が関連している。

こころと体を分離することによって近代医学が進み、体の病気をどんどん治せるようになったが、「体」の方もさすがなもので、近代医学では手の届かない、こころと体との分離以前のところにうまく逃げこんだのだ、などと言いたくなる。ここでもテロリズムの比喩が使えそうである。強力な政府や軍隊をもってしても、どうしても手の届かない山奥に敵が逃げこんでしまったような状態である。

ここで、こころの構造を体との関連も考慮しながら図示してみよう。ここに言う「体」は、こころによって生きられている体であり、こころから切り離して客体化されたものではない。そのときは、人体の構造図はまったく明確なものになる。この図は何度も言うように、こころに描かれるイメージ図である。

やはり話のはじまりは自我ということになるが、自我は「こころ」のみならず「体」の一部も支配している。自我は自分の思うままに体を動かせる。しかし、内臓の機能などは自我によって支配できない。自我は個人のなかの当主のように感じられるが、支配している部分は存外少ないと言わねばならない。

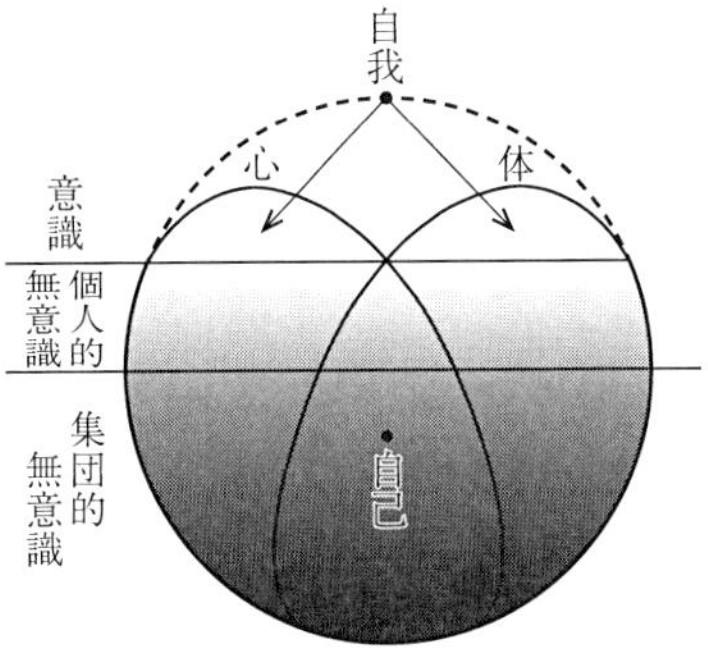

心身の構造（自我より見た）

自我の支配の及ばない無意識をユングは、「個人的無意識」と「集団的無意識」に分けた。前者は、個々の人間がその生活史との関連で意識化できずにいるものであるのに対して、「集団」の方はその個人の所属する集団に共有されるもので、家族、文化などに従って、家族的無意識、文化的無意識などと分けることもできるだろう。一番底は人類共通の普遍的無意識である。無意識領域は深くなると、身体と重なってくる。ユングは普遍的無意識の領域を類心《プシコイド》的領域と呼んだりしている。それを「こころ」として捉えることはできないのである。

自我と無意識の関係は微妙である。無意識の力が強すぎると、自我は自主性や統合性を脅かされる。しかし、自我防衛が強すぎるときは、自我は硬化し、豊かさや生命力を失ってゆく。二十世紀のはじめの頃と比較すると、人間の自我は相当に強くなり、個人的無意識の領域を意識化することに成功してきている。その証拠としては、ヒステリーが先進国において減少している事実をあげることができる。わが国においても、フロイトが報告したような古典的なヒステリーの患者は非常に少なくなったと言うことができる。

グローバリゼーションの傾向が強まると、異文化との接触が頻繁になる。そうすると、「文化的無意識」として、ある文化に特定に意識化されずにきた内容が他から刺戟されるので、それぞれの文化は、何らかの形で文化的無意識との対決の必要に迫られる。これが現代人のこころのひとつの大きい課題である。

アメリカでは現在、イスラム関連の書物がよく売れるし、コーランを読む人が増えたという。これは望ましいことだ。このようにして人間の意識は拡大されてゆくのである。

わが国は明治の開国以来、西洋文化を取り入れてきているので、常に日本人の文化的無意識の問題をかかえてきている。西洋文明の上澄みをすくっているうちはそれほどでもなかったが、現在はこの問題を避けて通ることはできない。不登校などの子どもの問題は、個々人のことでもあるが、「文化の病」として見ることが可能な場合が多い。その個人の問題のなかに文化的な課題を認められるのである。

心身症の場合は、その治療法として身体の方からのアプローチと心の方からのアプローチがあるが、その事例によってどちらの方が効果的であるか異なってくる。ただ、心の側からのアプローチと言っても、簡単に親子関係とかの個人的な生活史との関連を見出せないときが多い。表層的なところで「心」にかかわってみても意味がない。その点、東洋医学の場合は「心身一如」的なアプローチなので効果をもつときがある。現在、心身症の治療などに多くの代替治療が試みられているのもこのためである。その効果という点では、これからまだまだ研究が必要であろう。

個人と世界

「心身の構造」などという図を示してみたが、このような図はあくまで個人を閉じられた単位とみて考えられている。しかし、実際は人間は孤立していなくて、他人や自然やいろいろなものと関連している。そのことを考慮に入れると、先に示した図は描き直さねばならなくなるが、それは大変難しい。図は一応このままにしておくとして、実はこれは他に対して開かれたものであることを忘れないようにしたい。

心理療法は個人を対象にすることが多い。たとえば、いじめを受けて困っている中学生に会う。そこで一応目標になっているのは、その子に対するいじめをどうして防ぐか、あるいは、その子がいかにいじめに打ち勝つかである。ところが話し合っているうちに、そのことに、その子の両親の生き方がかかわってくる。その地方の人たちの生き方もかかわる。学校の方針もからんでくる。果ては日本文化の特性まで考えねばならない。極端に表現すれば、個人を相手にすることは、すなわち世界を相手にすることだ、ということになる。実際に心理療法を続けてゆくなかで、一人の人が変るだけではなく、その人を取り巻く家族や学校なども変ってゆくことを体験することが多い。

その点で、ユングが集団的無意識という表現をしているのは示唆的である。ある個人の無意識を扱うことは、何らかの集団と関係してくるのだ。心理療法家はこのことをよく意識して個人に会わねばならない。

人と人との関係という場合、自我と自我との関係はわかりやすい。どのような関係かが意識され、言語によって説明できるからである。しかし、人間関係には無意識的なのもある。それが無意識的な一体感の場合は、相当に強いものになる。もともと存在した母と子の無意識的一体感を断ち切り、自立した自我を確立して、そのような自我が他の自我としっかりとした関係を結ぶ、というのが西洋近代の考えである。

しかし、日本人の関係はそれに対して、無意識的一体感を基礎とするような関係に頼っているところが多い。もちろん、そのような関係を誰に対してももつのは不可能なので、「うち」と「そと」を区別し、「うち」の者とは一体感をもつが「そと」に対しては関係をもたない、という方法をとっている。

日本人は無意識的一体感をベースとするような人間関係を「しがらみ」として感じはじめ、それを断ち切ってみるものの、自我を確立して自我と自我との関係を結ぶということができないので、急激に孤立することになる。日本人の家族関係において、このことは深刻な問題となっている。

筆者としては、西洋の人間関係も日本の伝統的人間関係もどちらも一長一短であるので、可能な限りどちらもできるようになるのが理想ではないか、と思っている。矛盾しているようだが、そのような矛盾をどの程度保持してゆけるかが現代人の課題ではなかろうか。

自己実現

西洋近代においては、自立した自我の確立ということが高く評価された。そして、無意識にある内容をできる限り意識化し、自我を強化し豊かにしてゆくことが、人生の課題であると考えられた。もちろん、そのためには前節に述べたように人間関係ということが大切となり、自我の成長はすなわち、家族関係をよくし、社会的地位も向上してゆくと考えられた。

　ユングもそのように考えていたが、そのうちに、自我の確立という点で申し分なく、社会的地位も財産も家族関係もすべて良し、という人が強い不安をもって来談することがあるのに気づいた。ユングは「何も問題がない、ということが問題である」という言い方もしている。そのような人は、時に自分のそれまでの価値からするとまったく逆のことや、人に強く心を惹かれ、そのために破滅しそうになっていることもあった。

　ユングはそのような人に会い続けているうちに、そのような人は世俗的なことではなく、「人はどこから来てどこに行くのか」「死とは何か」などという極めて根元的な問いにこころを捉えられていることに気がついた。それらに対する答は、既成の宗教が提供してくれるが、それにはもはや満足できないのであった。

　ユング自身もそれについて答を用意することはできなかった。そこで、彼はともかく来談した人と共に、その人の無意識の語るところに耳を傾けることにした。それは危険なことであった。うっかりするとその人がそれまでに築きあげてきた地位、財産、家族などを失いかねまじいこともあった。しかし、それを続けているうちに、その人なりの納得のゆく答が見つかるのであった。それは極めて個人的であると共に、ある種の普遍性をもっていた。つまり、その個人から出てきたもので誰にでも通用するものではなく、その人自身の納得を第一としながらも、そこに表現されたことは、世界の宗教や神話などの語ることと著しい類似性を示す、という点で普遍性をもっていた。

　ユングはこのように自我の思考や判断を超えた内容が無意識から送られてきて、それによって、その人が人間全体としてのより高次な統合性に達することに気づき、人間の無意識内に人間の心の意識も無意識も含めた全体としての中心、自己(Selbst, self)が存在すると仮定した。

「自己」はまったく仮定の存在である。しかし、自分の人生を考えるときに「自我」のみを中心として考えるのではなく、それを超えた「自己」という全体性をそなえた存在があると仮定し、自己の声に耳を傾けることによって、人生はより豊かになる、というのがユングの考えである。彼はその過程が極めて個人的である点に注意して、それを個性化の過程(process of individuation)と呼んだ。あるいは、これを「自己」の realization であるとも考え、self-realization (自己実現)とも呼んだ。ここに示した、リアライズという英語は、認識するということと、実行するということの両面を含んだ意義の深い言葉である。

自己実現の道は、何らかの意味で自我の判断を超えているという意味で、不可解であったり、苦悩に満ちたものであったり、時には拒否したくなったりするほどのものである。ただ単純に自分の好きなことをするというのでは、自我実現だったり利己実現であったりするだけである。もっとも、「好きなこと」というのは自己実現への入口として意味あるものであることが多いのではあるが。

個人の自己実現について述べた後で、最初に述べたことと関連して、人類全体のことを考えてみよう。これもひとつの比喩的な思考であることを忘れないようにしながら、行なわねばならないが。

人類全体あるいは地球全体に、ある程度の統合性をもたらす中心があるとしても、その中心が絶対的な正当性を主張したり、権力をもったりするのは許されない。たとえ、そのような中心的存在があるとしても、それは閉じられたものではなく、開かれたものとして、一見自分と反対、あるいは拒否したくなるような存在に対しても、押さえつけるのではなく関係を維持してゆく努力を続けねばならない。言うなれば、自分の承認し難いような矛盾をかかえこみながら、そこから新しいものが生まれてくるのを待たねばならない。それは、危険性に満ち、相当な寛容と忍耐を要請するものではあるが、それを行なってこそ人類の進歩がある。言うなれば、人類全体の自己実現の道が拓かれるのではなかろうか。これは、もちろん一歩誤れば破滅の道なのであるが、注意深く慎重に歩んでゆくことによって、それを避けていかなければならない。

ここに述べたことは比喩を頼りにしての考えである。自我と自己という考えは、ある種の考え方や姿勢を示す上で便利なモデルを提供する。しかし、そもそも自我あるいは自己という中心を考えるというところに無理があるのではないか、という考え方もある。そうなると、中心という考えを否定するネットワークという考えが浮かびあがってくるが、これについてはまた後の機会に述べてみたい。

河合隼雄著作集第Ⅱ期 第1巻　コンプレックスと人間　目次

I

コンプレックス

第一章　コンプレックスとは何か

コンプレックスというのは、心理学の専門用語である。しかし、現在では日常語のようになってしまって、「あの人はコンプレックスが強くて困る」とか、「私は音楽についてはコンプレックスがあるのです」とか、普通の会話の中にも使用されることが多い。

この用語が始めてわが国に紹介されたときは、「心的複合体」あるいは「複合」などと訳されていたが、現在ではコンプレックスのままで用いられ、殆んど日常語のようになってしまっている。しかし、この言葉を現在用いられているような意味で、最初に用いたのは、スイスの精神科医ユングであることとか、あるいは、コンプレックスについての正確な意味とかについては、案外知らない人が多い。そこで、コンプレックスについて、あらためて考え直してみようとするわけであるが、先ず始めに、コンプレックスの存在を感じさせるような心理現象をとりあげ、それについて考えを深めてゆくことにしよう。

1　主体性をおびやかすもの

われわれは自分で自分の行動を律することができる、と思っている。何かを食べたいと思えば食べ、食べたくないと思えば食べない。常に自分の意志に従って行動し、主体的に動いている。しかし、常にそうであるとは限らないのである。われわれの主体性は、本人が信じているよりは弱いもので、自分の意志とは異なる行動が生じてくるため悩んでいる人も多いのである。

ノイローゼの人達は、何らかの意味で自分の意志に反する行動や観念に悩まされている人、ということができるが、その一例として、対人恐怖症の場合を考えてみよう。

ある女子学生は、何となく人が怖くなってきて外出することができないという。別に理由があるわけでもなく、「そんな馬鹿なことはあり得ない」と思うのだが、いざ外出となると恐ろしくなって、どうしても外出できないというのである。この場合、悩んでいる当人も、「そんなことはあり得ない」と解っていながら、その意志に反して恐怖心が湧いてくることが特徴的である。

あるいは、最近とみに増加してきて問題となっている不登校の場合を考えてみよう。彼等の多くは勉強もよくできるし、真面目な生徒で、学校や先生が嫌いなわけでもない。むしろ、学校へ行きたいと思うので、前の晩から時間割をしている生徒さえある。しかし、朝になると、「なぜか知らないが、どうしても行けない」のである。この真面目な生徒の意志に反して、学校へ行けなくしているのは誰であろうか。

本人の意志に反する行動という点で、もっとも劇的なのはヒステリーの場合であろう。これから舞台に立つというときに、足が麻痺して踊れなくなったバレーダンサー。会議で重要な報告をしなければならない前日から、急に声が出なくなってしまった会社員。これらの場合は、自分の意志に反して、体の機能が停止してしまうのであるから、その人の身体に対する主体性が完全におびやかされている状態である。フロイトやユングが、その研究活動を始めたときは、ヒステリーの患者が多く、身体的には何ら異常がないのに、目が見えなくなったり、耳が聞こえなくなったりするような例が、彼等の初期の論文に多くのべられている。現在では随分少なくなったと言われるが、無くなったわけではなく、今でもわれわれ治療者のところに訪れる人もある。

今までのべてきたようなノイローゼの事例に対しては、読者はそのようなこともあるだろうと、他人のことのように思うかも知れない。それは「異常」な人のことで、自分のように「正常」な人間には生じないことだと思うかも知れない。しかし、この正常と異常の壁は、世人が信じている程、強いものではない。

たとえば、対人恐怖症の場合について考えてみよう。この症状は日本人に特有のもので、日本人の心性を解明する点でも興味あるノイローゼであるが、一般人でこれに近い悩みをもっている人が案外多いのである。「人が怖くて外出できない」などという症状はなくとも、「人前で赤面しやすい」ことを悩んでいる人は相当多いのである。

対人恐怖症の精神病理の解明に努力を払い続けている、京都大学保健管理センター精神科医の笠原嘉助教授は、興味ある統計結果を発表している(『全国大学保健管理協会々誌』四号)。その統計によれば、昭和四二年度K大入学生二四八一名について入学時に行なった質問紙による調査の結果、「赤面しやすい」にチェックした学生は、九九五名(四〇・一%)、「他人の視線が気になる」にチェックしたもの七九八名(三二・二%)であったという。もちろん、これは「この一年間に一度でも」そういうことがあれば「気軽に」マークするように指示されたものであるし、彼等がその一年間、厳しい受験生活にあったことも考慮しなければならないが、それにしても余りにも多数であるのに驚かされるのである。これらの学生が全てノイローゼだなどということはなく、殆んどが「正常」な学生生活をおくっているわけである。しかし、彼等が自分の意志に反して、対人関係のなかで何らかの不安を経験していることは、否むことのできない事実である。

ヒステリーの例を記載しているユングの報告のなかに、患者が愛する父親の死の報せを聞いて、笑いの発作におそわれるところがある(『分析心理学についての二論文』)。意識的には全く悲しいことと思いながら、その女性は「笑いの発作」をとめることができないのであった。ヒステリーの劇的な症状をきくと、他人事のように思う人でも、このような「笑いの発作」におそわれた経験のある人は多いかも知れない。子供の頃、厳粛な式の最中に、何でもないことで笑いそうになるのをこらえるのに苦労した思い出とか、笑ってしまって叱られた思い出などはないだろうか。あるいは、医者の診察をうけるとき、聴診器をあてられると、何もくすぐったくないのに笑いそうになって困った人はいないだろうか。自分の意志による制御を排して、笑ったのは誰なのだろう。

日常場面で、われわれがよく経験する自分の意志に反する行為としては、言いまちがいとか、忘却とかがある。前からよく知っている人であるのに、その人の前にゆくと突然名前を忘れてしまったり、大切なところで変な言いまちがいをしてしまったりする。

ユングは多くのこのような例をあげているが(「早発性痴呆症の心理」)、たとえば、自分の失恋した女性が結婚していった相手の男性と、仕事上の交際があるのに、手紙を書こうとすると名前が思い出せずに困るという人の例などを示している。このような点については、フロイトも多くを研究し、『日常生活における精神病理』という著作も書いている程である。

筆者が聞いた例として次のようなのがある。ある女性が旧師と久しぶりに会うことになって、約束の時間に待っていたが先生はなかなか現われない。随分おくれて、「やあ、今日は」と先生が現われたとき、彼女は「長らく御無沙汰しております」と挨拶しようとしたが、「長らくお待たせ致しました!」と言ってしまったのである。ヒステリーの事例などと違って、この場合の「言いまちがい」の理由は本人にも明らかである。彼女は約束の時間を守ったのに、待たされたので少し腹が立っていた。しかし、一方では旧師の多忙な生活を知っているので、これ位のことはあっても当然という気持もあった。そこへ、先生が現われて、待たせたことに対する挨拶もせずに、「今日は」といったとき、彼女の意志に反して、「長らくお待たせしました」という言葉が出てきたのである。それは教師が言うべきことと彼女が期待していたことだった。

この例はなかなか示唆的である。つまり、彼女の心のなかに一種の分離が生じ、一方では待たされたことを心外に思い、一方ではそれを受けいれようとした。そして、後者が一応主体性をもって行動しようとしたとき、前者が反逆して、思いがけないことを言わしめたのである。この例によって、今まであげてきたような例においては全て、一種の心の「分離」現象があるのではないか、そして、その一方は意識されているが、他方は意識されていないのではないかという点が予想されるのである。

「正常」な人でも、主体性をおびやかされている例を示してきたが、われわれが日常に経験していることのなかには、このようなことが多いのではなかろうか。「なぜか解らないけれど、いらいらする」とはどういうことだろう。あるいは、誰か他人に対して、「虫が好かない」などということは、何を意味しているのか。このような表現法は日本に多いが、なかなか示唆的な表現である。「私」が好かないのではなく、「虫」が好かないのだから、理由は解る筈はない。とすると、私の中に居て、しかも「私」とは異なる「虫」とは一体何か。これらの全ての現象の解明から、コンプレックスの存在が浮かびあがってくるのだが、この節の終りに、もうひとつだけ、主体性をおびやかす現象をとりあげておきたい。

それは、夢である。夢はわれわれ自身の心の現象でありながら、自分の意志に従って夢をみることはできないのである。（夢の現象に、意志の力が全然働かないということも言えないが。）筆者に分析を受けたある人は、恐ろしい夢ばかりみるので、眠る前に幼児期の楽しい出来事を思い出して心に描くことにしてみたが、それは夢の内容に何も影響を与えなかった。

聖者アウグスチヌスが、いかに自分の人格を高める努力をしても、その夢の内容には彼の意志を裏切るものがあり、神も人間の夢の内容についてまで責任を追及しないだろうと考えた点について、ユングはしばしば言及している。聖アウグスチヌスをもってしても、自分の欲するような夢をみることは出来なかったのである。

夢にこのような性質があることは、今までのべてきた心理現象の解明に、夢が役立つことを示唆するものであるが、それについては、第五章にくわしくのべることにする。

さて、以上のような現象を実験的に明らかにする方法として、ユングが考え出したものに、言語連想法があるが、それについて次節で説明することにしよう。

2　言語連想検査

ひとつの単語を刺戟語として用い、それについて連想する単語を言わせる、言語連想の検査はユング以前からあり、ヴント(ドイツの心理学者、哲学者)やゴールトン(イギリスの遺伝学者、心理学の研究もした)によって用いられていたが、ユングの卓見は、彼自身ものべているように(エヴァンズ『ユングとの対話』)、人々がどのような連想をのべるかということよりも、連想時間が非常におくれたり、連想できなかったりするという現象に注目した点にある。ひとつの単語に対して、思いつく単語を何でもいいから答えればいいので簡単そうに思えるが、実際に行なってみると、誰も、意外なところで答えられなかったり、反応がぐっとおそくなったりすることが見出された

表1　ユング連想検査の刺戟語

1 頭	21 インキ	41 金	61 家	81 礼儀
2 緑	22 怒り	42 馬鹿な	62 可愛い	82 狭い
3 水	23 針	43 ノート	63 ガラス	83 兄弟
4 歌う	24 泳ぐ	44 軽蔑する	64 争う	84 怖がる
5 死	25 旅行	45 指	65 毛皮	85 鶴
6 長い	26 青い	46 高価な	66 大きい	86 間違い
7 船	27 ランプ	47 鳥	67 かぶら	87 心配
8 支払う	28 犯す	48 落ちる	68 塗る	88 キス
9 窓	29 パン	49 本	69 部分	89 花嫁
10 親切な	30 金持ち	50 不正な	70 古い	90 清潔な
11 机	31 木	51 蛙	71 花	91 戸
12 尋ねる	32 刺す	52 別れる	72 打つ	92 選ぶ
13 村	33 同情	53 空腹	73 箱	93 乾し草
14 冷たい	34 黄色い	54 白い	74 荒い	94 嬉しい
15 茎	35 山	55 子供	75 家族	95 あざける
16 踊る	36 死ぬ	56 注意する	76 洗う	96 眠る
17 海	37 塩	57 鉛筆	77 牛	97 月
18 病気	38 新しい	58 悲しい	78 妙な	98 きれいな
19 誇り	39 くせ	59 あんず	79 幸運	99 女
20 炊く	40 祈る	60 結婚する	80 うそ	100 侮辱

のである。そして、ユングはこのような現象は、知的な問題ではなく、むしろ感情的な要因が背後に働いていると考え、臨床的に利用しようとしたのである。ユングがこの方法に関する知見を初めて学会に発表したのは、一九〇四年のことであるが、これによってユングの名前が学会に知られ、後にアメリカの大学に講義のために招かれる基となったのである。

ユングの用いた言語連想法とは、あらかじめ定められた百個の刺戟語があり、検査者は被験者に対して、「今から単語を一つずつ、順番に言ってゆきますので、それを聞いて思いつく単語を一つだけ、できるだけ早く言って下さい」といって、ストップウォッチを持ち、刺戟語を言って相手の反応した単語と、反応時間とを書きとめてゆくものである。

このようにして、百個の連想が終ったあとで、「もう一度くり返しますので、前と同じことを言って下さい」といって、再検査をする。前回の反応を覚えていたときはプラス（＋）、忘れていたときはマイナス（－）を記入、一回目と違う言葉を言ったときは、それを記入してゆく。ユングが用いた連想検査の刺戟語は、初期の頃から、後に用いるようになったものまで少し変化があるが、現在、ユング研究所で用いているものを表1に示しておいた。これはドイツ語のものからの翻訳であるが、品詞を変えたりして、少し変更してある。英語のものも、文化差を考慮してドイツ語の刺戟語とは少し変更して用いられている。わが国でも、これをもし本格的に使用するのなら、文化差を考慮して少し考えるべきであろう。（刺戟語85の「鶴」は、ドイツ語のでは「こうのとり」である。こうのとりが赤ちゃんを運んでくるお話はヨーロッパ文化圏特有のものであり、それを考慮して用いられた刺戟語であるから、一応、わが国で用いる場合として、「鶴」に変更しておいた。）

反応がどのようになされるかを示すため、表2にひとつの反応例の最初の部分を示しておいた。この被験者はこれによると、最初の「頭」という刺戟語に対して、四・二秒で鼻と反応し、再生のときは反応語を忘れている。2番目の「緑」に対しては、一秒で「牧場」と反応し、これは再生できている。同様にして見てゆくとよいが、3「水」に対しては、湖と反応し、再生のときにそれを間違って、「ボート」といっている。5「死」に対する反応語は非常におくれ、八・四秒も要し、その反応語も、自分の義父と似ている人を思い出して、その人の名前をのべるなど、異常な点が認められる。

表2　言語連想の結果の一例

刺戟語	反応語	時間*	再生
1 頭	鼻	21	－
2 緑	牧場	5	＋
3 水	湖	13	ボート
4 歌う	歌	16	－
5 死	S. T.**	42	＋

*　時間は1/5秒を単位としてある

**　被験者の義父と似ている人の名前

このようにして、百の刺戟語について連想をのべるのであるが、いざ受けてみると、一見したときに誰もが感じる程簡単なことではない。一人で表だけをみていると、頭と言えば足、緑と言えば赤というふうに答えればいいなどと思っていても、検査者にストップウォッチをもって向かわれると、われながら思いもよらない答えをしたり、つまってものが言えなくなったりすることが生じるのである。(興味のある人は、誰かに頼んで受けてみるとよい。)

連想検査を行なうと、このように単純な連想過程においても、いろいろと異常な反応が生じることを、ユングは認めたのであるが、その点を、表2に示した例でもう少しくわしく追究してみよう。表2の例は、ユングと共に連想検査の研究をなし、共同で論文も発表したリックリンの子息であり、ユング研究所の前所長であったリックリンの発表した事例である(「ユングの連想テストと夢解釈」)。

この被験者は二十八歳の男性である。表2に示したように、5「死」に対する反応が異常であり、反応時間も相当おくれているが、これについて被験者は、「死」といわれた途端に「死体」が見え、自分が何も害を与えていないのに自分を苦しめた人達が死んでしまえばよいと思ったことがあると述べている。たとえば、自分が徒弟奉公をしていた親方など、非常に怒りっぽかったので、わけもなく怒られたときには、親方が死ねばよいと思った。そして、父親は自分に対して不公平なところがあったが、そのために「父親が死ねばよいなどとは、決して思ったことがなかった」とのべている。

リックリンの報告によると、この被験者は、72「打つ」という刺戟語に対しては、十一秒と反応時間のおくれを生じ、「棒」と反応し、再生のときには「傷」と反応している。このように混乱を示した点において、被験者は、父親が自分をよく棒切れで打ったこと、父親がわけもなく自分を打った後で、急に親切にするので戸惑ったことなどを語っている。

他の反応についても、同様の傾向のあることを、リックリンは示しているが、これに認められるように、被験者の心の底に、厳しい父親に対する強い攻撃性が存在しているとき、何らかの外的刺戟を与えられると、それに対して反応し、意識の統制力を乱すことが解るのである。つまり、ここでは「死」とか「打つ」とかの刺戟語に対して、父親についての思い出や、感情などが浮かびあがってくるために、これに対して意識的に統制された適当な反応をすることができず、反応時間がおくれたり、再生のときに忘却してしまったりするような障害が生じてくるのである。父親とか、厳しい親方、義父、それに似た人、などがひとつのかたまりとなり、それに対する恨みや憎しみの感情によって色づけられている。そして、この人が「父親が死ねばよいなどとは、決して思ったことがない」とのべているように、そのことは、当人にはっきりとは意識されていないのである。

このように無意識内に存在して、何らかの感情によって結合されている心的内容の集まりが、通常の意識活動を妨害する現象を観察し、前者のような心的内容の集合を、感情によって色づけられた複合体(gefühlsbetonter Komplex)とユングは名づけた。これを後には略して、コンプレックスと呼ぶようになったのである。

この被験者の場合であれば、父親に対する攻撃感情のコンプレックスが強く、父親の死を願う程のものであることが認められるのである。(もちろん、前述の二つの反応のみならず、他の多くの反応からも確実にされたことであるが。) ちなみに、この被験者は、市電の運転手であり、停留所に近づいてブレーキを踏むべきとき、無意識のうちにアクセルを動かして、市電が止まると思ってその前を横切ろうとしていた人を轢死せしめたのであった。ここに示した連想検査の結果や、面接による分析の結果、殺された人の様子が、この被験者の父と似ていたことなどが思い出されてきたことなどから、その心のメカニズムが明らかにされた事例である。

連想検査において、コンプレックスの存在を示す手がかりとなるものとして、ユングは一応、コンプレックス指標(complex indicator)といわれるものを定めている。それは、前にものべたように、(1)反応時間のおくれ、(2)反応語を思いつけない、などの他に、(3)刺戟語をそのまままくり返して答える、(4)二語以上を用いて反応する(たとえば、「頭」に対して、「頭が悪いと損です」と答えたりする)、(5)明らかな刺戟語の誤解、(6)再検査のときの忘却や間違い、(7)刺戟語を外国語に訳して答える(たとえば、「頭」に対して、「ヘッド」と答えたりする)、(8)刺戟語をいうと、先ず「はい」といってから反応したり、反応語の前に何か言う場合、(9)明らかに奇妙な反応、(10)同じ反応語がくり返される、(11)観念の固執(たとえば、「頭」に対して「鼻」と反応し、次の「緑」に対しても、「目」と反応したりして、前の観念が固執される場合。このようなことは重篤な精神病でもないかぎり、極めて稀である)、などである。

以上のようなコンプレックス指標を基にして、百の連想を分析し、特にコンプレックス指標の集中するような反応については、リックリンの事例に示したように、被験者の感想を聞いてみる。このようにすると、その人のコンプレックスが相当明らかになってくるものである。始めのうちは、ボロを出さぬように頑張っている人でも、半分をすぎると疲れて混乱を示すので、分析をするときに前半と後半に分けて、後半になって乱れが急増する人は、防衛的な態度の強い人ではないかと考えてみたりすることもある。

なお、一般成人の平均反応時間は、ユングの研究によれば、一・八秒である。

このような方法で、ユングは犯罪者、殺人犯を発見したりもしているが、この点を学生達にデモンストレートするために、私は面白い実験をしたことがある。すなわち、ある大学の心理学科の学生に連想検査を教えたときのことであるが、その学生のうち三名を外に呼び出し、一名には、教授の部屋にしのびこんで、机の引出しから鍵をとり出し、ロッカーをあけて、教授のオーバーのポケットから財布をとり出し、千円札を一枚盗んでくるように命令する。(もちろん、これは芝居であるので、教授には前もって了解して頂いてある。)他の二名は校舎の周りを一周するとか、何でもない命令を与える。そして、教室に残っている学生達には、三名のうちの一名が前述のような盗みを(芝居ではあるが)しているので、それを判定するために連想検査をするから誰であるかを当てるようにという。

三名の学生を順番に部屋にいれて、私が連想テストをするが、その中の刺戟語に、「鍵」とか「ロッカー」とか「千円札」などをいれておく。さて、この結果は大半の学生が、「犯人」が誰であるかを当てることができ、連想検査の威力を実証したのであった。「犯人」になった学生は、それを隠そうとして、かえって奇妙な反応をしたり、反応時間がおくれたりして、解ってしまったのである。

しかし、私はそれ以来この実験を一度もしなくなった。というのは、学生達は犯人探しに夢中になっているが、刺戟語の中には直接「犯罪」に関係のないものもいれてあるので、思わぬところで反応がおくれたり、要するにコンプレックス指標に示したような障害が起こり、慧眼な人にとっては、その三人の学生のコンプレックスが見ぬけることに、気づいたからである。そうなると、芝居をしてくれた三人の学生には真に申訳ないことになると思ったので、これはなかなか興味の深い実験であると思いながらも、一回切りで止めてしまったのである。

言語連想法は現在では、臨床の実際場面で余り用いられないが、その基本的なアイデアは、多くの投影法のなかに生かされている。今日、投影法として盛んに用いられているロールシャッハ法(インクのしみのような図形を見せて、それが何に見えるかをたずねるもの)や、T・A・T(漠然とした絵をみせて、それについて物語をつくらせるもの)なども、その基本的な考えは、ユングによる連想法にひとつの基礎をおいているのである。

コンプレックスの存在について、ユングがなしたように連想実験を通じて、それを立証しようとしてきたのであるが、この間の説明に用いてきた、意識、無意識、主体性、などの言葉については、もっと理論的な検討を必要とすると思われる。今までの説明を読みながらも、それらの点についてのあいまいさを気にされた読者もあったことだろう。次節においては、これらの点について、もう少し理論的な説明を行なってみる。

3 自我

今までの論議において、「意識」とか「意識的」という用語を、余り深い反省なしに用いてきた。無意識とかコンプレックスということも、この「意識」を前提として考えられることであり、これからコンプレックスについて多くを論じるのであるが、その前に、意識の問題について考察することが必要と思われる。

「意識」というのは心理学の嫌われものである。近代に発達してきた実験心理学は、意識は主観的であり、客観的なもののみが科学的研究の対象であり得るとして、いわゆる「意識なき心理学」を建設してきた。一方、臨床心理のひとつの基礎づけをなしたと思われる精神分析学も、「無意識」の方を強調しすぎて、意識の問題を素通りしていった観がある。

「意識」がこのように学問的研究対象として避けられる理由のひとつは、意識の問題が、その当人の報告によるより他に知りようがない点にある。あるいは、もっと極端に言えば、私は私の意識は解るにしても、他人の意識など本当に解ることはないとさえいえる。最近に出版された、戸川行男著『臨床心理学論考』は、意識の問題に正面から挑戦した数少ない労作であるが、そこでも、戸川は意識問題の出発点として、「私の意識」を考え、それがいかにして他人の意識とかかわりをもつかを長々と論議している。ここでは、この問題の困難さを指摘するだけで、たちいった論議は避けることにする。なお、意識についてのべるとき、戸川が「私の感じている『これ』を意識と名づけた」とのべているのは、なかなか興味ぶかい。「これ」とでもいうより仕方のないような性質を意識はもっているのである。それは誰も「直接的」に解るものでありながら、客観的に他に示すのが難しいものなのである。

フランスの精神医学者アンリー・エーは、その名著『意識』の冒頭に、「意識しているということは自己の経験の特殊性を生きながら、この経験を自己の知識の普遍性に移すことである」とのべている。これは意識のもつ二面性――そのために研究対象として困難さを示す――を明確に指摘している。確かに、意識することは、何かを経験することであり、しかもその経験していることに対して判断を下し、それを自分の体系のなかに組み入れようとしている。

さて、このような「経験をする」場合、その主体は何であろうか。あるいは、経験内容を知識のなかに組み入れて体系化しようとする場合の中心点は何であろうか。このような経験の主体であり、意識内容の統合の中心をなすものを「自我」と呼ぶことにする。

たとえば、私が友人の一人に会って、本を一冊借りるというような簡単な行動をするにしても、そこに働く自我の機能というものは非常に複雑である。私は先ずその友人を「知覚」しなければならないし、その友人が自分とはどのような関係にある人かを「記憶に基づいて判断」しなければならない。そして、その本に対しても同様のことがなされ、そこで借りるという「意志決定」が行なわれる。次に友人が本を貸してくれることを有難いなという「感情」が起こるのを確かめ、そこで礼をいうという行為によって、「感情の表現」をする。次に、一週間後に返却すると約束するならば、そのことを自分の「記憶の中に組み入れ」ておかねばならないし、一週間の間にどうして読もうかという「未来の計画の設定」も行なわねばならない。このようにひとつひとつ書くと、わずらわしくさえ思われる程のことを、われわれの自我は極めて短時間のうちにやり遂げるのである。このことを他の動物の行為と比較するならば、人間の自我機能がいかに発達しているかが理解されるだろう。

人間は生まれたときは、自我というものを明確にはもっていない。聴覚も視覚も機能していない。しかし、だんだんと時がたつにつれて、外界の知覚が可能になり、知覚したことを記憶のなかに取りこんでゆく。とはいっても、どんな人でも、生後一年の頃に見聞したことを記憶している人はあるまい。つまり、知覚があって、記憶が生じるなどというのではなく、この両者共並行して発達してくるものであろう。生後一年のときに初めて見た犬と、それから何年もたって、「犬」という名前を知ってからみる犬とは、大いに異なって知覚されている筈である。ともかく、このような並行的な発達のなかで、われわれは犬という概念や、馬という概念をつくりあげ、それらは適当な分類によって、記憶のなかに定位されてゆくのである。このとき、犬とか馬とかいう「言語」によって、それらが表現されることは意味が大きい。

前述したアンリー・エーは、「意識するとはその経験を自らに語ることである」とジャネー（フランスの心理学者）の説を引用しながら、意識における言語の重要性を強調している。確かに、「この本は一週間後に返却します」というとき、そのことは当人の自我に組み入れられている。あるいは、他人に対して言語表現しなくとも、私の心の中で「馬がいる」と表現しているとき、それは自我によって認知されている。これに対して、幼児が初めて馬をみたとき、それは「！」とでも表現したいような経験であるにしても、未だ何とも言語化し得ないとき、それは自我によって認知されたものとして、記憶に残すことができない。

感情についても同様のことがいえる。われわれは幼児のときから、いろいろな感情を経験する。快・不快、喜怒哀楽、それらもだんだんと言語化され、自我の体系に組み入れられてくる。

また、自我は知覚した事柄を、前述の如く概念化するのみならず、それらの関係づけを行なう「思考」機能を有している。その思考をできるだけ合理的、論理的におしすすめてゆくことにより、自我の体系はますます強固なものとなってゆくのである。

ユングは、自我機能のひとつとして「直観」をあげているが、これには反対する人があるかも知れない。ともかく、理由なしに「これだ」とわかる直観機能は、認めたくない人もあろうが、ユングに従ってあげておくことにしよう。「直観」というのは知覚とは全く無縁のもので、「こちらに進むべきだ」とか、「こうすればもうかる」とか、突然に思いつくものなのである。

これらの機能によって得られた素材は、全て、自我という照合点に照らして、ひとつのまとまりをなしている。自我がある程度の統合性を有することは大切なことである。つまり、生まれてから、それまでの歴史を背負っての、一個の人格としてのまとまりをもたねばならない。

しかし、このような統合性のある人格として存続してゆくためには、自我は自分自身を防衛する機能ももたねばならない。たとえば、「人間はうそをついてはならない」といつも父親に教えられ、それを忠実に守ってきた子供が、何かのことで先生に叱られるのを恐れて、思わずうそをついてしまったようなときはどうなるであろう。「うそをつかない」ということは、後の自我の統合性を支えるひとつの支柱であったのに、それに反することをしてしまった。この際、自我は大きい危機に立たされる。しかし、この子供がその事を早く忘れてしまえば、自我の統合性はおびやかされずにすむわけである。

このように考えると、自我存在の複雑さがはっきりとしてくる。つまり、今までは、自我がその経験したことを、その体系に組み入れることのみを強調してきたが、この場合は、自我はその存続と安定を計るためには、その経験(つまり、うそをついたこと)を、体系外に排除しようとしているのである。それでは、自我がこの経験を排除せず、その体系のなかに組み入れようとすると、どうなるだろうか。そのときは、自我は「うそをつくのは悪いことだ」という、その体系を支えてきた支柱に変更をほどこさねばならなくなる。

このように考えると、自我はその存在をそのまま続行しようとする傾向と、自らを変革しようとする傾向と、相反するものをもっていると考えられる。あるいは、自我は何時も未完の状態にあり、発展する傾向に対して開かれた存在であると考えることもできる。

一個の人格をもったものとして、自我は意志決定をすることができる。どこかへ行こうとすれば行けるし、ものを食べようと思えば食べられる。そして、「自殺」という自らの存在を否定するような決定まで行なえることを考えると、この意志決定の力が相当大であることが理解される。

自我はまた、運動機能と結びついている。つまり、今までのべてきたような心的内容のみでなく、身体の運動をも支配しているのである。後にのべるように、コンプレックスも、ある程度のまとまりをもった心的内容の集まりであるが、これは運動機能と直接には結びついていないのである。たとえば、私の心の中の「盗人コンプレックス」は、時に活動することがあったとしても、たかだか、「ちょっと、これを盗めばもうかるのに」といった想念として、自我を先ずおびやかすとしても、すぐに盗む行為を行なうことはできないのである。

自我の特性について今まで述べてきたが、このような特性はもちろん生まれたときからすぐに存在するのではなく、人間の成長に伴って発達してくるものである。この発達過程も非常に大切なことであるが、今回は割愛することにした。

このように機能する自我の特性のうち、言語によってその経験を表現し得ること、従って、その体系化が言語を大切な糸としてなされていること、および、自由な意志決定をなし得る点が、他の動物に対して人間の特長としてあげられることであろう。

自我は自分自身をも客体として意識することができる。つまり、自我は自我について意識する「自我意識」をもつ。この自我意識の特性について、ヤスパースが『精神病理学総論』にのべていることを次に簡単に列挙しておこう。これは今までのべてきたことをまとめる意味もあるし、今後、自我意識の異常について考察するときの準備としても役立つからである。

ヤスパースによれば、自我が自分自身をいかに意識するかという様式において、⑴能動性、⑵単一性、⑶同一性、⑷外界と他人に対する自我の意識、の四つの標識が存在する。

ここに、能動性とは、「私」がするのだ、「私が」感じるのだというような、「私」を主体とした意識である。つまり、道を歩いているにしても、誰かに歩かされているとか、何だか他の人間が歩いているようだというのではなく、「私」が歩いていると感じることである。

単一性とは、自分というものは一人であって、二人いるのではないという意識である。

同一性とは、私の生涯を通じて、自分は同一人であるという意識である。一年前の自分と今の自分は同一人物であると、われわれは意識する。確かに時間に伴って、自分が変化してきていることは誰も認めるだろうが、それは同一人物であることを否定するものではない。

外界や他人に対する対立とは、自分を他人や外界とはっきりと区別することである。われわれは、誰かが釘の頭をたたいているのをみて、自分がたたかれていると感じることはない。

以上のように自我の特性についてのべてきたが、これらは全て、「ある程度」そうであるので、絶対的なものではない。たとえば、自我による意志決定もいつも自由であるとは限らない。われわれは他人のことを気にする余り、自分の欲しないことをするときもある。あるいは、自分の心の中に、意見を異にする二人の人物が住んでいるのではないかと思うようなときさえある。他人と自分とは確然と区別していても、他人が梅干しを食べるのをみると唾が出てきたり、他人がけがをしても、自分までが痛みを感じるような気になるときもある。

もちろん、これらのことは正常の範囲で生じることであり、これらを自我意識の異常と呼んだりはしない。自我意識の異常といわれるのは、たとえば自分以外に、もう一人の自分がいると確信していたり、その姿を見たりするようなとき、あるいは、ヤスパースのあげている例のように、「今まさに私はオレンジの輪切りだった」とのべるハシッシュの酩酊者のような場合である。われわれはそのような異常体験はないにしても、それとつながるような心性の存在を、われわれの内に感じるものである。

そして、正常な人であっても、自我の主体性が相当おびやかされることのあることは、第一節に示したとおりである。このような自我の不安定さは、前述したとおり自我が完成されたものではなく、つねに発展してゆくものであることにも由来していると、私は考える。発展を求めるものは、どこかで開いていなければならない。完結しているものに発展はない。しかし、開いているものは、危険にもさらされている。ここに、自我とコンプレックスとの関係が重要なものとして考えられるのである。

次節においては、自我との関連において、コンプレックスがどのような構造をもつかを、明らかにしてゆこう。

4　コンプレックスの構造

ある中年の女性が、職場が面白くなくて仕方がない、それに、体の調子まで悪くなったということで相談に来られた。いろいろ話合っているうちに、最近職場に移ってきた同僚に対して強い嫌悪感を抱いていることが明らかになってきた。

仕事の仕方などで非常に腹が立ったときは、どなりつけようと思う位になるが、それをおさえて普通に注意をしようと思っても、「声が出ない」のだそうである。喉に何かつまったような感じがして、何も言えずにいるが、いらいらして仕方がない、そのうちに、その人の顔を見るのも嫌になってしまって、毎朝、職場へ出勤するのが辛い、そうなると、頭が重くて、痛いように感じるし、体がだるくなって、欠勤しようかと思う位だとのことであった。

その同僚のどんなところが嫌いかを話しているうちに、その同僚が料理が得意で、料理をつくって友人を招待するのが好きだという話になってくると、この人は大変な勢いで、料理をつくることの馬鹿げていることを攻撃し始めた。料理をつくるような面倒なことは男女平等にすべきだ。おいしい料理を食べるのが楽しいのは認めるが、それはあくまで「専門家」のつくったものに限るべきで、おいしい料理が食べたかったら料亭にゆくべきである。「素人」のくせに料理が上手だなどといっているのは皆偽ものである。結局、男性に対抗するだけの能力が他にないので、そんなことをするのだろう。考えてみると、一流のコックは皆男性である。結局、女が少し位頑張っても男性には太刀打ちできないことを知らないのだ。

こんなときに、この人の話し方は全く素晴らしい情熱に満ちている。「体がだるく、頭が重い」ので欠勤しようと思っている人とは、到底考えられない。そして、始めは男女同権論者のような感じであったが、終りの方になると俄然、女性無能力論者のような感じがするのも面白いことである。実はこの人は女性には珍らしく、論理的な思考法を身につけた人であった。しかし、こと料理に関してくるかぎり、彼女の論理的思考力も崩壊してしまうようであった。

こんなとき、われわれは彼女が「まるで別人のように」勢いよく、無茶苦茶に話をしたという。つまり、彼女の自我はコンプレックスによって動かされていたのである。この場合、一応このコンプレックスを「料理コンプレックス」とでも名づけておこう。料理に関する多くのことが、彼女の心の中でひとつの集合をなしており、それは強い嫌悪感や、羨望の感情に色づけられているからである。

コンプレックスの構造は、ある党派のなかの派閥によく似ている。それは、ある程度その党の動きに従いながら、時にはひとつの集団として党の動きに対抗したりする。このように考えると、自我というのもひとつの派閥であるが、主流派として政権を獲得している、つまり、運動機能の統制力をもっているのだと考えることができる。そのような意味で、自我もコンプレックスの一種であると考えることができる。ただ、これは他のコンプレックスと異なって、安定度が高く、運動機能と結びついているわけである。つまり、自我は主流派であり、政権をもった派閥なのである。

ところが、普通のときは主流派の統制に服している派閥も、問題の種類によっては、なかなか主流派の思いどおりにならないように、コンプレックスは、問題に従ってその感情を露呈する。たとえば、この例であれば、料理のことが関係すると、強い嫌悪感が働いて、自我の統制力を著しく乱してしまうのである。ユングはこのような現象を、ワグナーの楽劇におけるライトモチーフにたとえてのべている(「早発性痴呆症の心理」)。これはなかなか適切な比喩である。

劇の進行するなかで、その構成上重要な感情が出現する際に、ライトモチーフが奏せられる。それと同じ様に、われわれの日常生活においても、われわれのコンプレックスと関係する事象に出会うと、それにまつわる感情が湧きあがってくるのだ。

さて、この女性に対して治療者はどうすればよいのか。「あなたは料理コンプレックスをおもちです」などと宣言すると、彼女は全楽器のフォルティッシモでライトモチーフをかなでさせ、治療者は耳が聞こえなくなるのがおちかも知れない。

ところで、治療者は彼女に続けて面接をすることにして、彼女の話に耳を傾けることにした。すると明らかになってきたことは、彼女の実母が早く死に、継母に育てられ、継母の子供である義妹があったこと。彼女はことごとに継母に反抗し、義妹に対しても親しめなかった。継母は女の子は女の子らしく育って、早くお嫁にゆくのがよいと口ぐせのように言うので反撥していたが、反面、女らしく育ってゆく義妹をうらやましくも思った。そして、時々は妹と急に親しくなったり、妹のような女性になりたいと思ったこともあった。しかし、母に対する反抗は妹に対する感情にも強く影響を及ぼし、妹のような生き方を否定して、「女でも一人立ちできることを示すため」に、高校卒業と同時に家出をしたのである。彼女ははっきりとは言わなかったが、現在は結婚して子供もあり、幸福にくらしている妹が料理も上手であったろうことは想像に難くない。

一応、「料理コンプレックス」と名づけておいたことは、その下に未だ根をもっていたようである。自分とは生き方の異なる妹に対する葛藤、一般に「カイン・コンプレックス」といわれているものの存在が明らかになってきたのである。

旧約聖書創世記第四章にカインの話がある。カインは兄、アベルは弟であった。土を耕す人カインは、地の産物をもって主に供えた。アベルは羊飼いとなったが、肥えたものを主に供えた。主はアベルとその供え物とを顧みられたが、カインとその供え物とは顧みられなかった。憤ったカインはアベルを殺し、主によって追放されエデンの東に住むことになった。

この話をもとにして、兄弟間の強い敵対感情——ひいてはそれが同僚に対する敵対感にも発展するが——を、カイン・コンプレックスと名づける。これはまた後にも触れることになろうが、人類の心の奥深くにある感情であり、単純なものではない。創世記第四章の短い文は多くの人の心をうち、「エデンの東」に住むものとして、あるいは「カインの末裔」としての自覚は深い内省を呼びおこし、偉大な文学作品として結実する基ともなった。

ところで、今までのべてきた女性の場合、「料理コンプレックス」の下に「カイン・コンプレックス」の存在が明らかになったのであるが、このようにコンプレックスというものは多層構造をなしている。派閥の下にまた小さい派閥やグループがあるのと同様である。つまり、小さいあるいは弱いコンプレックスもあれば、大きいあるいは強いコンプレックスもあるわけである。

コンプレックスの中核に、ひとつの外傷経験が存在しているのもある。それをユングの報告している例で示す(「潜在記憶」)。ユングがある若い女性のヒステリー患者と散歩しているとき、その女性が上衣をおとしたので、ユングはそれを拾いあげ、手でほこりを払おうとした。すると、その女性は上衣をユングの手からひったくり、それを守ろうとしたのである。その荒々しい行為に対して、ユングはどうしてかを尋ねると、彼女は困惑してしまって、ともかくこのようにして上衣のほこりを払われるのをみるのは非常に不愉快なのだと言った。ところが、実は、その女性のヒステリーの原因となっていることは、彼女が父親にひどくなぐられたことであった。

父親になぐられて口惜しく思いながらも、反抗することができない、その経験がひとつの中核となってコンプレックスをつくりあげてゆく。そこで、ユング(父親像を思わすもの)が彼女の上衣を「たたく」のをみると、コンプレックスが活動して、それに耐えることができない。そこで、そのようなコンプレックスの中核となるような外傷経験を探し出すことによって治療する。

確かに、このような外傷経験を中核とするコンプレックスが存在することも事実である。しかし、このコンプレックスにしても深い根とつながっているのではないだろうか。その中核は父親になぐられた恨みだけであろうか。もっと分析してゆくとき、彼女の父親に対する感情はもっと複雑であることが明らかになるかも知れない。事実、ユングもフロイトも研究の初期においては、コンプレックスの中核に何らかの外傷経験が存在し、それを意識化することによって治療に成功すると考えた——また、そのとおりの事例もあった——が、治療を続けるにつれて、コンプレックスの構造がそれ程簡単なものではなく、複雑な多層構造をもつことに気づいたのである。

今日でも、「精神分析好き」な多数の人々が、外傷理論に基づく単純なコンプレックス説を信じ、ノイローゼとは「心のしこり」をとってやればなおると思っているのを知り、私はよく残念に思うことがある。この人達はまるで、粘土の中にうめこまれたラムネの玉でも取り出すように、「精神分析」がなされるものと思っているようだ。ところが、実際はそれ程簡単ではなく、ひとつのコンプレックスの組織は他のコンプレックスのそれとからみ合い、自我組織とも大いにからみ合っているのである。そのような関係を図1に図示しておいた。これである程度の感じがつかめるだろう。

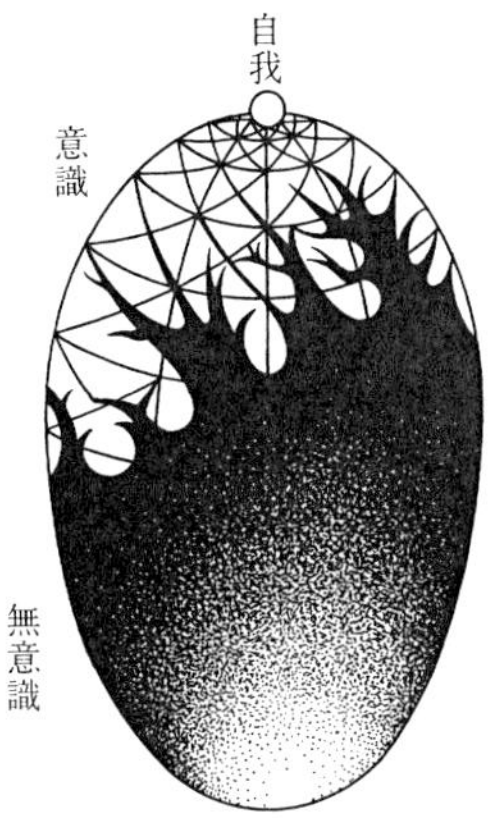

図1　自我とコンプレックス

ところで、「料理コンプレックス」の女性は、「カイン・コンプレックス」を強くもっていることが解ったが、なおも話合いを続けていると、もっと他の内容が明らかになってきた。それは、簡単にのべるならば、彼女の妹に対する敵対感情の底には、彼女と父親との強い結びつきがあり、その父親が異母妹に愛情を示すのが嫌で仕方なかったことであった。そして、結局は、継母に対しても自分の父を奪うものとして、最初から憎しみの気持をもっており、そのような気持が妹への敵対心として発展していったというのである。

このような家族間の愛情葛藤に注目して、フロイトは、エディプス・コンプレックスということを、もっとも根源的なものとして取りあげた。このことについては、後にくわしく考察するが、男性が母親に対して強い愛着を感じ、従って父親に対してその競争者として敵対心を感じるのを、フロイトはエディプス・コンプレックスと名づけた。女性の場合、これに対応して、父親に対する愛着と、母親に対する敵視の感情が存在し、これはエレクトラ・コンプレックスと名づけられる。ともにギリシャ悲劇の主人公の名前をかりて、命名されたものである。

前述の女性の場合は、継母であることが問題であるようにみえるが、実は、エレクトラ・コンプレックスはすべての女性に存在するのであって、その対象が継母であるか実母であるかは、本質的に重要なことではない。

コンプレックスは多層構造をなしているとのべたが、そのもっとも根元的なものとして、フロイトはエディプス・コンプレックス(女性の場合のエレクトラ・コンプレックスもこれに含んで、総称することがよくある)をとりあげたのである。このような意味において、フロイトの考えるコンプレックスは、性的な色づけを帯びたものとなってくる。つまり、自我によって受けいれ難い性欲ということが、コンプレックスの構造を色どるものとなってくる。

このような、フロイトの考えに対して、アドラーやユングは異論を唱えるのであるが、これらのことは後章にくわしくのべることにする。もちろん、エディプス・コンプレックスそのものについても、もっと深く考察しなければならないが、ここでは一応、その名前と、重要性についてのべることだけにとどめておく。

本章においては、コンプレックスとはどのようなものであるのか、それが自我とどのように関係しているかなどを、話の導入としてのべた。次章においては、コンプレックスの存在を非常に劇的に示す現象についてのべることにしよう。

第二章　もう一人の私

われわれはどうしてもしなければならない仕事を延引していたような場合、「やろう、やろうと思っていたのですが」といった弁解をすることがある。ここで、「仕事をしよう」と思っていたのも「私」なら、実際に仕事をしなかったのも「私」である。あるいは、是非ともしなければならないことをしようとしているとき、「別にやらなくってもいいじゃないか」という「内心の声」を聞くときがある。このように、われわれは「私」というものが分離している感じを味わう。しかし、完全に分離してしまったわけではない。われわれは、そのような葛藤を処理しつつ、一人の人格として生きている。

ここで、葛藤をひき起こし、自我の主体性をおびやかしているものが、前章にものべたようにコンプレックスなのであるが、これが一個の人格として現われ、自我の座を奪ってしまうような劇的なことが生じる。それが二重人格の現象である。自我は政権を握った主流派であるといったが、この場合、ひとつの派閥であるコンプレックスが、自我を追いやって、政権を獲得するわけである。

二重人格の現象ほど、コンプレックスの脅威を生き生きと示すものはない。「もう一人の私」が自我を押しのけて現実の世界に出現してくるのだ。そのような点を、例を示しながら論じてゆくことにしよう。

1　二重人格

二重人格とは、同一個人に異なった二つの人格が交互に現われる現象で、両者の間に自我意識の連続のないものである。この両者の間の自我意識の連続は、両者共に全然ないときと、どちらか一方の人格が行動しているときだけ、他方の人格と連続がある場合とがある。つまり、人格が変ったとき、その経験を他方の人格が「知っている」場合がある。

二重人格といえば、誰しも思いつくのは、スチヴンソンの有名な小説『ジーキル博士とハイド氏』であろう。主人公のジーキル博士は、秘密の薬の力によって自分を、自分の悪の化身ハイドに変える。ハイドの犯す悪業をひそかに楽しみつつ、身の危険が迫ると、薬の力によって、ジーキル博士にかえる。このような生活をしていたが、遂に、ハイドの力が強くなり、ジーキル博士が眠っているうちに、自然にハイドになってしまう。結局は、ジーキルの(つまり、ハイドの)自殺によって物語は終る。

この非現実的な物語が、発行と同時に大成功をおさめたのは――一八八六年一月に発行され、半年で六万部売れたといわれる――これが人間の「心の現実」を巧みに描いた点にあると思われる。今まで何度もくり返し述べたように、誰しも自分の心の中に、「分離」を感ずるものであるし、その一方を殆んど一つの人格(ハイドのような)に等しいとさえ感ずることもある筈だからである。

ここで、少し衒学的な註釈をいれておくと、ジーキルとハイドの間には、この物語によると、自我意識の連続が存在するようで、その点、厳密な意味での二重人格ではない。もっともジーキルがハイドの行為に対して、それを陰で共にし享楽しているのに反して、ハイドは「ジーキルには頓着なく、よし彼を記憶するとしても、それは山賊が追跡から身を隠すべき洞窟を記憶する類であった」(岩田良吉訳による)とのべてあるので、ハイドからジーキルへの連続性は稀薄であったのだろう。これが、後にのべるような二重人格の事例では、ジーキルとハイドはお互いにその存在を知らないか、どちらか一方だけが片方を知っているだけなのである。意識の連続性の点を少しあいまいにしているので、ジーキルとハイドの物語は、よく考えてみると、多少無理に感じられるところがあるのは、仕方のないことだろう。

ジーキルとハイドは一つの物語であるが、実際の事例にはどのようなものがあるだろうか。二重人格の現象はおそらく古代から存在し、魔術的、宗教的な現象として取りあげられてきたことと思われるが、これが純粋に「心理学的」な問題として明確に記述、研究され始めたのは十九世紀の後半になってからと思われる。報告された事例は相当多いが、ウィリアム・ジェームズ、モートン・プリンスなどアメリカの学者の報告したものは有名である。あるいは、シャルコーやジャネーなどフランスの学者も報告している。

ウィリアム・ジェームズの発表した例は、アンセル・ブアンという牧師さんが突然家を出奔、その後消息をたったが、実は全く人格が変ってしまって、ブラウンと名のる商店主になっていたという驚くべきものである。約二カ月後、ブラウンはまた突然もとのブアンに戻り、自分でも自分が商売などしていることに大いに驚き、結局は牧師の仕事に帰っていったという。

ジャネーもよく似た例を示し、しかし、このように二重人格の両者にお互いに全く記憶の連続がないのは珍しいとのべている(ジャネー『人格の心理的発達』)。他の二重人格では、一つの人格が他の人格の存在を知っているか、あるいは、片方には記憶の連続がある場合で、このような例の報告は集めると百例をこえるだろうと、ジャネーはのべている。

後者のような例のうち、モートン・プリンスの発表したビーチャム嬢の事例や、セグペンとクレックレイによって、比較的最近に(一九五四年)詳細にわたって発表されたイヴ・ホワイトとイヴ・ブラックの事例などは、コンプレックスの問題を明らかに示しているものである。これらは結局、一人の人物に三人以上の人格が現われた多重人格の例であるが、最初に対立して出現した人格、つまり、ビーチャムに対するサリー、イヴ・ホワイトに対するイヴ・ブラックは、第一人格のコンプレックスの人格化されたものとして、著しい類似性を示している。

これらはわが国にも既に紹介され、余りにも有名なので、簡単にのべる。二十三歳の女子大学生ビーチャムは、道徳的、良心的、宗教的で、つまり「聖者」と呼ばれるにふさわしい人格であり、ただ聖者にしてはいくぶん陰気な感じのする人物であった。ところが、自らサリーと名乗る第二人格は、全くこの逆で、茶目で朗らかで、子供っぽく、享楽的である。彼女はビーチャムといれ代って出現するや否や、ビーチャムの思いもよらない享楽生活を楽しむのである。ここに、ビーチャムはサリーの存在を知らず、サリーの行為の間は完全な健忘状態になるが、サリーの方はビーチャムのことを知っており、その堅苦しさを軽蔑している。なお、これには第三人格まで存在し、それはサリーが「白痴」と名づけている人格である。これは粗野で喧嘩好き、見栄坊で幼稚な人格である。そして、ビーチャムはフランス語が得意であるのに、第三人格はフランス語を全然知らない。

イヴ・ホワイトとイヴ・ブラックの事例においても、この両者の性格の対比は著しい。イヴ・ホワイトのほうは地味で慎み深く、声も温和で、むしろ陰気な方であるのに対して、第二人格のイヴ・ブラックは派手好みで、粗野で、陽気であった。ここでも、イヴ・ホワイトはイヴ・ブラックのことを知らず、イヴ・ブラックはイヴ・ホワイトのことを知っていて、いろいろといたずらをしたりするのは、ビーチャムとサリーの関係にそっくりで、この事例の報告者は、サリーはまるでイヴ・ブラックの双生児のようだとさえのべている。ビーチャムやイヴ・ホワイトの自我が、余りにも理想的に「聖者」のようにつくりあげられていったとき、そのコンプレックスは遂に自律性を獲得し、第二人格となって出現したものと考えられる。

わが国においては、このような二重人格の現象は、おそらく一般に「狐つき」などといわれているような現象として生じていたことと思うが、はっきりと学術報告として記載された事例は案外少ない。中村敬三によって報告された多重人格の事例がある程度である(荻野恒一『精神病理学入門』)。

ここに、わが国で発表された二重人格の事例がある。大正六年に中村古峡による「二重人格の少年」という興味深いものである。ただ表現が少し芝居がかっているのと、内容が奇抜であるため信頼性が問題となると思うが、中村古峡という人は学会にも発表したり、学術的な仕事をしている人であるし、今日では芝居がかったと思われる表現も、当時ではむしろ普通のことであったかも知れぬので、この報告は相当信頼できるとみてよいだろう。それに、私の今までの臨床経験から考えて、このような事実があっても不思議ではないと感じられる。

中村古峡が一応、山田少年と名づけているこの少年は、中学二年生であるが盗癖の矯正のため、中村古峡のところに連れてこられたのである。すぐ催眠状態に入れ、犯行を自白させ、次に中村古峡のお得意の治療が行なわれる。それは催眠状態のままで、「余は直ちに又例の暗示法で、錯覚と幻覚とを利用して、不良少年の終に落ちてゆくべき監獄の中の凄惨な光景を詳細に山田に目撃させた後」窃盗などという悪心の起こらない暗示を与える、という方法であった。

これは成功したかのようであったが、「人間の歴史あって以来の『親馬鹿』を凝結《コンデンス》した」ようなと中村古峡を立腹せしめた母親の甘さも手伝って(父親は数年前に死亡している)、また犯行がくりかえされる。

山田少年に会って、犯行後盗んだ金で映画を見にいった点などを聞いてみると、そのあたりのことを彼は全く記憶していないことが解った。そして、自分は悪いことをしないつもりでも「私の悪心」がけしかけて悪いことをさせるのだといった。そこで、山田を催眠状態にして、「悪心」を呼びだすと、山田の態度はがらりと変り、傲然とした態度になりよく喋った。この「悪心」も山田のことをよく知っており、自分が山田をそそのかして犯行をいかに行なわせたかを語った。悪心はもちろん映画のこともよく覚えていた。(ここでも、山田には健忘が存在するのに対し、第二人格は記憶の連続性をもっている。)

中村古峡はここで思い切って、「悪心」に山田と離別して欲しいと頼むが、断られる。ここで、中村先生は「暴力をもって追い出してみせる」ということになり、「茲に於て余は例の暗示法で、悪心を直ちに傍の壁に磔刑に処して、散々酷い目に会わせる」ので、悪心も降参して、「離別する」ことになる。このあたりの中村先生の凄い勢いは、モートン・プリンスやセグペン達の治療法と比較すると、なかなか面白い。

ところで、山田はまたも盗みをするので、また前回と同様の方法で悪心を追い出す療法を行なう。これでよくなったと思っていると、またもや悪行がくり返される。

そこで、中村古峡は反省して、自分の方法が第二人格を追い出すのに余りにも強制的な手段をとりすぎたと考える。そこで、次回は「気長き説得」によろうとする。そこで、山田の第二人格に説得したり嘆願したりした結果、山田に代る適当な人物を周旋してさえくれれば山田と離別してもよいということになる。そこで、「じゃ中村を世話してやろう」と中村先生は自分を推薦するが、これは悪心が嫌がって駄目になる。またも話合いは持久戦になるが、結局手切金を渡して「百年間」の間別れることになる。

手切金三万円(大正時代だから大した金額である)を要求されるが、そこは「勿論、幻覚を利用して空札を渡す」のだから簡単なものである。これでやっと安心していると、何と第三人格の、「悪心の兄分」というのが出現して、山田少年を犯行にさそってしまう。結局これとも話合って、手切金を前の十層倍も払って離別して貰うことになるが、その兄分は別れぎわに、自分達は兄弟分が幾万人いるか解らないから、親分にあって、それらが山田にとりつかぬように依頼するとよいと、忠告を残してくれる。

そこで、早速に親分を呼びだしてみると、「山田は暫時其表情を作り替えることに苦心している様子であったが、遂に口を半ば開いて、左右の口角をぐっと後に引釣り、それから両眼をかっと見開いた処は、前より一層凄じかった。」ここでも長い話合いになるが、親分は俠客に扮した役者のせりふとそっくりの話し方をして、山田の身辺三町以内には子分を近づかせないということになる。

これでこの事例の長い治療は終りとなるが、この時代がかった例を、ここに長々と紹介したのは、この例が多くのことを考えさせてくれるからである。

先ず第一に湧いてくる疑問は、このような劇的な二重人格ができあがっていった原因に、中村古峡の治療法そのものがあげられないかということである。確かに、山田少年には多少とも心の中に「分離」傾向は存在したであろう。しかし、最初に催眠法によって全く手荒な方法で、盗みを禁止されたとき、山田少年の自我は一面的な善人となり、強引に追いやられた悪心の方は第二人格として発達してゆかざるを得なかったのではないかと思われる。

このように考えてみると、私の知る限りでは、殆んど全ての二重人格の事例の治療者が催眠をこころみているのである。モートン・プリンスもそうである。イヴ・ホワイトの場合も、最初に患者が頭痛を訴えて来診し、暫く治療してから催眠術をほどこしている。

催眠によって、患者を急激に「よく」しようとするとき、それは自然を無視して患者の自我の一面化をはかることになり、従って、第二人格の育成に、治療者が協力していることになりはしないだろうか。(最近の催眠療法は、これらの点について慎重な配慮が行なわれている。しかし、素人の催眠療法はこのような点で非常に危険性をはらんでいると、私は考えている。)

ところで以上のような反省は、後にのべるような「コンプレックスの解消」の問題について示唆するところが大である。山田少年の事例から考えさせられる他の点ともあわせて、このことは第四章においてくわしく論じることになろう。

現代には殆んどみられない二重人格の例をいろいろとあげたのも、コンプレックスの存在の恐ろしい面を、拡大して示すためであった。二重人格の現象と似ていて、また違った側面をもつ、「二重身」の現象について、次節に説明することにしよう。

2 二重身(ドッペルゲンガー)

二重身の現象というのは、二重人格と異なり、自分が重複存在として体験され、「もう一人の自分」が「見えたり」、「感じられたり」することである。これは精神医学的には二重身、あるいは分身体験などと呼ばれ、自分自身が見えるというので、自己視、自己像幻視などといわれたりする。この現象はいろいろ場合によって異なり、単に自分の姿が暫くの間見えたという体験や、もう一人の自分が自分の考えを妨害すると感じられる体験、それに、自分の分身が遠隔地に全く独自の行動をしているというものまで含めると、果して同一の症状としてまとめていいものかとさえ思われる。

二重人格の事例が現代では殆んど生じないのに対して、二重身の例は今も存在する。そして、二重人格の現象がコンプレックスという概念で説明し得たのと異なり、二重身の現象はそれ程簡単な心理的説明だけでは了解し得ないものも多い。しかし、コンプレックスと関係している現象もあり、興味のあることでもあるので、少し主題とはそれるかも知れないが説明を加えてみる。

先ず、この現象は多くの文学作品の主題となっていることをのべねばならない。これらの作品を見てみると、大別して「分身を失うことの恐ろしさ」を主題としたものと、「分身の出現、あるいはその出会いの恐ろしさ」を主題としたものに分けることができそうである。

分身現象に異常な興味を抱いていたと思われるドイツ浪漫派の小説家、E・T・A・ホフマンの作品には、直接、間接に二重身の主題がとり入れられたものが多くあるが、その中でも代表的な、『大晦日の夜の冒険』は前者に、『悪魔の美酒』は後者に属するものと考えられる。前者は、シャミッソーの『ペーター・シュレミール』を読んで感激してホフマンの作ったものといわれているが、この『ペーター・シュレミール』も、影を失った男として、自分の分身(この場合は影で表わされている)を失うことの悲哀をまざまざと描き出したものである。

『大晦日の夜の冒険』は、鏡に映る自分の映像を妖しくも美しい女性に奪われた男の物語である。鏡に自分の姿が映らないという現象は、マイナスの自己像幻視(フランスの学者ソリエによって、antoscopie négative と名づけられた)とでもいうべきものであるが、この主題はモーパッサンの『オルラ』へと受け継がれている。ホフマンの作品においては、読者はそれを「幻想の物語」として安心しておられるかも知れない。しかし、モーパッサンの手にかかるとき、この主題はなまなましい現実感をもって描き出される。

『悪魔の美酒』に示されるような、もう一人の自分を見た驚き、怖れなどを描き出したものとしては、エドガ・アラン・ポーの『ウィリアム・ウィルソン』、ドストエフスキーの『二重人格』があげられる。この二重人格という題名は、この本の翻訳者も語っているように、二重身、あるいは分身とすべきものであって、前節に示したような二重人格の例ではない。あるいは、分身との経験の乖離が余りにも著しくなって破局に到るものとして、オスカー・ワイルドの『ドリアン・グレイの画像』、アンデルセンの童話『影法師』などをあげることができる。

アンデルセンの童話では、無味乾燥な学問をしている学者の「影」が、学者の住んでいる向かいの家へと、学者と分れてはいってゆく。そこには美しい女性が住んでいたのだ。影法師はその後出世して、学者を「君！」と呼びすてるようになる。影法師は遂には王女様と結婚することになり、邪魔ものの学者を監禁してしまう。そして、この物語は、アンデルセンを子供向きの清らかな童話作者であると信じこんでいる人にとっては、いささかショッキングな結末を迎える。つまり、影法師と王女の結婚を祝って祝砲が鳴り、二人は人びとの万歳を受ける。しかし、「学者はこのにぎわいを、何も聞きませんでした。なぜなら、もうとうに命を奪われてしまっていたからです——。」ということになる。

作品としてではなく、有名な芸術家自身が二重身体験をもったという報告は多い。『詩と真実』に語られているゲーテの体験は余りにも有名である。恋人フリーデリケとの悲しい別離の後、向うの道から金糸入りの灰色の上衣を着て馬に乗ってくる自分自身の姿を、「肉体の眼ではなく魂の眼で見た」のである。あるいは、ダヌンチオ、ミュッセ、シェリーなども自己像幻視の体験があったという。また、ムンクの病蹟の研究者、宮本忠雄は、ムンクには架空の幻覚的分身があり、それは「アルバート・コールマン氏」として何点かの肖像画をムンクが描いているとのべている(宮本忠雄「ムンクの『叫び』をめぐって」)。精神の病いと闘いながら、このような分身体験に苦しんだムンクが、多くの自画像を描いているという事実は、彼が自らの像を明確に把握しようとした努力の反映として、見ることもできるのではないだろうか。

前述したホフマンも分身体験をもったのではないだろうか。音楽家で判事で文筆家で絵もよくしたという、生活そのものが分身体験であるような彼は、「死の予感に襲われ、分身《ドッペルト・ゲンガー》を見る」と書込みを残しているという(吉田六郎『ホフマン』)。

わが国においては、芥川龍之介が二重身を主題とした「二つの手紙」という軽い短篇を書いている。芥川はある座談会で、ドッペルゲンガーの経験があるかとの問いに対して、「あります。私は二重人格は一度は帝劇に、一度は銀座に現われました」と答え、錯覚か人違いではないかとの問いに対しては、「そういって了えば一番解決がつき易いですがね、中々そう言い切れない事があるのです」といっている(岩井寛『芥川龍之介』)。

衝撃的な自殺で日本中を驚かした三島由紀夫は、ロールシャッハ・テストの第Ⅲ図版の反応に「ドッペルゲンゲルみたいで、チョウチョウを中にして、対決し対峙しているというような……」とこたえている。これは、「作家の診断」として、ロールシャッハ・テストの専門家片口安史氏が多くの作家に行なったテストの結果である。第Ⅲ図には「二人の人間」らしいのが見えるので、そのような反応は普通にあるが、「ドッペルゲンゲル」というのは非常に珍しい。これは、三島がこの現象に相当な関心をもっていたことを反映していると思う。

芥川も三島も、同時代の日本人に比して、比較にならない程東洋的、西洋的教養を身につけ、この両者の相克を強く体験したに違いない。両者のドッペルゲンガーに対する興味、そして、共に自らの命を絶つことによって生涯を終えた事実は、示唆するところが大きい。ホフマンの書込みにもあったが、二重身の体験には死の影がつきまとっているようだ。このことについては、また後に考察することになろう。

文芸作品の方に深入りしてしまって、実際の事例については余り紙面をさけなくなったが、これらの事例の報告は数多くはないにしても、現代も存続している。この現象は、正常人にも起こり得るし、ノイローゼ、精神分裂病、てんかん、などの場合も生じるので、これによって単純に病気が診断されるものではない。

始めにも少し触れたが、自己像幻視体験として、短時間の間自分の姿を見たという体験と、もう一人の自分が居ると確信したり、自分の背中の上に乗っているのを「感じたり」する体験と、自分の分身が遠隔地で独自の行動をしていると感じる体験とでは、心理的機制も相当異なっていると考えられる。もちろん、これらの精神病理学的な分類はなされているが、それは専門書にゆずるとして、われわれとしてはその心理的な側面に注目したいのである。

もちろん、文芸作品として書かれた二重身を主題とする作品が示唆するように、この場合も二重人格のときのようなコンプレックスの働きが関係していることが予想される。しかし、事柄はそれ程簡単ではない。

たとえば、最近に京都大学の藤縄昭助教授によって発表された事例について、みてみよう(藤縄昭「ある分身体験について」)。これは精神分裂病者の二例について、著者が「分身遊離体験」と名づける症状についての報告であるが、その第一の例をあげてみる。これは男子の中学生で、二年生の頃よりぼんやり考えこんだりし始め、以前は非常に優秀な子であったが成績も下り、「おしっこと一緒に、自分の身体のなかからなにかが出てゆく」などと訴え始める。

結局、入院して治療を受けることになるが、自分は悪いこと(マスターベーション)をしたため、大切なものが自分の身体から出てゆくといったり、自分は他人に迷惑をかけていると考え、ケネディーが殺されたのも自分のせいだとさえいうようになる。その後も罪業妄想強く、自殺をはかったりするが、発病後五年して、自分の「分身」について語る。それは、主治医に無断で外出して連れもどされたとき、「分身を探しに行った。勉強するにも、仕事するにも、分身が帰ってこないとどうにもならない」と語るのである。

彼の話によると、分身は七年前にマスターベーションとともに抜けていったもので、いまは大阪あたりにいるような気がする。ときに目の前まで戻ってくるのだが、手を伸ばすと遠ざかって行ってしまう、とのことであった。「自分と分身と両方で殺人を働いている」ということもあったが、それから、約一年後、「分身と切れてしまった」とか、「分身は死んでますわ」と語る。そして二十一歳になったとき、「分身がどこにいるのか、かいもく見当がつかなくなり」、「分身が切れてしまった」という絶望的体験を経て、ついに覚悟をさだめた自殺へといったのであった。

このような例に接するとき、われわれはコンプレックスというような概念による了解をはるかに超えていることを、痛感させられる。彼が失った大切なもの、それがなくなると「空虚」に感じたもの、その分身はコンプレックスと呼ぶには余りにも大きすぎる。もちろん、その属性のなかには彼のコンプレックスとして了解し得ることも含まれてはいるだろうけれど。ここで、敢えて、コンプレックスという言葉を用うるならば、彼の苦悩は、コンプレックス喪失の苦しみであり、コンプレックスを失ったための空虚さであると考えられないだろうか。先にあげた一連の文芸作品の中に、分身を失うことの怖ろしさや悲哀について語っている系列があると指摘しておいた。どうも、コンプレックスは無い方がいいという考え方は、このような点を考慮すると、少し浅薄な考えではなかろうかと思われてくる。この問題はこの後続けて考察してゆかねばならぬことである。

二重身の現象は、二重人格のように単純には、コンプレックスという概念で説明できるものではない。しかし、たとえば、ドストエフスキーの小説『二重人格』などは現象としてはともかく、内容的にはある程度理解のしやすいものと思われる。

主人公の九等文官ヤーコフ・ペトローヴィチ・ゴリャートキンは小心で引っ込み思案で、ぎこちのない、劣等感の強い人間である。それが急激に自分の優越感を満足させるようなことがら――つまり高官の家に招待されること――に乗り出そうとして失敗し、その失意のどん底で、「もう一人」のゴリャートキン氏に出会うのである。ところが、この第二のゴリャートキン氏は主人公の全くの裏がえしである。要領がよくて、大胆で、適当に卑下をして、適当に尊大で。そして、主人公の悪あがきを尻目に、すいすいと出し抜いてゆくのである。最後には、主人公ゴリャートキンは発狂にまで追いこまれてゆくが、この過程の描写はさすがに現実感に満ちて迫力がある。ドストエフスキーの素晴らしさは、第一人格も第二人格も、簡単に類型化せず、どちらも生きた人間として描きながら、しかも両者は確かに裏がえしの人物として現われてくるという点にある。劣等感と優越感の相克が主題となりつつも、簡単にどちらの人格が劣等とも言い切れぬところがある。そのためにこそ、二重身というテーマを扱いながら、これは幻想でも何でもない、現実感に満ちた小説となったのであろう。

二重人格のときには、二つの人格の対比は、もっと類型的であった。二重身の場合はそれ程判然としてはいないが、ともかく、これらの対比の際に、劣等な人柄、劣等なものが問題とされることが多い。このような点から考えても、いわゆる劣等感コンプレックスは、誰にとっても大切な問題であるし、また理解しやすい事である。そこで、次節には、劣等感コンプレックスについて、簡単に説明する。

3　劣等感コンプレックス

劣等感コンプレックスの重要性を強調したのは、アルフレッド・アドラーである。彼は最初、フロイトと協調して精神分析の研究に専念していたが、間もなくフロイトを批判して自説をうちたてていった。彼はフロイトの性欲説に対して、人間にとってもっとも根元的な欲望は「権力への欲求」であることを主張したのである。

アドラーによると、人間は誰しも劣等感をもっている。彼ははじめの頃、この劣等感を身体的原因から説明しようとした。アドラーは、特定の器官の欠陥が同一家族によく見受けられることや、また、ある人にとって呼吸器官とか消化器官とか、何か特定の器官の劣等性が存在しているように思えることに注目した。そして、このような劣等器官が存在するときに、それを補償する働きが生じることに興味をもった。たとえば、ひとつの腎臓に欠陥があると、他の腎臓が普通より強力になって補うことになったり、あるいは他の器官が強くなって腎臓の欠陥による弱さを、何らかの形で補償しようとする。あるいは、劣等器官そのものが不断の鍛練によって、逆に強力なものとなることさえある。このような点から考えて、人間は意識することができないにしても、何らかの器官劣等性を有し、それを補償して強力になろうとすることによって、その人の「生き方」ができあがってくると考えたのである。

その後、アドラーはこのような身体的な原因による現象を拡大して、心理的なものにおしすすめ、すべての人は何らかの劣等感をもち、それを補償しようとして「権力への意志」が働くと考えた。それが成功すると、吃音を克服して雄弁家となったデモステネスのような場合となり、うまくゆかぬ場合は、見せかけの強がりを言ったり、あるいは失敗を恐れる余り何もしなくなったり、ノイローゼになることによって逃避したりするようなことになると考えた。

フロイトの性欲説に反撥を感じている人にとって、アドラーの考えは受けいれやすく、また理解しやすいものであった。また、アドラーは人間のもつ「社会的感情」を重視し、人間はいかにして社会的存在として教育されねばならないかを説いたので、彼の説は宗教家や教育者の間にひろがっていった。このためもあってか、わが国の教師の間でも、劣等感ということはよく使用される用語であるが、反面、誤解したり、浅い理解しかされていなかったりすることも多いので、劣等感について少し考えをのべてみる。

先ず、何かについて劣等であること、あるいはその劣等性を認識することと、劣等感コンプレックスとは異なるということである。たとえば、仲間が集ってソフトボールをしようというとき、「僕は下手だから」というので応援にまわったり、ボールひろいをしたりして楽しく共に時間をすごす人は、ソフトボールについて「劣等」であり、それを認識してはいるが、劣等感コンプレックスをもっていない。この場合、下手なくせに無理にピッチャーになりたがったり、失敗したことで何時までもぶつぶついったりする人の方が、むしろコンプレックスをもっているといえる。つまり、この人達は劣等であることを認めていないのである。

コンプレックスというかぎり、それは感情によって色どられていなければならない。感情のからみつきのない、自分の劣等性の認識は、むしろコンプレックスを克服した姿である。ソフトボールにまつわるコンプレックスは、実際にソフトボールの練習をして、上手になることによって克服するか、自分がソフトボールを出来ないことを認めることによって克服するかという方法によって、解消することができる。

実際にできることをできないと思いこんだり、思いこんでいるためにのびのびとできずに失敗して、ますます駄目だと思う、このようなのを「劣等感の悪循環」とアドラーは呼んでいる。この悪循環におちいっている人は、どこかで立上るきっかけをつくってやらねばならない。しかし、この場合は、もともと力のあるときなので、比較的援助がしやすいものである。

ところが、もともと力の無い場合はどうするのか。たとえば算数のできない子に、いくらきっかけをつくってやろうとしても、どうしても算数能力がない場合はどうすればよいのか。この問題は深刻である。「人間は努力すれば何でもできる」と信じている人は幸福だ。われわれのように対人援助の仕事に従事しているものは、人間の能力に限界があり、われわれの抗し難い不可解な力が人間に働いていることを、いつも認めさせられるのである。どう努力をしても知能が低いままの子供がいる。交通事故で足を失った人は、その足をとり返すことはできない。われわれは時にいいようのない絶望感におそわれる。このような問題と必死に取り組まなかった人は、安易な楽観論をもつことができるだろうが。

この問題に対して、先程のソフトボールの例をかりて考えてみる。ところで、ソフトボールができないことに対して、なぜ一方はコンプレックスをもち、一方はコンプレックスをもたなかったのだろう。この場合、平気で自分がソフトボールのできないことを認めた人は、それを認めることによって、その人の人格の尊厳性が失われないと感じているからである。つまり、そのことについての劣等の認識は彼の自我の中に統合されており、何も安定をゆさぶられないからである。このことはわれわれに大きい示唆を与える。

しかし、金の無いことについて、社会的地位の低いことについて、あるいは、知能の低いこと、心身に障害があること、これらのことを認めつつしかも人格の尊厳性を失わないということは大変なことである。あるいは、ある人がこのような認識を行なおうとするとき、それを援助する教師や治療者自身が、金や地位や名誉と関係のない人間存在の尊さを確信していなければならない。

コンプレックスは自我によって経験されていない感情によって成立しているという意味において、それは単純に「劣等感」などと名づけられるものではない。先に示したように、はっきりと劣等であると認識できた場合は、それは問題でもなく、コンプレックスでもない。このような意味で、劣等感コンプレックスは、優越感も必ずその中に混入させているものだといってよい。ソフトボールができないというとき、「いやできる筈だ」、「あんなことで喜んでいるのは馬鹿な人間だ」、「僕もひとつかっとばせたら」などと、言語化し得ない感情を味わう筈である。それが複雑で解らないから、いらいらもするし、しなくてもよいことをしてみたりする。自我にある程度意識されるのは、その劣等感の方ではあるが、そこに優越感が微妙にいりくんでいるところが、コンプレックスのコンプレックスたるゆえんである。

自分は何も価値のない人間だからと自殺を図った人が、少し元気になってくると、自分と同じように悩んでいる世界中の人を救いたいなどということがある。死ぬより仕方がないという程の劣等感と、世界の悩める人を救ってみせる程の優越感が共存しているところが、劣等感の特徴である。そこにおける強い判断のゆれが、この人を自殺という行動に追いやるのである。

劣等感と優越感の微妙な混在——結局は劣等感コンプレックスといってよいと思うが——、それを基にして、もうひとつの奇妙なコンプレックスが派生する。先にあげた自殺未遂の人のように、このような人は、他人を「救いたがる」傾向が強いのである。ともかく、「有難迷惑」ということが、ぴったりとする行為の専門家である。一寸でも困っていると、不必要に助けにきたり、同情したりしてくれる。困っていないときは、何か悩みがないか探しだしたり、時には作り出したりしかねない程の親切さである。このようなコンプレックスは、メサイヤ・

コンプレックスとよばれている。確かに、他人を救うことは善いことであるだけに、これは非難されることが少ないので、これを克服することは難しいことである。

他人の為につくそうとする善行の陰に、劣等感コンプレックスの裏がえしが存在していることを、自ら認めることは辛いことである。カウンセラーになって、悩める人のためにつくしたいと思う人は、先ず自問しなければならない。「先ず救われるべき人は、他人なのか、それとも自分なのか」と。

劣等感コンプレックスは重要なものであり、かつ理解しやすいものであるので、ここに簡単に説明したが、これによって、コンプレックスに対する対処の仕方についても、ある程度の考えをもつことができたと思う。このことについては、第三章、第四章においてくわしくのべることにするが、その前に、コンプレックスの理解のために必要な概念、心の相補性ということについて説明する。

4　心の相補性

前にのべた、二重人格の事例の場合に非常に顕著であるが、無意識内に形づくられてくる心的内容は、その人の自我の一面を補うような傾向をもっていることが認められる。「聖者」のようなビーチャム嬢に対して、第二人格のサリーは茶目でいたずらであり、ビーチャムの一面性を補うものであることは明らかである。

第一章の始めに、少しだけ例としてあげた対人恐怖症の女子学生について考えてみよう。この学生は対人恐怖症ということで相談にきたのだったが、話を聞いているうちに解ってきたことは、よい両親に育てられて別に何の悩みもなく、勉強ひとすじに大きくなってきた。同級生の女性達が服装について話合ったり、そろそろ男性の噂話などをし始めた頃も、自分は全くそのようなことに関心がなかったということであった。そして、大学も思いどおりに入学できるし、好きな勉強にも専念できて喜んでいたのに、最近になって対人恐怖症になるし、勉強まで面白くなくなったというのである。ところで、治療のために面接に来て話合いをつづけているうちに、彼女は、自分は人間全部が怖いのではなく、男性が恐ろしいのだと気づくのである。そして、結局は今まで同級生ということで、男女の別なく平気でつき合っていたが、同級生といえども男である限り、それは異性であると思うと、怖いようないやなような何ともいえぬ感じがしてきたのだ。

それに同級の女子学生のAさんは化粧が濃いから嫌だ。Aさんは大学へ学問をするためではなく、男性を探すためにきているのではないだろうか、全くけしからん、などと憤慨するのである。さて、このような話をさんざんした後で、彼女は「何となく」学校へゆく気になり、そのうちにボーイフレンドまで獲得するのである。彼女が、よくなったので治療を終りにしたいと告げに来たとき、カウンセラーは驚いてしまった。彼女はちゃんとお化粧をしていたからである。

こんなとき、人間の心の発展してゆく素晴らしさに、感嘆せざるを得ない。勉強熱心で異性のことに関心のないこの女子学生の自我は、それなりにひとつの統合性をもっていた筈である。だからこそ、この学生は勉学に精励する優秀な学生として、教師や同級生からも、認められてきたのである。この自我がそのような性質をもったままでいたとしても、それは別に不都合なことではない。しかし、その自我を補うものとして、異性に関心をもつ傾向が無意識内に湧きあがってきたのである。彼女の自我が一面的な成長をしているとき、いわば異性コンプレックスとでもいうべきコンプレックスが無意識内に形成され、その圧力が自我をおびやかし始めた。ここに対人恐怖症という症状は、安定を崩されたくない自我と、それに圧力をかけているコンプレックスとの妥協の産物のようなものと言うことができる。

しかし、カウンセラーとの話合いを通じて、自我はだんだんとコンプレックスの存在を認め、また、自分は異性に関心をもたなかったという一面性も認める。コンプレックスに対する反撥は同級生のAさんに対する非難という形でなされるが、それに伴う感情を放出した後には、コンプレックスを自我の中にとりいれてゆくことに成功する。

この際、自我の一面性を補償するものとして、コンプレックスが大きい役割を果しているところに注目して頂きたい。ユングは、人間の心のこのような相補性に注目し、人間の心は全体として、つまり意識、無意識を包含して、全きひとつの存在であるという考えを早くからもっていた。

このような考えは既に一九〇二年に発表された彼の博士論文の中に、その萌芽を見せている(「いわゆる神秘現象に関する心理と病理について」)。すなわち、その中で彼は二重人格や夢中遊行などの現象について論じ、それらの現象は、新しい人格の発展の可能性が何らかの特殊な困難性のため妨害されて生じたものと考えられることを指摘している。これは、その頃、単に病的現象としてのみ見られていたこれらの現象に、目的をもった意義、つまり意識の一面性に対する補償の可能性を見出そうとしたのである。このような論旨のなかで、ユングは夢中遊行の例が思春期に特に多いことを指摘し、思春期における人格の発展傾向の強さと結びつけて考えているのも興味深いことである。先の対人恐怖の例も青年期の問題であるし、第二節に紹介した藤縄による分身体験の事例においても、発表した二例とも十二—十三歳の年齢で発病していることが重視されている。

ところで、前述した心の相補性の考えは、ユングの特徴をよく表わしている。フロイトにとって、コンプレックスは自我にとって受けいれられず抑圧されたものであり、コンプレックスの表出は何らかの意味で病的なものとみられ勝ちであった。それに対して、ユングはコンプレックスの表出はマイナスの面もあることを認めた上で、そこに人格の発展の可能性として、目的論的な見方を導入したのである。彼の言葉を引用する（『魂の探求者としての近代人』）。

「コンプレックスは広義においての一種の劣等性を示す。——このことに対して私は、コンプレックスをもつことは必ずしも劣等性を意味するものでないとただちにつけ加えることによって、限定を加えなければならない。コンプレックスをもつことは、何か両立しがたい、同化されていない、葛藤をおこすものが存在していることを意味しているだけである。——多分それは障害であろう。しかしそれは偉大な努力を刺戟するものであり、そして、多分新しい仕事を遂行する可能性のいとぐちでもあろう。」

ここで彼の考えに従って考察を一歩すすめ、コンプレックスという概念をこえたことがらについてのべておきたい。それは、ユングの理論の中心をなしている「自己」(Selbst, self) ということについてである。これは確かにコンプレックスの話の範囲を逸脱するものである。しかし、この点についてのべておくことは、今後の論議の展開のために必要なことと思えるので、ここに少し触れておくわけである。

ユングは心の相補性という点に特に注目し、意識の一面性を補う傾向が無意識に生じるということは、自我はあくまで、意識の統合の中心であっても、心全体（意識も無意識も含めて）の中心ではあり得ないと考えはじめた。そして、彼は東洋の思想にふれ、特に中国における「道」の考えが陰と陽の対立と相互作用を包むものとして生じてきている点に大きい示唆を受け、「自己」という考えをもち始めたのである。すなわち、自我があくまで意識の中心であるのに対して、われわれ人間の心全体の中心ということを考えざるを得ず、それを「自己」と名づけたのである。これはたとえてみれば、人間の心という球の中心が自己であるのに対して、その球の表面に存在

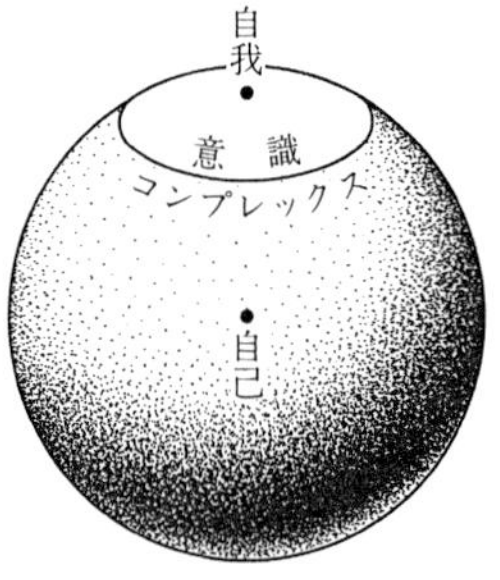

図2　自我と自己

するひとつの円としての意識の中心が自我なのである(図2参照)。コンプレックスというのは、この球に含まれ、意識という円に隣接する多くの円であるということができる。そして、自我もコンプレックスも、この自己という中心の周りに、大きい統合性に基づいて存在しているのである。

イヴ・ホワイトの自我が彼女の心の中心であるならば、自分自身の存在を危うくするようなイヴ・ブラックをその心の中に生ぜしめる筈がない。つまり、イヴ・ホワイトの自我をこえる心の中心の存在を考えてこそ、その働きとして、イヴ・ホワイトの一面性を補償するイヴ・ブラックの出現が了解できると考えるのである。もちろん、「自己」は、定義から考えても、われわれはそれ自身を知ることができない筈である。しかし、われわれは自己の「はたらき」を意識することができ、逆にそのはたらきを通じて、自己の存在を仮定することができると考える。

コンプレックスは、新しい仕事を遂行するためのいとぐちともなろうとユングはのべている。ともすれば小さく固まろうとする自我に対して、コンプレックスという発展のいとぐち(苦難でもある)をつきつけ、自我がより高次の統合性を志向してゆくようにするプロモーター、それが自己なのである。

始めに示したような、二重人格や二重身の事例における「もう一人の私」は、暗い色合いをつけていた。しかし、それらも自我の一面性を補うものとしてみるとき、暗いとばかりは言い切れぬものがある。イヴ・ブラックにしても、結局はイヴ・ホワイトと共に統合され、より成熟した第三、第四の人格へと発展してゆく基となったではないか。いってみれば、すべてのコンプレックスは「もう一人の私」たり得る可能性をもっている。そして、それらすべての「もう一人の私」の奥深く、これらすべての人間の統合者である自己が存在する。この自己は

「もう一人の私」の中の最高位につくものであり、「私」をも超える真の「私」なのだということもできる。「もう一人の私」の問題を追求するとき、われわれは明確には把握し得ないにしても、心の奥深く存在する高次の「私」、すなわち自己の存在を予感する。それは光と闇をも包含するものである。

心の相補性は、一人の人の心の内部にのみ生じるのではなく、二人の（あるいは多数の）人の間に生じることもある。たとえば、外向的な人は、内向コンプレックスをもっているし、内向的な人は外向コンプレックスを有しているが、このような人達が恋人や夫婦として結ばれることはよくあることである。おのおのの人が自分の心の内部にあるコンプレックスを開発してゆく代りに、それを補う人と結びつくことによって、手っとり早く相補性を獲得するわけである。

ところで、このような夫婦が四十歳位になってから離婚問題を起こし、相談に来ることが、最近とみに多くなった。それは、彼等が力を合せて外敵と戦っているときは、相補ってうまくいっているが、その仕事が一応の成功をおさめたとき、つまり家を建てたとか、夫の地位が相当なものになったとかした場合、彼等は一休みして話合おうとする。ところが、お互いに他を理解できなくて驚き悲観してしまうのである。彼等は、いわば背中合せになって外敵と戦っているときが一番よい夫婦なのである。それが向き合って対話をかわそうとすると全く駄目なのである。

このような場合、不思議に思われる程彼等の周囲に話相手となり得る異性が現われるものである。そして、夫か妻かどちらかの不貞事件という形で、離婚問題がもちあがるのである。世間は不貞を犯した方を一般に責める。しかし、心理学者としては両方に責任があると考える。結婚してから二十年近くを背中合せの協力のみですごすのではなく、お互いの対話を、つまり自分のコンプレックスとの対決をはかるべきであった。あるいは、四十歳になって気づいたのなら、人生の後半に向かってゆく道程を、両者で共に進むべく新しい関係を切り拓くべきであった。

コンプレックスの問題は、このように対人関係にも微妙に入りこんでくるものである。コンプレックスの引きおこす現象について、次章において、もう少しくわしく考察してみたい。

第三章　コンプレックスの現象

前章においては、コンプレックスの現象を劇的に示すような例をあげ、コンプレックスの脅威をいわば拡大鏡にかけて見せたのであったが、本章では、コンプレックスの現象を日常的なレベルで、系統的に示し、考察をすすめてゆきたい。

コンプレックスの活動は思いがけないところにまで、影響を及ぼしているものである。先ず始めに、それを自我とコンプレックスの関係として捉え、次にその異常な場合としての神経症について考察し、続いて、コンプレックスが対人関係の問題にどのように入りこんできているかを示そうと思う。

1　自我とコンプレックスとの関係

今まで、コンプレックスについて説明するなかで、カイン・コンプレックスとかメサイヤ・コンプレックスなどということについてのべた。このような説明を聞くと、すぐに自分のことに照らして、自分はカイン・コンプレックスの強いことが解ったとか、自分の行動について、あれは劣等感コンプレックスの裏がえしだったのだなどと気づく人がある。一方、自分のことは構わずに、同様のことを他人について見出して喜ぶ人もある。どちらにしろ、心理学的な説明に興味をもったり、感心したりすることであろう。しかし、ここでもう一歩すすんで考え、次のような疑問をもった人は無いだろうか。

たとえば、ある人が慈善事業に熱中しているとき、それが「本もの」なのか、メサイヤ・コンプレックスによるものなのかをどうして判断するのだろう。あるいは、それがメサイヤ・コンプレックスによるものであろうと、どうしてそれが悪いことがあろう。何コンプレックスに基づいていようと慈善は慈善ではないのか。これらの疑問は真にもっともなことであるし、慎重に考慮しなければならない。

先ず後者の問題について考えてみよう。慈善の行ないは慈善であって、それが何コンプレックスに基づいていようと、そのこと自体の価値と関係ないということは、非常に大切だと私は思っている。ひとつの行為がどのようなコンプレックスによってなされていることが解っても、その行為自体の善悪や価値とは関係のないことである。このことをよく知っていないと精神分析の半可通は、ものごとの価値を引き下げたつもりになって喜ぶだけになる。ダヴィンチの絵の中に、彼のエディプス・コンプレックスを読みとることは(フロイト『レオナルド・ダ・ヴィンチの幼年期の一記憶』)、それは興味のあることであるし、意味のあることであるが、ダヴィンチの絵の芸術的価値とは関係のないことである。フロイトの論文を読んで、ダヴィンチの絵も「結局はエディプス・コンプレックスの現われにすぎない。」と、これで全てが解ったつもりになるのは馬鹿げている。また、反面、このような分析を芸術に対する冒瀆であるかの如く憤慨するのも、ひいきのひきたおしであり、芸術の価値について安定した確信をもてない人であろう。

このような意味で、慈善は慈善であって、何もそれについてとやかくいうことはない。ところが、その慈善のあり方が、たとえば、他人にほどこすために家族を顧みないとか、しなくてもよい親切の押し売りをしているとかになってくると、それによる害を受けている人が生じてくる。この際、われわれはメサイヤ・コンプレックスそのものの存在に価値判断を加えないにしても、メサイヤ・コンプレックスに余りにも動かされている自我のあり方を問題とするのである。自我がコンプレックスの支配に屈するとき、その行動は現実を無視し、従ってその行動に対する評価は低くならざるを得ないのである。

以上のことをまとめてみると、結局コンプレックスが存在するかどうか、あるいは、その行動が「本もの」かどうかは問題ではない。問題なのは、自我とコンプレックスとの関係のあり方なのである、ということができる。そこで、この両者の関係について考えてみることにしよう。

自我とあるコンプレックスとの関係を大別してみると、①自我がコンプレックスの存在を殆んど意識せず、その影響も受けていない、②自我が何らかの意味でコンプレックスの影響を受けている(意識しているときと、無意識のときとある)、③自我とコンプレックスが完全に分離し、その主体性の交代が行なわれる(二重人格)、④自我とコンプレックスの間に望ましい関係がある、のように類別することができる。これについてくわしく考察してみよう。

①自我がコンプレックスの存在を意識せず、その影響も受けていない場合。これは何も問題がない。たとえば一人子の場合、幼児期においてカイン・コンプレックスの影響下にさらされることは殆んどないだろう。といっても、これはこの人が一生の間、カイン・コンプレックスに悩まされないことを意味してはいない。ひょっとすると弟妹が生まれるかも知れない。あるいは大きくなってから同級生や同僚との関係で、このコンプレックスの存在に悩まされることになろう。

ある個人にとって、ある特定のコンプレックスが何ら問題とならない時期と、どうしてもそれを問題としなければならない時があることを知っておかねばならない。

ある特定のコンプレックスではなく、全てのコンプレックスの存在を意識せず、その影響も受けないような状態とはどんなであろうか。つまり、コンプレックスがすべて無くなった状態である。これについてユングは興味あることをのべている。「コンプレックスは心的生命の焦点であり、結節点である。これは無くなってはならないものである。なぜならば、コンプレックスがなくなれば、心の活動は静止してしまうだろう。」(『魂の探求者としての近代人』) コンプレックスが全て無くなるなどということは人間業ではない。そうなったときは、ホトケになっていることだろう。

コンプレックスの存在が自我に全然意識されていない間に、コンプレックスの方は無意識下でだんだんと強力になってゆきつつあることがある。そして、ある時突然にコンプレックスの優位性が示されるときは、全く恐ろしいことになる。そのもっとも劇的な場合が、③の二重人格の現象であり、これについては前章にくわしくのべた。あるいは、これは思いがけない犯罪行為として現われることもある。突然の理由なき殺人事件などで、それまでの犯人の「大人しい」性格から、全く思いがけないことだと言われたりする場合である。しかし、このようなときでも、慧眼な人であれば、外見的な平静さの陰で、コンプレックスが強化されつつあることを見落さないであろう。コンプレックスの影響は何らかの形で認められることだろう。つまり、この①の状態から、次にのべる②への移行状態が存在するわけである。

②自我がコンプレックスの影響を受けている場合。これはいろいろな状態が考えられる。自我がそれを意識する度合や、コンプレックスの自我に対する強度、自我のそれに対する対処の仕方などによって、状態が異なってくる。

先ず、コンプレックスの存在を自我が意識していないが、コンプレックスの働きが自我に及んでいる場合は、感情のゆれとして経験され、外からも観察することができる。何か解らないが、いらいらする、あるいは気分が沈んで仕方ない、などというときである。この情緒の不安定さは本人も感じるし、他人にも解るが、それがどのようなコンプレックスと関連しているかは、本人に解らぬときが多い。

あるいは、本人には一応知的には解っているが、さりとてコンプレックスの力は弱まっていないというときがある。たとえば、「僕はスポーツには劣等感が強くて」などと口では言っているが、実際には皆でスポーツをしようとすると感情的に反撥したり、不機嫌になったりするような場合である。このように知的な理解をすることは、せめて知的に「知っている」ということで、少しはコンプレックスの力を弱めたり、制限したりすることができるという面と、問題を知性化することによって、コンプレックスの本質と対決することから逃げているという面と、両面性があると思われる。

コンプレックスの力が強くなるに従って、自我はその安定をはかるために、いろいろな手段を用いる。これがいわゆる自我防衛の機制である。自我にとっては、先ずコンプレックスを完全におさえつける。すなわち抑圧の方法が存在する。これがうまくいっておれば①の場合になるが、なかなか抑圧しきれないので、次の手段として他の機制に頼ることになる。

その機制としてよく用いられるものに、投影ということがある。自我によって受けいれ難い心的内容を他人に転嫁することで、たとえば、前章の終りにあげた対人恐怖症の女性が、同級生のAを非難したような場合である。つまり、彼女自身の心の中に、女性として自分もそろそろ化粧などしなければならないという気持が生じかけるが、彼女の自我はそれを未だ受け容れることができない。そこで、そのようなことをAに投影し、Aを非難する。

このことによって彼女は自我の安定をはかるわけである。

しかし、投影といっても、現実にAは濃い化粧をしているのだから、それは本当のことなのではないか。ここで大切なことは、確かにAが厚化粧をしていることは事実であるが、彼女が非難するように、学業より化粧を大切にしているとか、男性を獲得することのみを目的として大学へ来ているということは真実とは言えないという点にある。つまり、ひとつの事実をもとにして、後につけ足された部分に、彼女のコンプレックスが拡大して投影されているのである。この場合、コンプレックスの圧力に比例して、現実を無視した投影がなされる。しかし、投影をされる側も、何らかの意味で投影をさそいだすに値する「かぎ」をもっていることが多いようである。この投影の機制は対人関係の中に入りこんできて、それを極めて複雑なものに仕立てあげるのである。このことは第三節において、もう一度論じることにする。

反動形成ということもよく用いられる。自我によって受けいれ難い欲求と逆のことをすることによって、自我の安定を保とうとするのである。ある女子学生は同級生の男子Aに腹が立つことが多かった。Aは優秀な学生であったが、「男尊女卑の考えをもっている」ように思え、常に「女はひっこんでいろ」といっているように感じられた。クラスのいろいろな行事をきめるときなど、よく意見が対立し、皆の前で口論したこともあった。とうとう、Aの態度をもっと根本的に批判するため、Aを喫茶店に呼び出し、一対一で議論したいと申込んだ。Aはこの挑戦をうけ、二人は長時間にわたって議論をした——というよりは話しこんだのであった。話題は二人の思いがけない方にもひろがっていった。その夜、下宿に帰ってから、自分はAを愛し始めていることを知ったとき、彼女は「自分をとりまいている壁がこわれてゆくような、怖いような嬉しいような、何ともいえぬ感情が湧きあがってきて」涙の流れるのをとめることができなかったという。

こんな例を、われわれはよく経験する。この場合、彼女は何に対して反動形成をしていたのか。人を真剣に愛するということは恐ろしいことだ。他人に対する愛情を意識する前に反動形成が生じることは多い。ここで、彼女が誰か他人を愛することに対して抵抗していたと考えるのみでなく、Aという人間で表わされる男性的な生き方に対しても、両価的な感情をもっていたと考えることもできる。つまり、彼女はAのような生き方を自分もしてみたいという気持と、Aのような生き方を自分はしてはならないという気持の相克のなかで、反動形成が生じていたと考えられる。そのような状態の中で、Aを自分の夫として受け容れることによって、ある程度の是認を行ない、それに相応して自分の人格も改変されてゆくわけである。しかし、このように考えると、結婚がゴールなどではなく、二人にとっての自己実現の出発点となるべきことがよく了解されるのである。

代償ということもよく用いられる自我防衛の方法である。コンプレックスに基づく欲求を自我が受けいれ難いとき、その本来の対象と異なるものを代償としてえらぶのである。ある三十歳の女性が強い抑うつ状態になったため来談した。話合っているうちに明らかになったことは、彼女が多くの男性と関係をもち、その誰とも結婚に到らず、その関係をふみにじるような有様で別れているということであった。彼女はまるで男性一般に恨みがあり、それに復讐したがっているかのようだと私は指摘した。

分析の過程で明らかにされたことは、彼女の父に対する非常に強い愛着心と、その父親が、彼女の幼少時に離婚して、彼女と母親を「見棄てていった」ことに対する激しい怒りの感情が存在することであった。彼女は始めこのようなことを意識してはいなかった。分析中にこれらのことが明らかになるにつれ、彼女の男性遍歴は、父親の代償として、それを求める感情と、それに復讐したい感情とを向けるために、多くの男性をえらんでいったのだということが解った。代償満足ということは非常に多くのことについてなされる。これが逃避の機制と結びつき、コンプレックスと対決することを逃がれて、白昼夢や空想の中に代償満足を見出すこともある。

最後に、自我がコンプレックスの影響を受ける状態として、自我がコンプレックスに同一化している場合をあげねばならない。この場合は、二重人格のように自我とコンプレックスの政権交代が行なわれるのではなく、コンプレックスという派閥が一種の黒幕として、主流派を思いのままに動かしている状態である。これは同一化の程度に従って、その様相も異なってくるが、もちろん、同一化の度合の強い程、病的なものとなる。

ある高校二年生の男子は、小さいときから模範生であった。親や教師のいいつけをよく守り、悪いことをしたことがないといってよい程であった。ところが、この高校生が突然家出をしてしまった。両親の驚きと心配は大変なものであった。それは全く両親にとって、思いがけないことであったからである。

幸にも、親類の家に立寄ったため大事にはならなかったが、両親を再び驚かせたのは、その子供の態度であった。家には絶対に帰らぬといい、両親とも口をききたくないと言い張るとき、「全く別人のようであった」のである。

誰からも「よい子」であると思われて育った子供は、親や先生のいうことをよく聞いても、自分の意志で判断し行動することを殆んどしていないことが多い。この状態が続いて、自我がコンプレックスの存在に気づいていない間は、真に平和である。しかし、この子供の心の奥でだんだんと発達してきた、自立コンプレックスとでもいうべきものが、突然に爆発し、彼の自我がそれに同一化するとき、家出という行動がとられたのだ。

彼の両親が、全く別人のように思ったのも無理もない。家出をしたのは彼等の子供ではなく、その底にあったコンプレックスだったのだ。コンプレックスと同一化した時の人間は強力である。このようなとき、その行動は、ある一面から見た輝く程の真理(この場合、自立すること)と、驚くべき現実の無視(どうして自活してゆくか具体策をもたない)と、説得を許さない頑固さを、その特徴としている。このようなとき、われわれはコンプレックスの力が弱まり、対話の相手としての自我が多少とも権力を回復するのを待つより仕方がないことが多い。

自我がコンプレックスの影響をうけている場合の例についてのべたが、③としての二重人格については、既に前章にくわしくのべた。また、④の自我とコンプレックスとの望ましい関係については、第四章にのべることにする。今、②の例としてあげたものは、多少とも健康人の範囲内においても生じることであったが、これがはっきりと症状に示されているものとして、神経症(ノイローゼ)の場合について、次節にのべることにする。

2 ノイローゼ

神経症、あるいはノイローゼといわれているのは、心理的原因のために心理的機能や、身体的機能に比較的永続的な障害が生じていることである。これは内因性精神病といわれている精神分裂病や躁うつ病とは区別されるが、これらの点は他書にゆずって、今はノイローゼということを、コンプレックスとの関連において考察したい。ノイローゼというのは、あるコンプレックスが自我に影響を及ぼし、それが神経症症状となって出現している場合である。神経症の症状としてはいろいろあるが、その本人がそれを病的な症状として認め、不可解であると思いつつも、どうしても意識的には治すことができないのである。

ここに、自我がコンプレックスの影響下にあるといっても、ノイローゼになる人の自我がノイローゼにならない人の自我よりも、必ずしも弱いとは限らないことを強調しておきたい。自分は「正常」であって、ノイローゼになる人は自分より一段弱い人間だと思っている人が多いが、そんなに事柄は簡単なものではない。偉大な芸術家でノイローゼであった人は多い。第一、フロイト自身もノイローゼであった。あるいは、林武画伯の書かれたものをみると（林武『美に生きる』）、氏が強度のノイローゼに悩んだことが解る。これら偉大な人々が、いわゆる「正常」な人よりも、自我が弱いと簡単に言えるだろうか。

ノイローゼになるかならないかは、その個人としての自我とコンプレックスの相対的な力関係にある。これをたとえていうならば、舟に荷を積むとき、小さい舟でも小さい荷を積めば問題はない。つまり、このときは正常である。ところが、大きい舟でも、荷がうんと重ければ少しは障害を起こすだろう。この場合がノイローゼである。ここで、この舟が沈没すれば終りだが、障害を起こしつつも荷物を運び切ったら、こちらの方が「大きい仕事」をしたことになるわけである。この舟と荷物の大きさ、およびその関係は、その人の素質や環境によっていろいろ異なってくるわけである。ここで、どうも荷物が自分の舟に対して重すぎるというので、知らぬ間に他人の舟に少し荷物をのせておいたり、他の舟にひっぱって貰って、自分の舟に故障がないようにすればどうか。このような人はノイローゼではないという意味では「正常」だが、他人には随分迷惑をかけており、時には犯罪者であったりするわけである。

ノイローゼがコンプレックスによって生じるものであり、コンプレックスの存在を意識化することによって治療できることを、ヒステリーの症例を通じて明確に示したのが、フロイトである。そして、その患者を分析すると、そのコンプレックスの中核として性的外傷体験（たとえば、女性であれば幼児期に父親から性的関係を迫られたなど）が存在することが解った。このことから、第一章の終りにのべたように、彼はあらゆるコンプレックスの根元としてエディプス・コンプレックスを考え、それとの関連において、神経症を解明しようとしたのである。

彼の神経症理論を簡単に説明する。先ず、今示したような転換ヒステリーの例の場合、コンプレックスの働きは完全に抑圧され、その存在による不安も全然感じられない。しかし、コンプレックスの働きは転換されて身体機能の方に向い、手足の麻痺とか耳が聞こえない、目が見えないなどの、身体機能の障害が生じていると考える。これとよく似ている症状を示すものが、フロイトによると、不安ヒステリーである。これは転換ヒステリーの場合は不安が認められないのに対して、これはコンプレックスの働きは身体的なものに転換されず、その対象が他のものに向けられ、たとえば馬をみると不安を感じるとか、乗物にのるのが怖いというような場合である。これはむしろ現在は恐怖症と呼ばれるものであるが、フロイトの説明によると、コンプレックスの存在による不安を自我は感じているのだが、コンプレックスの本来の対象については抑圧がはたらき、それが代償機制によって、馬とか乗物とかに向けられていると考えるのである。

次に、強迫神経症は、「自分は人を殺すのではないか」といった観念が常に浮かんできて、どうしようもないというようなノイローゼであるが、これに対してフロイトは次のように考える。この場合は、転換ヒステリーのように心的外傷が完全に抑圧されているのではなく、外傷体験そのものは記憶しているが、それに伴う感情を抑圧していると考えるのである。つまり、コンプレックスに基づいて、観念内容がいわば中味を失った外殻のように、感情ぬきでくりかえされるのである。これは不安ヒステリーが、感情の方は意識しながら、心的内容を抑圧しているのと逆の関係にある。このようにフロイトは考え、そして抑圧されているコンプレックスが性的な性質を帯びていると考えた。

以上のノイローゼに対して、不安神経症(不安だけが前面にでてくるもの)や心気症(頭痛や、腰痛など身体的な苦痛や障害を訴えるが、身体的欠陥のないもの)などは、異常な性生活などによる生理的原因によるもので、これらはコンプレックスによる心理的な原因ではないと考えた。従って、これらは精神分析の対象にはならないとさえ主張した。

以上は、フロイトの初期の考えを非常に簡単に紹介したのであるが、精神分析の今日の考え方は、これよりも進歩し変化してきている。

ところで、フロイトは今までのべたように、ノイローゼの分類を行ない、それらの原因を心理的に説明したのであったが、これに対して、ユングは「いかに治療するか」という観点から考えるとき、このような分類に基づく診断は余り意味がないことを主張した。ノイローゼの治療法の問題は大きい問題であり、ここにくわしくのべることが出来ないが、ユングは、治療者と患者との人間関係を重視し、望ましい人間関係をつくるためには、上記のような分類に基づいて、客観的に診断しようとする態度は、かえって治療者にとってマイナスになるとさえ考えたのである。

そして、治療をすすめてゆくためには、患者のコンプレックスの内容を明らかにすることが大切であり、そのコンプレックスは臨床的な症状によって明らかにされるよりは、むしろ隠されている方が多い位であるから、特に診断名をつけても何ら意味のないことが多い。むしろ、「真の心理的診断は、治療の最後にのみ明らかとなる」(ユング「医学と心理療法」)ものだから、治療者としては先入見を排する意味でも、症状による診断にとらわれない方がいいと考える。そして、治療の過程としては、コンプレックスの内容を明らかにしてゆくのであるが、その内容は必ずしも性的なものとは限らず、いろいろな場合が考えられ、個人差も大である筈である。このように考えるので、ユングはノイローゼの分類には興味を示さず、コンプレックスの内容をいかに自我に統合してゆくか、つまり、後述するように彼が自己実現(あるいは個性化)の過程と名づけたものの解明へと力を注いだのである。

ユングの考えは、ノイローゼの「症状の分類」よりも「治療」に重きをおき、その際における治療者と患者の人間関係を重視し、それを明らかにした点で非常に意義が大きい。今日、心理治療に従事している人は、どのような学派に属するにしろ、ユングが早くから指摘していたような人間関係を重要とする点においては変りはない、といってよい程である。しかし、ノイローゼの治療の実際においては、その見とおしをたてる上において、症状による分類にも注目する必要があるのではないかと、私は考えている。確かに、ユングのいうとおりコンプレックスの内容と症状は関係がないが、コンプレックスと自我との関係のあり方において、症状による分類が生じると思えるからである。

ノイローゼについてくわしくのべることは、完全に一書を必要とするが、前記の考えに基づいて、簡単に私見を試論のかたちでのべることにする。

ヒステリーの場合は、自我によって完全に抑圧されたコンプレックスが存在し、その力が身体機能の障害となって現われているというフロイト以来の考えが、全く受けいれられる。ここに、障害をうける身体機能が、手足の運動や、視覚、聴覚など自我の統制の及ぶ範囲であるので、この抑圧されたコンプレックスは、相当自我に近いところに存在すると考えられる。

二重人格、およびそれに近い人格分離の現象は、ヒステリーの状態にやや近い。ただ、コンプレックスが自我と完全にいれ代るという点が劇的である。

抑うつ神経症(心因性抑うつ症)は、心理的原因により、気分が沈み、罪悪感が強く、何もできなくなる状態である。最近はこのノイローゼになる人が多く、一流企業の幹部社員の自殺の増加傾向として、社会的な問題としてとりあげられつつある。この状態は、コンプレックスが比較的自我の近くに存在し、それに対する抑圧はヒステリーの場合ほど強くはない。自我はこのコンプレックスとの対決を予感しているが、それに必要な自我の改変に対する恐れや抵抗も強い。そのため、何とも行動し難い状況に追いつめられているわけである。進むも危険、退くも危険という状況に追いこまれ、自殺する人があるのも当然である。

精神衰弱といわれるノイローゼは、ともかく元気がなくて、何もする気がしない状態である。意欲というものが湧いて来ないのである。このようなノイローゼになっている人は、周囲から怠けものであるという非難を受け、本人も発奮しようとするが、全然力が湧いてこないので致し方ないのである。この場合、コンプレックスは自我の手の及ぶ範囲で活動していない。あるいは、コンプレックス相互間に争いがあるのか、コンプレックス相互間にエネルギーの流れがあるにしても、それは自我へは流れてこない。実際、自我はコンプレックスとの望ましい接触があってこそ、そこからエネルギーの供給を受けるわけであるが、それがうまくいっていないのである。

精神衰弱と同様の機制によるものとして、心気症をあげることができる。この場合、根本的には精神衰弱の状態が存在するが、そのようなエネルギー不足の状態を何とか訴えるために、自我は頭痛とか、腰痛とかをつくり出すのである。この場合、身体のことを訴えているが、ヒステリーとは心理的なメカニズムが異なる点に注意して欲しい。

不安神経症も、ともかく強烈な不安発作があるだけで、なかなかその心理的な原因の解りにくいものである。これは、自我がその不安定感を訴えているが、その原因が何か解らないのであるから困ってしまう。それが自我構造内の単純な不統合に基づくのなら、治療も簡単である。しかし、それは強いコンプレックスの存在の予感かも知れない。あるいは、もっと強烈な自我崩壊(精神分裂病)の前ぶれであるかも知れない。

恐怖症は、不安神経症と強迫神経症の中間的存在であり、どちらかといえば後者に属するものである。高所恐怖、尖端恐怖、不潔恐怖など、いろいろなものをあげることができる。これは先程の不安症状に続いて、自我がある程度コンプレックスの侵入を受けているが、その内容を明確に把握し対決するのを恐れる余り、何らかの恐怖症状としてそれの固定化をはかっている状態と考えられる。

強迫神経症は、前記の傾向の強いものである。恐怖症の場合は侵入してくるコンプレックスを、何かひとつのものに対する恐怖感ということで固定化しているが、侵入してくるコンプレックスの強度や、種類の多さに従って、強迫症状も多彩なものとなるであろう。もちろん、この際に、コンプレックスの内容は或る程度は意識化され、自我に統合されるが、そのなかで自我に統合され難いものが、強迫症状となって現われていると考えることもできる。

器官神経症は、フランツ・アレクサンダーによって、その概念を明確にされたものであるが、この場合は身体機能(ヒステリーの場合のように)ではなく、身体器官に障害が生じることが特徴的である。これは広く心身症の問題ともつながってゆくものであるが、この場合、胃潰瘍やある種の皮膚病などの症状が現われる。このときのコンプレックスの存在は、自我から非常に遠く、身体的なものにその効果を示しているが、ヒステリーの場合のように全く自我防衛によって抑圧されきってはいず、自我に対しても、精神的苦痛を与えているときが多い。

以上のように一応割り切って説明したが、もちろん、これらは互いに重複したり、その中間的な存在が多かったりすることを忘れてはならない。症状間の移行が生じることも、自我とコンプレックスとの関係の変化に応じて現われるわけであるから、当然のことである。

次に大切なことは、以上のような神経症症状が、短期間に一時的に生じる場合と、長期間にわたって続く場合とがあることである。われわれの人生が、常にコンプレックスとの対決によって自我を拡大してゆくことにあることを思えば、ある時期において、正常者といえども一時的に神経症状態におちいることは当然のことである。特に自我の拡大を必要とする青年期においては、殆んどの人が多少とも、このような経験をもっていることと思われる。症状が長期にわたって固定している場合が、真正の神経症ということができる。ところが、どちらの場合も症状そのものは同じであるから、心理治療にあたるものは、治療期間の見とおしをたてる上において、両者の区別をすることが大切である。

以上のべたノイローゼの分類をひとつの比喩によって示してみようと思う。人生を航海にたとえる人は多いが、今、未だ遠洋航海が発達していない頃、ひとつの船をどこかの原住民の港につけて貿易を始めるところを考えてみよう。ここで話を単純化するために、考察の対象として、船長、船、原住民と接触して貿易の品を決める係、の三点をあげる。ここに、船長は自我の中心で、その主体性、判断力を示す。船は自我の全体の能力、統合の可能性である。原住民との接触係は、一応自我防衛の機能としておこう。原住民およびその貿易品がコンプレックスである。つまり、このコンプレックスとの交渉をうまくやりとげ、船に相応した積荷を得て出帆することが目的である。

ヒステリーの場合は、原住民との交渉係がこんな品物は船にのせられぬと勝手に判断し、捨て去ったものが船のスクリューにひっかかったような場合である。交渉係(自我防衛)の強さと、船長との連絡不十分な点に問題がある。船長は何が起こったか解らずに船の動かないのを不思議がっている。

二重人格の場合、やはり交渉係は強力で、原住民と交渉の価値なしと接触を打ち切ってしまった。ところが、裏からまわった原住民が、船長をおしこめて船を動かす指令を発しているというわけである。

抑うつ症の場合、交渉係は多くの貿易品を得たり、押しつけられたりしてきた。ところが船長は、それら全てを乗せるには船が小さいし、といって、荷物を残しておくのは惜しい。原住民の方はどんどん荷物を売りこみにくるという状態である。交渉係(自我防衛)も必死になり、船長も必死であるが、優柔不断である。折角の船を改造して失敗してこわしてしまうと申訳ないし、折角の荷物を沢山積み残すのも申訳ない。困り果てた船長は遂に海中に身を投げて自殺する危険性も高い。この場合、船の改造に成功し、その積荷に成功した場合は万々歳である。抑うつ症の人の心理治療に成功したとき、その人が以前より成長したことをはっきりと認められることは多い。

ここで船長が思い切って積荷を残して出発すればどうか。船はその際「正常に」運行する。ところが往々にして、船長は残した積荷が気がかりとなって帰ってくることが多い。かくて、抑うつ症状はくり返されるわけである。ともかく、抑うつ症の場合はうまくゆけば大成功になる可能性をもっているが、優柔不断のくせに責任感の強い船長の自殺の可能性があるだけに、なかなか話は困難なのである。

精神衰弱の場合、これは原住民と未だ接触が行なわれていなかったり原住民同士の争いがあるため交渉が始まらなかったりしている状態である。船長はぶらぶらしているより仕方がない。それに食糧も少なくなってくると、船長自身もぶつぶつ言いはじめる(心気症)というわけである。待ちくたびれた船長が時に釣に出かけたりするので、周囲からきつい非難をあびることが多い。心気症の人は体がだるいなどと仕事を休んでいるのに、時に遊びごとに熱中したりするので、怠けものだと攻撃されることが多いのである。

不安神経症とは、船長が「ドーン」という不気味な音を聞いた状態である。それは何か解らない。ひょっとしたら船の故障か、あるいは原住民間の争いか、大きい荷物を急に乗せたのか、あるいはもっと恐ろしい火山の爆発か、不明なのである。船長としては出来るかぎり身の危険を守ろうと考える以外に方法がない。しかし、この状態は余り長続きせず、他の状態に移行することが多い。つまり、不安の原因が解るにつれて状態がはっきりとしてくるのである。

恐怖症や強迫神経症の場合は、原住民の力が強く、いろいろな品物を押し売りにやってきたときである。あるいは、交渉係の判断が甘く、いろいろなものを買いこみすぎた場合とも考えられる。そこで、船長はその整理に混乱をきたしているわけである。

器官神経症の問題や心身症の場合は、この比喩の範囲を越えはじめている。つまり、心の問題のみでなく体の問題も考慮しなければならないので、単純なたとえでは説明しにくくなる。一応、原住民の力が強く、船長や交渉係のみならず、船体までこわされかかっている状態とでも考えておこう。

精神病の場合も、このようなたとえの範囲の及ばないものであるが、暴風雨が起こって、船長、船、それに原住民まで損害を受けた状態と考えてみるのも面白いかも知れない。その損害の程度に差があるので、修復の可能性も少しはあるわけであるが、破壊の性質が今までのべたノイローゼとは異なるのである。

以上のたとえで、ノイローゼが生じるのは、ある程度、船長、船、交渉係、原住民、などの間の相対関係であり、ノイローゼになるときは、必ずしも船長が弱いとか、原住民が強いとか言えないことが解ったと思う。

たとえば、船長も船もしっかりしていたとしても、荷物を多く積みすぎると問題が生じてくるわけである。ここで、船長、船、交渉係、あるいは原住民の強さはどうして決まるのかという点になると、その人の素質や環境についての考察が必要となってくる。これらのことについては全く不問にして、コンプレックスと自我との関係のみについてのべたのであるが、神経症理論としては、もちろん、個人の素質と環境、心と体の関係などを考慮しなければならない。しかし、それらはこの書物の範囲を越えるので省略したのである。以上のたとえから解るとおり、心理療法を行なうものは、結局コンプレックスの解明を行なうようにしても、たとえば、不安神経症や精神衰弱の場合などは、コンプレックスの解明以前になさねばならない仕事があることが解るだろう。原住民との交渉以前に、船長を元気づけたり慰めたり、船の点検をしたり、つまり自我を強化する仕事をしなければならないのである。

ノイローゼの問題は大きいものであるだけに、このようなたとえはその一面を明らかにし得たのみであるが、この位で考察はとどめておいて、次の問題に移ることにする。

3　人間関係とコンプレックス

今までのべてきたことからも、コンプレックスが人間関係に影響を与えることが認められたことと思うが、この点についてもう少し考えてみよう。

先ず、コンプレックスには感応現象が存在するといいたい程、同種のコンプレックスは影響し合うように思われる。たとえば、強いコンプレックスをもった人と接すると、何となくこちらのコンプレックスまでが刺戟を受けて活動を始め、不安定な感じがしてくるのである。このような点は、スチヴンソンの『ジーキル博士とハイド氏』に巧みな描写がある。それはハイドを見た人が、何も理由がないのに強い嫌悪感を感じ、嘔吐感をさえもよおすという点である。ただその人物に会うだけで、何も理由がないのに感じる感情には、このようなコンプレックスの相互作用によるものが多いのではないだろうか。

ユングは興味深い体験を、その『自伝——思い出・夢・思想——』の中で語っている。彼のもとに相談にきたある婦人が、二十年前に三角関係のため友人を毒殺してしまったことを告白した。それは露見せず、その結果彼女は意中の人と結婚したのであった。ところで、彼女は乗馬を趣味としており、数頭の馬を飼っていた。その馬がだんだんと神経質になり、彼女の一番お気に入りの馬さえ命令をきかなくなり、とうとう彼女は乗馬をやめてしまったというのである。コンプレックスの存在に対しては、動物の方が強い感受性をもっているのではないだろうか。確かに、子供の方が大人よりもこのような感受性が鋭敏であると思われる。外的には熱心でよい先生のように見えても、多くの生徒に、「何となく」嫌われているような教師には、コンプレックスの強い人が多いように思われる。

ここに、感受性という言葉を用いたが、これとコンプレックスとはどう関係しているのだろう。コンプレックスに感応現象があるとすると、適当にコンプレックスをもっている人の方が感受性が高いのではないだろうか。たとえば、私が非常に劣等感コンプレックスが強い人間であったとする。すると、何かの集りで話合っているとき、誰かが話をいいよどんだりしたとき、他の誰もが気にかけないときでも、私には、あの人はこんなところに劣等感をもっているなと感じられることがあるだろう。そうなると、劣等感コンプレックスに悩んでいる私が、その中で一番感受性が強かったということになるのではないか。

この問題の解答においても、自我とコンプレックスとの関係が問題となる。確かに前述のようなことが生じることも事実であるが、このとき自我に対してコンプレックスの力が強すぎるときは、相手が少しだけ劣等感をもっているときでも、それを非常に強い劣等感のように感じてしまったりすることが多い。つまり、他人のコンプレックスを、自分のそれで勝手に増幅してしまって、現実を無視した判断を下してしまうわけである。

ここで、自我とコンプレックスの関係が存在しながら、自我がそれを相当統合しているときは、コンプレックスによって感応したことを自我が現実に照らして判断を下すので、このときは、感受性が強いということができる。コンプレックスが強い人は、こわれかけたラジオのように、誰かが側を歩くだけでも「感じる」わけであるが、それは感度が鋭敏であるのではなく、「傷つきやすい」ものなのである。

もちろん、実際にはこのように簡単に割り切れるものではなく、感受性が高く、傷つきやすい人もあることも事実である。ただ、コンプレックスを抑圧し、その接触が切れてしまっている人は、安定はしているが感受性が鈍いことは事実である。

自分の強力なコンプレックスを一種の「アンテナ」として、他人のコンプレックス、従って、それに基づく失敗や悪事を嗅ぎつけ、それを喰いものにして生きているような人も存在する。このような人にとって、そのコンプレックスは、大切な「商売道具」になっているのである。

第一節にのべた投影や代償の機制は、対人関係の中に強く作用しているものである。

コンプレックスの投影が集団として生じるとき、いわゆるスケープゴートの現象となる。集団の成員が自分達の共通のコンプレックスを一人の人間(あるいは、一つの少数集団)に投影する。もっとも有名なのは、ナチスドイツにおける、ユダヤ人に対する迫害である。しかし、このことは遠いドイツのお話だけではなく、われわれの周辺で、そして、われわれ自身が行なっていることである。

誰かをスケープゴート(いけにえの羊)にすることによって、集団は結集しやすい。たとえば、「ユダヤ人が悪者だ」というスローガンのもとに、お互いが集まり、悪い部分をユダヤ人に押しつけてしまうことができる。しかし、これは手軽ではあるが、安易な方法であり、強そうでもろい集団構造である。どうしても、それは現実を無視した上に成り立っている構造であるからである。

これに似た現象として、コンプレックスの共有による集団構造という現象もある。たとえば、劣等感コンプレックスの強いものばかりが集まったとき、それを暗黙の共有物とし、次に多数の力をたのんで虚勢をはり、劣等感に対する反動形成によって自らを守ろうとする。いわゆる不良少年の集団などである。

この場合も、集団の結束力は非常に固い。つまり、この集団外へ出ると、それは個人として自分自身の劣等感コンプレックスと対決しなければならないからである。それは余りにも恐ろしいことだ。このような集団内に安住しているかぎり、そこは形容し難い暖かさをもった場所となる。

われわれが、いわゆる不良少年の集団に属している少年を治療しようとするとき、この点が非常に大きい困難点となる。彼等も心の中では、このような集団と別れ真面目に生きようと思っている。そして、われわれの助けをかりてそれを実現しようと努力するとき、その集団の「暖かさ」から離れてゆく淋しさに耐えられないものが多いのである。真面目に生きようとすると、確かに賞賛してくれたり、援助してくれたりする人は現われる。しかし、そこには彼等のもとめている、あの暖かさがない。このようなとき、彼等自身が真面目になりたいと望みつつ、前のグループに舞いもどってゆくのである。

コンプレックスの共有現象は不良少年のみのものではない。われわれの夫婦関係、友人関係、いろいろなグループ内の人間関係に存在している。コンプレックスの共有がその集団の成員を結ぶ最大の絆であり、コンプレックスの強度が強い程、そのような強力な連帯感は、成員の個性を殺すものとして作用し始める。これは強いコンプレックスが、個人の自我の存在をおびやかすのと同様である。ここで、集団内の成員がこのことを意識し始め、自らそのコンプレックスと対決して、それを統合していったとき、その人は、その集団から外へ出なければならなくなるだろう。そのとき集団の他の成員達は、攻撃したり非難したり、あるいは、かつての「暖かい」関係を思いおこさせようとするだろう。しかし、集団の中に安住せず、自らコンプレックスと対決して、自らの個性を生かそうとするときは、その人はその暖かい人間関係を切らねばならないことであろう。自己実現の道は孤独な道である。

代償の機制もよく用いられる。私がアメリカにおいても、ヨーロッパにおいてもよく見聞した例を示そう。あるアメリカ人夫妻は、共に知的な人であった。その子供達は結婚して既に独立していた。そこで淋しくなったので、日本人の女子留学生を下宿させることにした。ところで、この夫妻の子供達は、実のところ両親が内心望んでいたのとは異なるような相手を選んでいた。しかし、「子供の個性、その判断は尊重されるべき」であるから、両親はそれを許し、彼等とも明るくつき合っていた。

日本人留学生はそれを見て、日本の親の余りにも干渉的なことと比べて本当に素晴らしいと思った。また、アメリカ人夫妻も、アメリカ人がいかに子供の個性を尊重するか、いかに合理的な判断に基づいて、感情的な反応を抑制するかを彼女に教え、且つ誇りとしていた。ところが、この留学生が恋愛を始めるや、この夫妻が猛烈に干渉を始めたのである。もちろん、それは常に「合理的判断」に基づいているものではあったが。彼女はアメリカ人のボーイフレンドをつくってはいけなかった。つまり、国際結婚は余りに難しいことだから。あるいは、アメリカの若い男性には余り彼女にふさわしいのが居る筈がないから。(このとき、夫妻の娘の配偶者の好ましくない点が引き合いに出された。)そして、しまいには、夫妻は自分達で彼女にふさわしい日本のボーイフレンドを探してあてがおうとした。しかし、それは「彼女の判断力が未成熟であるため、自分達が援助してやるべきだ」という合理的な理由がついていた。

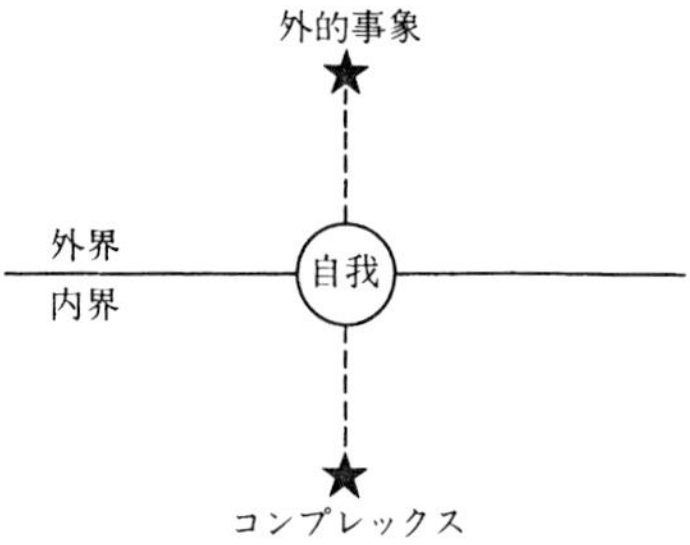

図3　布　置

ここに、日本人の彼女がこのアメリカ人夫妻の子供の代償となっていることは、他人には明らかである。ただ、当人達は前述したような合理化を行なって、それに気づいて居ないだけである。彼等は自分の子供達に不本意な結婚を許したときに失ったものを、日本人の彼女から取り立てようとしているわけである。このようなことはよく生じることだ。

当人はむしろ迷惑がっているのに、それを勝手に心理的な息子や娘に見たててしまって、親切の押し売りをしている人がいる。こんな人は、自分自身の子供達に対しては案外冷淡であったり、無関心であったりすることが多い。

ところで、先程のアメリカ人の例において、ひとつの疑問が生じてくる。これは、この夫妻が自分の子供達のことに干渉しなかったのは結構なことであり、もし、ここで日本人の女性などが下宿人として現われなかったら、彼等も子供に対する独占コンプレックスのようなものを味わわずに済んだのではなかったか。アメリカ人と異なって、日本人の女性というものは独占コンプレックスを刺戟する力が強い。だから、この場合の原因は日本人女性の側にあり、そのためにこの夫妻はしなくてもよい経験をさせられることになったのではないだろうか。

ところで、これとは異なった考え方もできる。つまり、この夫妻は子供に対する独占コンプレックスを無理に抑圧し合理化してすごしてきたが、これから老境にはいるというときになって、それがだんだんとおさえられなくなってきた。といって、子供達をその対象とすることは不可能であることは解り切っている。そこで、そのような対象として最もふさわしい日本人の女性を下宿させるということを、無意識のうちに計画したのではないか。

つまり、このお話の原因は、夫妻のコンプレックスの方にあるという考えである。

このような原因論争をわれわれは何度聞かされるか解らない。「一体真の原因はどちらか」「一体誰が悪いのか、夫が原因か妻が原因か」等々。これらに対して、私はこう考える。この際、どちらが原因かは大切なことではない。むしろある人間の内界のコンプレックスと、その外界の事象との間に見事な布置ができあがっていることが大切なのだ。この外界と内界の状況の不思議な呼応性には、全く驚かされることが多い。このようなとき、その原因は不問として、布置が形成されているという事実に注目する。そして、そのような布置の意味を知ることに、自我は努力を払うべきであると考えるのである。

つまり、この場合、アメリカ人の方の自我を例にとれば、今、このとき、つまりこれから老境にはいるというときに、ひょっと現われた異国の娘に対して、これ程までに独占欲をかきたてられること、そして、これに比して自分達の子供に対しては、むしろ無関心といってよい程の態度を示してきたこと。これらについて考えを深めるとき、この人の自我は今までは合理化という機制によって防衛し、意識化することのなかったひとつのコンプレックスと対決することを迫られるのである。

自分達が悪いのか、下宿人として現われた小娘が悪いのか、そんなことを思いわずらうよりは、ここに対決を迫られたコンプレックス――それは他のアメリカ人は余り経験していないものかも知れない――に正面から向ってゆくことの方が大切なのである。つきつけられた杯は飲まねばならない。

このような考えは、すなわち、次章に示すコンプレックスの解消の問題へとつながってゆくのである。

第四章　コンプレックスの解消

今までは、コンプレックスによって生じる問題行動についてのべてきたが、本章においては、そのコンプレックスをどのようにして解消することができるかについてのべる。あるいは、第三章の始めに、自我とコンプレックスとの関係についてのべた際、④としてあげた、自我とコンプレックスとの望ましい関係という点についてのべることになる。

しかし、今までのべてきたことから察せられるように、コンプレックスの「解消」といっても、簡単に消え去るものではない。むしろ、「解消」という用語は誤解を招くかも知れないが、この方が一応は解りやすいので、このような題目にしておいた。しかし、解消するためには、大変な努力を要することを忘れてはならない。それを次にのべよう。

1　コンプレックスとの対決

例をあげると解りやすいと思うので、ひとつの学校恐怖症の例について考えてみよう。学校恐怖症、あるいは登校拒否症とよばれているものは、本人にも周囲の人にも確たる理由が不明であるのに、学校へゆけなくなる状態で、最近とみに増加してきつつある現象である。学校恐怖症になる原因はいろいろあるが、その中核となるものは、母親との関係に重要な因子があると考えられる。

ある中学生の男子が学校恐怖症となった。ところで、この子供の家族構成は少し変っていた。母親と相当年のはなれた姉、つまり本人の伯母が同居しており、この伯母を本人は「大きいお母さん」と呼んで非常になついていた。傾きかけた家運を、この伯母が結婚もせず商売に精進することで取りもどし、その妹(本人の母)に養子を迎えたということもあって、確かに、この伯母はこの家の「大きいお母さん」であり、養子にきた本人の父親も、もちろん頭が上がらなかった。父親は実直で仕事をよくしたが、子供のことには余り口出ししなかった(というよりは、できなかったというべきであろう)。

学校恐怖症になったので、伯母の心配はひととおりでなかった。とうとうある心理治療家について治療を受けることになった。ところが伯母は商売の中心人物なので、この子供にはついて来れず、母親がついてくることになった。考えてみると、この母親が母親としての役割を果たすことになった最初のことと言っていいかも知れない。それまでは入学であれ卒業であれ、大きいお母さんが世話をやき、母親は若い叔母さん、時には女中的な存在であったのだ。

この場合、この子供が学校へ行けない理由は、われわれには明らかである。子供が生まれてから育ってゆくためには、母親の暖かい保護を必要とする。しかし、子供が成長してゆくためには、この母親から徐々に自立してゆかねばならない。この子供の内的体験としていえば、母親コンプレックスの中にひたって安住していた自我が、そのコンプレックスから分離してゆかねばならないのだ。これは、自我が母親コンプレックスと同一化しているなどというよりも、それ以前の姿であり、そもそも自我というものが未だはっきりとは形成されていないのである。自我が形成されるためには、母親コンプレックスと分れねばならない。しかし、それは辛いことだ。余りにも不安だ。また一方では、このままでは駄目だという心の動きも強い、その葛藤状態の中で、この少年は学校へゆくことができずにいるのである。

ところで、心理治療に通ってきた母親と子供は、それぞれ異なった治療者について、いろいろと家族のこと、生い立ちのことなどを話した。その要約が先に簡単にのべたことである。このようなことを続けているうちに、ひとつの事件が起こった。この少年が「下宿をさせてくれれば登校する」と言い始め、それを家族のものに相談した。もちろん大きいお母さんは大反対であった。それに対してこの少年はこの人に対して決して言うべきではないことを言った。大きいお母さんというのは一体何だ。結婚もしていないお母さんなんてあるかと言ったのである。

少年は下宿し、大きいお母さんは寝こんでしまった。しかし、下宿をしても少年は学校へゆけなかった。ともかく気持が沈むし、行こうと思っても朝に目が覚めなかったりで、どうしても行けない。二、三日した夜、犬が余りやかましく鳴き、うるさくて仕方ないので、少年はふと家に帰ってみようと思った。

帰り道で、少年は実は自分が大きいお母さんに会いたくて帰るのだということを、意識し始めていた。帰るや否や少年は寝こんでいる大きいお母さんの所へいった。二人共言いたいことが一杯あったが何も言えず、手をとり合って泣いた。その後一週間もせぬうちに、少年は下宿をひき払って登校した。その後、この家の家族関係に変化が生じた。伯母さんは商売の実権を妹夫婦にゆずり、自分は隠居のような形で協力することになった。少年は、相変らず大きいお母さんと伯母を呼んでいる。しかし、心理的には、「大好きな伯母さん」としての関係に近くなりつつあることが解るのである。

少し事例のことを長く書きすぎたかも知れない。しかし、ここにこの家族四人の心の中に流れた感情をすべて書くならば、ひとつの小説になることであろう。私には小説は書けないので、無味乾燥な心理学的解説を行なうことにしよう。

二人の母親をもつという異常な状態が象徴的に示すように、この少年の母親コンプレックスは強力なものであった。ところが、中学生という年齢に達したとき、この少年の自我は自立を目指し始め、母親コンプレックスとの分離をはかろうとした。これは一面、この少年の母親コンプレックスの「解消」といえるかも知れない。しかし、解消するためには、この少年はそれと対決しなければならないのである。すなわち、外的にいえば大きいお母さんとの対決を必要とした。その頂点として生じた、少年のこの大きいお母さんに対する非難、「大きいお母さんとは何か」ということは、この気丈夫な女性の心に刺された刀のようなものであった。

これは良いことであったろうか。今この話を、この伯母の側に立って考えてみるとどういうことになるか。結婚も断念して妹夫婦の幸福のために働き、その子供に対しても母親同様の気持で優しく接してきた。少年はなついてくれるし、自分を母親同様に思っていてくれるものと思いこんでいた。ところが、これから自分も老人になってゆくと、老後のことなど心配になりかかっているとき、一番当てにしていた少年から、もっともひどい言葉「結婚もしていないのに……」ということを、面と向って言われたのである。この女性の立場に立つ人は、少年を非難したくなるのではないか。

ここで特に強調したいのは、コンプレックスの解消ということは、このように辛く、凄まじい時があるということである。コンプレックスという用語に、ユングがもともと「感情によって色づけられた」という形容詞を冠していたように、コンプレックスの内容は感情によって固められている。それは「解消」というよりは「爆発」

に近い現象によってこそ、克服されるものである。

少年が伯母を攻撃し、下宿へとび出していった行為は心理学的には何と説明されるだろうか。これは、少年の心の中に芽ばえ始めた自我が自立のコンプレックスと同一化してなされた行動である。これは、自我とコンプレックスの関係としてみるとき、六二頁にあげた家出少年と同じ現象であり、決して賞賛すべきことではない。しかし、このような同一化による爆発行動なくしては、この少年の自立は難しかった。そのように考えるとき、この爆発はやはり必要なことであった。

対決という言葉を用いるとするならば、むしろ、この爆発行為を指すよりは、少年が下宿に移ってからの、この家族のおのおのの心の中に起こった現象をこそ、対決と呼ぶべきかも知れない。下宿にあって少年は、大きいお母さんに思わずきついことを言ったことを反省したり、学校へ行けずにいる自分を不甲斐なく思ったりしたであろう。寝こんだ伯母の心の中にも反省と怒りと、絶望感とが荒れ狂ったことであろう。これら感情の嵐との対決があって後に、事態は好転する。

各人の心に荒れ狂った感情の嵐、これがコンプレックスの「解消」には必要なのである。伯母は少年に対して怒り苦しみ、少年は「あんな家に帰るものか」と思ったに違いない。そして、三日間が経過した夜に「犬がはげしく鳴くので」少年は家に帰ってみようと思う。ここで、少年の自立という点を考えると、これは家に帰らずあくまで下宿で頑張りぬいた方が本ものであるとは思えないだろうか。私はそうは思わない。それは孤立であっても自立ではない、自立したものは他人と関係をもつことができる。孤立したものは関係を拒否している。それは自立コンプレックスに自我が乗っとられているのであって、自我が自立を獲得した姿ではない。

少年が大きいお母さんと手をとり合ったとき、それは今までの関係とは異なり、お互いに自分の足で立てる二人の人間として、手をとり合うという関係を確立したのだ。それまでの二人は関係以前の状態であったのだ。二人とも母親コンプレックスの中にひたっていたのである。それを「解消」するためには、対決が必要であったのだ。

ここで、この少年が伯母と烈しく口論したことのみを重視してはならない。それに到るまでに、少年は治療者との対話を通じて、自分のおかれた立場を明らかにしてゆき、また、ひとつの爆発を起こす力を貯えていったのである。また一方、母親の方も治療者と話合うことによって、この少年の母親としての自覚を強め、また一人の女性としても成長していったので、少年の爆発的行為と、その後の収拾の支えとなることができたのである。このような話合いと、少年が帰宅してきてから以後の家族の努力、すなわち、少年と伯母との和解や、少年の両親が伯母の主導権を受けついで商売に精進したこと、などがあってこそ、少年の爆発的行為が建設的な結果へと結びついていったことを忘れてはならない。

このように考えると、コンプレックスが自我に抑圧され、徐々に力をたくわえてゆく以前に、自我がコンプレックスと適切な接触を保ち、小爆発を時に伴うにしろ、その内容を自我に統合してゆく努力を続けてゆくならば、余りにも極端な爆発を避け、完全な状態で成長が続けられると考えられる。このようなとき、自我はコンプレックスと望ましい関係にあるということができる。

コンプレックスの解消は常に苦しいものとはかぎらない。たとえば、第二章四節にあげた対人恐怖症の女性の場合などは、カウンセリングを通じて、コンプレックスを解消してゆくことは、むしろ楽しいといってよい程であったことだろう。これは、この人の自我が相当発達していて、それに対立するものとして出現してきたコンプレックスの力よりも強かったためであり、それを統合する仕事が結局は、それ程苦痛でなかったからである。もちろん、対人恐怖の症状は苦しかったに違いないが、それを克服するだけの自我の強さをもっていたのである。

これらの例に示されるように、コンプレックスの解消を行なうために、その人が心理治療家と対話を重ねているということは大切なことである。今まではっきりとは意識していなかったことについて、対話を通じて明確にしてゆくことは大切である。といっても、この対話は、一般の人が「対話ムード」などという表現から想像するような甘いものではない。それは既にのべたように、自分の「劣等性の認識」を伴うきびしいものである。比喩的に言えば、自我とコンプレックスとの間の望ましい関係とは、両者の間に対話が成立していることともいうことができる。

今まで「対決」という言葉を用いてきたのは、対話という言葉について、甘い関係を連想されることを避けるためであったが、これは決して、敵対や攻撃をよしとしているのではない。たとえば、第二章にあげた「二重人格」の少年の事例について考えてみると、中村古峡が、「悪心」に対する強い攻撃のみでは駄目であることを悟って、「気長き説得」によろうとしたのは示唆的である。結局、このような対話によって、彼の治療が成功するのであるが、それにしても、悪心が山田少年以外の誰かについて出てゆくといったときは、直ちに、自分について見ろという程の強い対決の姿勢も崩してはいないことに注目したい。

コンプレックスの解消に必要なのは、愛情を背景とした対決であり、ごまかしのない対話であるともいうことができる。

2　トリックスター

自我がコンプレックスに対して接触を失わず、その内容を少しずつ統合しようとしているとき、自我は望ましい発展を遂げ、そこに問題はないとのべた。しかし、実際はそれ程うまくゆくものではなく、自我はある程度の安定度と統合性を保ちながら、それをおびやかされないようにコンプレックスを抑圧していることが多い。それを改変してゆくためには、時には、ある程度の――つまり、自我を破壊してしまわない程度の――爆発を必要とすることがある。

たとえば、先程の学校恐怖症児の事例で、大きいお母さんといわれた女性に焦点をあてて考えてみよう。この女性はこの家庭に君臨する人であった。傾きかけた家運をたて直した人であり、妹のために養子を見つけた人であり、少年の大きいお母さんとして、その養育にあたった人である。つまり、この家の女王として非の打ちどころのない人であった。しかし、女王にも弱点はあった。彼女は結婚していなかったし、この家を継承する少年から言えば、「伯母さんにすぎない」のであった。

言ってはならない真実を、この少年が口にしたとき、女王の権力は崩壊した。この家庭の安定をくずす役割を果したこの少年を、われわれはトリックスターと呼ぶ。

トリックスターとは、多くの神話や伝説の中で活躍するいたずら者で、その狡猾さと行動力において比類のないものである。例をあげて説明する方が理解されやすいと思うので、ここにひとつの例をあげよう。アフリカのトリックスターについて、興味深い解明を行なった、山口昌男の『アフリカの神話的世界』から、ひとつの話を借用してみよう。これはアフリカのザンデ族のトリックスター、トゥレの物語の中のひとつである。

一人の老婆がいた。この老婆はその頃、水を所有している唯一の人間であった。老婆はヤム芋を植えており、そこで働く男性にヤム芋を食べさせる。しかし水を一滴も与えないので、男が芋を喉につかえさせて苦しんでいると、老婆は庖丁で喉を切って殺してしまうのだった。そこで、トゥレが出かけてゆくことになる。

トゥレは先ず老婆のかくしている水を探し当て、そこから水をとって壺にいれ、それを袋にかくした。そして、中空の草の茎をとって壺の口から出しておいた。老婆はトゥレにヤム芋を食べさせ、喉をつまらせるのを待ったが、トゥレは草の茎から水を吸いながら芋を食べるので平気である。婆さんは不思議に思いながらも沢山の芋を運んでくる。とうとうトゥレは喉がつまった真似をし、老婆が庖丁をもってとびかかってくると、さっと逃げ出して、水の隠してあるところに走っていった。老婆はあわてて「そちらにあるのは糞の山だ」というが、時既におそく、トゥレは囲いを壊したので、水が四方にあふれ出た。つまり、トゥレのおかげで、今日世界中どこにでも水があるというお話である。(話を少し簡略にして示した。興味のある方は原著を参照されたい。)

この話の主人公トゥレは、その策略のうまさ、行動力、破壊性、そしてそれが建設的な結果をもたらす(世界に水をもたらす)ことなどを、うまく表わしている。トリックスターは、善であり悪であり、壊すものであり作り出すものであり、変化自在で神出鬼没、全くとらえどころのないものである。低次元にとどまるときは、単なるいたずら好きの破壊者であり、高次においては、人類に幸福をもたらす文化英雄となる。換言すれば、われわれは、いかなる素晴らしい英雄でも、その影にトリックスターの存在を見出し、いかなる低級なトリックスターにおいても、英雄の萌芽を感じることができるのである。

さて、ここでわれわれの事例に戻って考えてみると、学校恐怖症の少年が、この家庭の中のトリックスターとしての役割を背負っていたことが解る。この家庭は、少年が学校恐怖症になるまでは、それなりに安定していたのだ。しかし、その安定はくつがえされねばならなかった。伯母は少年との間の同一コンプレックス内での共生関係を断ち切り、妹夫妻を一人前の人間として認めることによって、自らは老人としての生き方を確立してゆかねばならない時に到っていた。一方、妹夫妻の方も姉の力に頼ってばかり居ず、独立して商売をやりぬくべき時を迎えていたのだ。これらのことと、少年が青年期を迎えて、それなりの自我を確立するべき時の到来とが見事に一致したのである。これは第三章の終りにのべた「布置」ということの素晴らしい例と考えることができる。

このように潜在的な布置ができあがっても、一度できあがった組織はなかなか崩れるものではない。それにはトリックスターが必要であった。学校恐怖症という症状に少年がなったことは、この安定していた家族の心をゆさぶった。家族全てがその生き方や考え方を反省し、改革への胎動が続けられていった過程の頂点として、トリックスターの少年は、言ってはならない真実の言葉を、家庭の主に向って投げつけたのである。

この行為は老婆の隠している水の囲いを壊したトゥレのそれに匹敵する。この少年の破壊的行為を基にして、この家庭に新しい秩序がもたらされたからである。

このような全てのことについて、少年が意識して行なったとは、もちろん考えられない。青年期に達して、母親コンプレックスから分離し、確立し始めた少年の自我は、これらのことを半ば意識し、半ば無意識のうちにやりぬいていったのであろう。このような意味でユングが、トリックスター像は「完全に未分化な人間の意識の忠実なる反映」であるとのべているのは、真に適切な表現であると考えられる(ユング「トリックスター像の心理学について」)。それは意識化の萌芽であるが、余りにも未分化であり、従って善悪両面を含んでいるのである。

われわれ心理治療に従事しているものは、このようなトリックスターに出会うことは多い。たとえば、次のような例がある。これは前記の例において、トリックスターの狡猾さという点が余り明らかでなかったので、その点を示すためにのべるものである。

これは嫁と姑の話である。外見的には二人の仲は悪くなかった、というよりもむしろ、近所の人には、「うまくいっている」とさえ思われていた。しかし、これはただ、この二人が近所に愚痴をこぼし歩かない賢さをもっていることを示すにすぎないのであった。もちろん、争いはなかった。姑は二階に住み、若夫婦は階下に住んでいた。そして、この二つの世界の間には冷たいしきりがあり、強い緊張感がただよっていた。しかし、賢明な二人はそのようなことを外来者には気づかせなかったのである。ところで、この冷たい境界を乗りこえて自由に行動し得るものがあった。それは若夫婦の娘であった。この娘は親にも可愛がられ、祖母にも愛されたのであった。境界をこえて出没するところにトリックスターの特徴がある。階下と階上を自由に行動し得る唯一の人間として、この娘はまさに「天と地を繫ぐ者」(『アフリカの神話的世界』)であった。他人には愚痴をもらさない賢い二人の女性も、この娘には時にお互いの欠点をあばいてみせた。祖母はこの娘の母親の悪口を語り、母親は祖母の冷たい仕打ちを歎いてみせたのである。トリックスターは、繫ぐ者であり、切る者でもある。この娘が小学一年生になった頃は、「小学生とは思えぬ狡猾さ」で、母親と祖母に取り入り、どちらにも適当に情報を流しては報酬を得ていた。姑のところにゆくと、母親がどんなに陰で姑のことを攻撃していたかを告げ口をし、母親に対しては姑がどんな悪口をいったかを告げるのである。

ところで、この少女は、われわれ治療者のところへは、学校で極端に落ち着きのない子として連れて来られたのである。教師や親からみれば、落ち着きのない、仕方のない女の子であるが、われわれにとって事態が明らかになるにつれ解ってくることは、彼女が大切なトリックスターの役割を背負っていることである。家庭において、これ程の大役を背負っている子が、学校で落ち着いていられる筈がない。

これらのことが解ったとしても、われわれ治療家にとって出来ることは、「待つ」ことしかない。もちろん、無為に待つのではない。この母親との話合いを続け、この女の子と共に遊んだりしながら、二人の自我が適切な強さに達するまで待つのである。

そして、時が到ったとき爆発が生じる。トリックスターの努力が実を結び、嫁と姑は正面から衝突する。この戦いの凄まじさに、今まで冷戦に対して知らぬ顔を続けてきた嫁の主人——主人というにしては家から逃げてばかりいたのであるが——も乗り出さざるを得なくなる。例の如く、感情の爆発を伴った話合いを続けながら、この家庭に新しい人間関係ができあがってゆくのである。そのとき、今までは破壊を導くものとして活躍したトリックスターは、親から愛される娘、祖母の可愛い孫として、暖かい関係の媒体者として働くことになる。

常識的にみれば、落ち着きのない悪い子としか考えられない少女を、われわれはひとつの使命をもったトリックスターとして見、それを起爆力として、その家庭内に新しい高次の安定性をつくり出そうとする。治療者の役割は、しばしば、ひとりのトリックスターが英雄にまで成長する過程を共に歩むものとして特性づけられるものである。

しかしながら、この過程が危険に満ちたものであることは容易に認められるところである。すべてよいものには危険が伴う。たとえば、前記の例においても、嫁と姑の争いは、結局は若夫婦の離婚という結果を引き出すことになるかも知れない。挫折したトリックスター程みじめなものはない。そこには破壊と悲惨のみが残り、怒りと嘲笑を一身に受けねばならない。

このような点を知るわれわれは、世人から邪魔者扱いをされたり、悪者ときめつけられたりしている人を引き受け、そこに存在する潜在的な布置の意味を注意深く読みとり、その関係におけるトリックスターとしての役割を知り、「時」が到るまで、条件をととのえながら待つのである。もちろん、これは言うは易く行なうは難いことである。実際には、われわれはいくら努力しても布置の意味が読みとれなかったり、誤解をしたり、あるいは到来した折角の「時」を逃がしたり、あるいはトリックスターの破壊力にわれわれ自身が壊されそうになって逃げだしたり、多くの失敗を重ねていることも、のべておかねばならない。

トリックスターは、しばしば世界のはじまりの神話に登場する。例としてあげたトゥレの話にしても、これによって、人類に「はじめて」水がもたらされた物語である。神話の世界ではなく、現在に活躍するトリックスターの人々と数多く面接を重ねながら、ひとりの人間を変えるということは、はじめて世界をつくる程難しいことだと思わされることが多いのである。

3　死の体験

前節にのべたような例において、治療が成功し、嫁と姑の間が改善され、娘は学校で落ち着いて行動するようになり、もう終了するというとき、われわれ治療者は不思議な感情におそわれるときがある。確かに、何もかもうまくいったわけであるが、そこに一種の淋しさが存在する。小学一年の女の子は落ち着きのあるいい子になった。しかし、あのトリックスターは居なくなってしまったのだ。世人からみれば、それは悪い子であり、子供と思えぬ狡猾な子であった。しかし、われわれは、その中にトリックスター特有の、あのきらきらした輝きを見ていたのだ。その輝きは今は無い。

治療が成功したときの、この淋しさ——あるいは、かなしさといっていいかも知れない——は何とも表現しにくいものだ。ところで、このような感じを非常にぴったりと表現しているように思われるところを、井上靖の『化石』のなかに私は見出した。

『化石』の主人公、一鬼太治平は偶然に――あるいは、内的必然性の故に――自分が癌であること、それが手術不可能であることを知る。そこで、この名前の中に「鬼」という字をもった主人公は、雄々しくも一人で死と対決してゆこうとする。病気のことを誰にものべず、残された生を出来るかぎり強く生き抜こうとする。ところが、最後になって、奇蹟的に手術が成功し、一鬼の命は助かることとなる。死を免れたことを知り、退院が近づくにつれ、彼は何ともいえぬ変化が心の中に生じていることを感じる。

「一鬼は、いまの自分が、手術前の死という同伴者を持っていたころの自分と、ひどく大きく違っているのを感じていた。死の壁を見詰めて、それに向かって歩いていた時の方が生き生きとしており、その死の壁がすっかり取り払われてしまった今の方が、むしろ生気を失っていた。」

彼は手術によって十二指腸の一部を取り除かれたわけであるが、「取り除いたのは、十二指腸でなくて、ほかのものであったかも知れない」とさえ感じる。「一鬼は死という同伴者と共に見たもの、共に聞いたもの、共に感じたもののすべてを失っていた。陽の光も違っていたし、風の音も、空の色も違っていた。」

死との雄々しい対決を描いた大部の小説の、末尾の一部のみを引用するということを敢てしたが、それも、この描写が余りにもわれわれの体験する感情にぴったりであったからである。この小説では、死を免れて生を得た人の感じる喪失感という逆説を含んでいるだけに、余計に強烈にその感じを伝えてくるのである。

手術によって失ったものは十二指腸の一部だけであったろうか、という主人公の気持は真に的を射たものである。これを、治療者の側から言えば、自分は果して患者にとって害あるもののみを削除したのか、という反省となる。われわれが取り去ったトリックスターは、果して害あるのみのものと言えるだろうか。第二章にあげた、ビーチャムとサリーの二重人格の治療を行なったモートン・プリンスは、自分は心理治療という名のもとに、サリーに対する「殺人」を犯そうとしているのではないかと反省したという。確かに、よい子のビーチャムだけを残し、悪い子のサリーを無意識界に突きおとすだけなら、それは「殺人」といえるのではないか。

このように考えると、『ドリアン・グレイの画像』『ジーキル博士とハイド氏』『ウィリアム・ウィルソン』あるいは、アンデルセンの『影法師』など二重人格や二重身を主題とした小説は、全て「死」をもってその結末を迎えている。モーパッサンの『オルラ』は、最後に死の予感をもって終るし、ドストエフスキーの『二重人格』は主人公の発狂を引きおこす。ひとりの人間が生きてゆくためには、他のひとりを殺さねばならないのだろうか。

このような点について示唆を与えてくれる、興味深い例がある。これはユング派の分析家、フランシス・ウィックス夫人が七歳の少女に対して行なった治療例である(『子供の内的世界』)。ここにも、「もう一人の私」の主題が出現する。

七歳の少女マルガレットは、学校で殆んど字が覚えられず、運動能力も悪く、時に空想にふけってしまって、全く先生の手におえない子供であった。彼女は難産による障害のため、確かに運動能力が劣っていたが、それを心配しすぎた両親の過保護により、ますます甘え子になって、努力してその欠点をカバーしようとはしなかったのである。

治療を引き受けたウィックス夫人は、この少女の空想好きを利用して、空想的な読みものによって字を教える。マルガレットが少し字を覚え始めた頃、急に「わたしにはふた子があって、アンナという名前なの。わたしにそっくりだけど、美しい着物を着ていることと、眼鏡をかけてないことだけ違うの。アンナがもしここにいたら、わたしはもっと勉強するのだけど……」と話をする。彼女は視力が弱いので困っているので、想像上のふた子アンナが眼鏡をかけず、よい目をしていると言っているのは興味深い。ここで、ウィックス夫人はアンナに会ってみたいなという。マルガレットは喜んで、想像上のことながら、このアンナを連れてきて、それ以来、いつもアンナが実在しているかのようにふるまうのである。

この後の詳細は省略するが、マルガレットがやけになったり、責任回避をしようとしたりするごとに、治療者は「アンナはどう思っているかしら」と問いかけ、マルガレットはアンナの助けを借りて成長してゆくのである。ビーチャムとサリーの関係とは全く逆に、マルガレットの想像上のふた子アンナは、彼女の良心的な面を表わしている。ところが、アンナの他に、もうひとり盲目の少女がマルガレットの空想の世界に現われる。この少女はアンナとは逆に何もかも手助けをして貰わないと駄目な少女なのである。ここで、マルガレットはこの盲目の少女を相手に、世話をしてやることや、自分が責任をもってやること——つまり、アンナが自分にしてくれたようなこと——を学んでゆくのである。

マルガレットはウィックス夫人の注意深い助けを借りて、空想の世界の住人アンナや盲目の少女とつき合い、だんだんと自立的になってくる。また一方、「現実」の世界においても友人ができ始め、彼女は空想の世界から現実の世界へと興味を移し始める。そして、マルガレットがアンナと別れて一人立ちできるときが、全く思いがけない形をとって現われるのである。

ある嵐の夜、彼女はひとりの少女を手押車でひき殺した夢をみる。この夢をウィックス夫人に話しながら、彼女は目をきらきらさせて、「そのうちに、わたしはアンナもひき殺してしまうことでしょうよ」と言う。そして、それ以来、アンナは彼女の空想の世界から消え去ってしまう。まさに、彼女はマルガレットにひき殺されたのである。ここで、殺されたアンナの命はどうなったのか。この疑問に対しては、その後のマルガレットの生き方が答えてくれる。彼女は自立的な少女として成長し、われわれはその姿の中に、アンナの命が継承されているのを感じることができるのである。マルガレットは夢の体験の中で、はっきりとアンナを殺した自覚をもち、その自覚を通じて、アンナの命を自分の中に統合することが出来たのである。アンナはマルガレットの身体の中に再生したのだ。

この例は多くのことを示唆している。その中で、もっとも明確に示されているのは、ひとりの人間の成長には、何らかの意味の「死の体験」が伴うということである。

たとえば、この章の始めにあげた「大きいお母さん」の場合であれば、彼女が人間的成長をとげるために、ひとつの「死の体験」をしたといえないだろうか。少年の大きいお母さんとして、家の実権者としての女は死に、後見役として皆の役に立つ老人として再生したと考えられないだろうか。学校恐怖症の少年の治療にあたりながら、私はここに見事に死と再生をやり遂げた老婦人に対して、尊敬の気持の湧いてくることを禁じ得なかった。そして、この女性を一突きした少年にとっても、それはひとつの「死の体験」であったに違いない。殺すことと殺されることの差はあるにしても。

死の体験などといっても、これはあくまで内面的なものであって、外的には二人は死ぬことなく、その後ますます成長してゆくわけであるから、ここにのべた死の体験ということを、もう少し明確にしておいた方がいいだろう。

一体、われわれが何かを体験するということはどういうことであろうか。たとえば、よく聞かされることだが、交通事故で非常にひどい傷を受けたときなど、全然痛みを感じなかったということがある。このとき、この人は交通事故は体験したが、その痛みの体験はなかったのである。これは人間が生きてゆくために、その痛みが余りにも苦痛である場合、必要な生体反応が働いて、われわれはそれを感じなくなるのである。このような極端な例から類推すれば、われわれ人間は生きてゆくためには、外的刺戟の全てを体験せずに、適切な限定を加えているものと考えられる。

われわれは生きてゆくために、どれ程多くのことに対して、見て見ぬふりをしていることだろう。見ぬふりどころか、われわれは本当には見ていないのである。ヒステリーのことを物笑いにしてばかりはいられないのである。

たとえば、一本の糸杉を見て、われわれがそれを「一本の糸杉」というとき、それは既に体験の限定を含んでいる。糸杉そのものの色、形などよりも、糸杉という概念によって把握し、だからこそわれわれは安心してそれを見ていることができる。自我は経験し判断するものだと、前にのべたが、この両者は微妙にからまっている。われわれの視覚的経験を基にして、糸杉と判断しているといえるし、糸杉という判断によって、視覚的経験をつくりあげているとさえいえるのだ。このとき、もっと糸杉そのものを、概念に限定されずに見る人があればどうであろうか。そして、自分の見た、その人の糸杉を画布の上に描く表現力ももっているとすれば、それは天才画家ということになるだろう。

話が少し横にそれてしまったが、われわれが何かを「体験」するというとき、それは、それに伴う外的、内的な刺戟をできるかぎり受けとめ、それを自我の体制の中に組みこんだときであるといえる。しかし、これも先程の糸杉の例で解るように、程度の差がある。たとえば、死の体験という場合、死という外的事象としては、再来を許さぬ完全なる終止の状態、内的事象としては、それに伴う、苦しみ、悲しみ、厳しさ、そして外的な終止を補償するものとして、しばしば生じる永遠性の感情、これらすべてを、自我が認知し、それを自我の体制の中に組みこむこと、つまり意味づけがなされねばならない。

話を事例のことに戻そう。このような事例の場合、ある中学生が何となく学校を怠け始めたが、また何となく治って登校するようになったと考えられるとき、そこには明確な意味の把握がない。ところが、その中学生が母親(この場合は伯母)に対決しての爆発行為の中で、母親に甘えていられた子供時代の完全な終止、それに伴う苦痛と悲しみ、それに、このような関係を断ち切る悲しみの底に生じてくる、新しい関係の永遠性の感情までも、全て感じとり、それが自分の自我の中に組みこまれるとき、われわれは、その少年はひとつの「死の体験」をしたといっていいのではないか。これは、大きいお母さんという老婦人にとっても同様のことである。

もちろん、この「体験」には程度の差がある。この体験が充分になされる程、自我の成長の度合は大きいということができる。換言すれば、「死の体験」が深い程、それは再生へとつながるのである。この体験が中途半端に終るとき、その人は幽霊のような存在となる。たとえば、学校恐怖症の少年であれば、登校するものの、少し苦しいことがあると家にひっこんでしまうだろうし、伯母の場合であれば、家の商売は妹夫婦にまかせたといいながら、事あるごとに口出しをして困らせることだろう。

コンプレックスの「解消」は、何らかの意味で死の体験を伴っている。われわれが、コンプレックスの解消を成し遂げた患者に接するときに感じる、あの淋しさと悲しさは、死の体験を背景にもつからであろう。そこで、われわれの慰めとなるのは、死んだコンプレックスの内容が、どれ程自我の中に再生しているかという点にある。マルガレットの例にしても、アンナは殺されてしまったが、その後のマルガレットの中にアンナの命が継承されていることが感じられるのである。

さりとて、われわれは手ばなしで喜んでいるのではない。マルガレットの中にアンナの全てをみることはないからだ。消え失せたトリックスターは、もちろんその一部を、小学一年生の少女の中に残しているにしても、それはトリックスターの輝きを全て残しているのではない。しかし、われわれはそれで満足しなければならない。人間の可能なこととは、それ位のことである。われわれ人間は天から与えられる水を全て利用できるのではない。その大半を海に流し、そのほんの一部を発電や灌漑に利用して満足しているのだ。それに、洪水の恐れが遠のいたとすれば、ますます喜ばねばなるまい。

4 儀式の意味

コンプレックスの解消に、死の体験が伴うとのべたが、このような体験が容易なことではなく、危険に満ちたものであることは想像に難くない。

死の体験を内面化してゆくためには、それにふさわしい自我の強さを必要とするが、それが不可能なとき、時として、それが外的な自殺や他殺の行為を引きおこすことになる。第一章の言語連想の例としてあげた、リックリンの事例では、父親に対する強い攻撃性、エディプス・コンプレックスの存在が明らかであった。ここで、この市電の運転手はエディプス・コンプレックスとの対決の中で、内面化された父親の死の体験をもつべきであった。しかし、彼に出来たことと言えば、父親に似た人を市電で轢死せしめるという、現実世界での殺人行為であったのである。これと同じように、自殺未遂をした人と話合うとき、それが死の体験を求めての一種の悪あがきとしてなされたものと感じられることも多いのである。

このように考えると、何かを直接に「体験」するということは大変なことだ。糸杉の例で示したように、われわれは「糸杉そのもの」を体験するのを避けているといっていいかも知れない。さりとて、われわれの自我が成長を遂げようとするかぎり、何らかの新しい体験を必要とする。コンプレックスと対決して、その内容を自我に組みいれるためには、コンプレックスの保留している感情を「体験」して、わがものとしなければならない。

自我が、コンプレックス内の内容とエネルギーとを、自分のものとするために必要な水路づけの機能を果すものとして、儀式というものがあると、ユングは考える(「心的エネルギー」)。その例として、ユングは未開人の行なういろいろな儀式をあげている。たとえば、狩猟や戦闘などに出発するとき、いろいろと複雑な儀式を彼等が行なうことは、もちろん他の目的も有しているが、ひとつは、そのような儀式によって、狩猟や戦いを行なうに必要なエネルギーに水路を与え、それによって有効なエネルギーを引き出そうとしていると考えるのである。

このような「水路づけ」の機能をもつものとして、儀式を考えるとき、それはある意味では直接体験の危険性を防ぐものとも考えることができる。われわれが何かを体験するためには、それが自我の機能を破壊するようなものであってはならない。たとえてみれば、大量の水が一時に流出すると洪水になるだけであるが、われわれがそれを川に流しこみ、必要な水路へと導くとき、それは灌漑や発電などに利用できるのである。ここに水路の役割は、水を防ぐものであり、水を導くものである。ここに、儀式の両面性がある。それは体験に導くものであり、体験から身を守るものでもある。

人間が、自我の力を超越するものとしての神に向うとき、多くの儀式を必要とするのもこのためである。人はできるだけ神に近く接したいと思う。しかし、その直接体験はおそらく人間を死に到らしめる程の力をもつであろう。命を失うことなく、出来る限り近く神に接しようとする、その最善の方法として多くの儀式が生み出されてきた。しかし、このような意味が不明となったとき、儀式は神に近づく手段としてよりは、人間と神との間の障壁としてのみ作用する。つまり、儀式は形骸となってしまう。

以上のべた点を明らかにし、死の体験という点とも結びついて考えられる例として、王位継承の儀式がある。フレイザーの名著『金枝篇』は、そのような話で満ちている。フレイザーから例を引用しながら、論をすすめてゆくことにしよう。

未開人の間において、王を殺害することによって王位継承が行なわれることが制度として存在することを、フレイザーは多くの例をあげて示している。これはつまり、王が衰弱して自然死をとげるまでに、その健全なる魂を後継者に転移せしめねばならないという考えに基づいている。王は絶対完全でなければならず、若し王が病気になったり、その多くの妻妾の欲望を満足させる力がなくなったりすると、直ちに王位継承の儀式、つまり、王の死刑執行がなされる。

たとえば、シルック族の習慣では、王がその数多くの妻を満足させる力がなくなったことが解ると、その妻は長老に報告する。長老達はその王に運命を告げ知らせるため、昼寝をしている彼の顔と膝に白布をかける。刑の執行のため一つの小屋が建てられる。王は小屋の中で妙齢の娘の膝を枕に横臥する。小屋の出入口は塗り固められ、一切の飲食物が与えられぬので、二人は飢餓と窒息とによって死に到る。

王が一定期間、一年とか十二年の後に殺されたり、自殺したりして王位を譲るのも同じ考えに基づいている。インドのクイラケア地方では、王は十二年間の定められた統治期間の後、多くの儀式の最後に、自分の鼻、耳、唇、すべての肢体を切りおとし、多量の出血で失神する頃に喉を切るのである。そして、この王を継いで、次の十二年間の王位を得る人は、この光景を凝っと見ていなければならないのである。

われわれから見れば残虐としか思えぬ、これらの凄まじい儀式も、未開人のもつ「無意識の知恵」の産物としてみるとき、了解できるのである。すべての国や国民が体験せねばならない死と再生を、その代表としての王が文字どおり体験するのである。ここに示した王の死における手のこんだ手段——残虐と感じられる手段——は、王が死を「体験」することを狙って工夫されたものであろう。王位継承者が、この光景、つまり十二年後の自分の運命を、凝っと見つめていなければならないというのも、このためであろう。

ところで、このようなことは人間の自我の側からみれば、全く否定すべきことである。不合理で残虐である。事実、フレイザーは、これらの制度に敢然と反対した「強い王」の例をあげている。これらの「強い自我」をもった王によって、制度は改変されるが、先にのべたような死と再生の体験まで否定するのは望ましくない。ここに新しい制度が生まれ、一定期間の後に、死刑囚が身代りとなって数日間王位につき、ほしいままに享楽することが許された後に殺害されるという方法が案出される。

これがもっと進歩してくると、ハワイのある部族のように、一年の終りの儀式として、王に対して一人の戦士が槍をなげつけ、王はそれを受けとめればよし、若し失敗すれば命を失うという制度のようになる。あるいは、もっと簡略化されると、バビロンの王のように、一年ごとにマルドゥクの大神殿の神像の手を握ることによって、自分の力を更新するという制度となってくる。

つまり、王の命をできるだけ永らえ、残虐な殺人を止めたいという自我の要請と、あくまで死と再生の体験を望んで止まぬ無意識からの力との間の妥協として、ひとつの儀式ができあがるのである。

しかし、困ったことには、儀式はともすると、その中に流れる精神が忘れられ、様式だけが継承される。つまり、儀式が形骸化する。「儀式ばった行為だけで、精神がない」などという場合の儀式は、形骸化されたものであり、本来の儀式の意味とは異なっている。生命をもたぬ儀式の無意味さは、中学生でもすぐ発見できる。形骸化されたことを自ら認めながら、その儀式を破壊することに、低級な儀式的意味を見出して喜んでいる人もあるが、問題は、われわれにふさわしい儀式の創造にある。われわれの自我を、――その合理性や同一性などを――破壊することなく、それに新しい生命を吹きこむ儀式を見出すこと。これが現代人に課せられている責務のひとつである。

大学を卒業するにあたって、数人の友人が一緒に旅行することになった。集合場所に集ったとき、楽しい旅行に出るにしては、何か不安な感じが皆の間に漂った。旅行を続けるうちに事態は明らかになった。そのうちの三名が、旅行の間に自分か一行のうちの誰かが事故で死ぬ夢を、出発の際に見ていたのである。あるいは、他の一人は出発のとき、不安な虫の知らせがあるように感じた。あるいは、見送ってくれた父親と二度と会わないのではないかという不安が、ちらっと胸をよぎったものもあった。このような不安や夢などを語り合いながら旅が続けられ、そして、旅行は無事に終った。旅行の後で、一同は夢のお告げが当らなかったことを笑い合った。

ところで、この旅行を私は彼等の「卒業の儀式」であると思った。学生生活というものの永遠にかえらない終結。社会人としての新しい出発。この時期に彼等はひとつの内面的な死の体験をしなければならなかった。しかし、固い合理的な精神からみれば、卒業ということも「別に大したことではない」し、意味があるとしても、これによって社会人として認められるひとつのステップにすぎなかった。大学の主催する卒業式は、もちろん「ナンセンス」であった。

そのような一面化した意識を補償し、死の体験を演出するものとして、無意識は死の夢を送ってきた。そこで、彼等の旅行は死と再生の体験につきものの「旅」として、ひとつの儀式へと高められていったのである。つまり、真の意味の「卒業式」となったのだ。

わが国の現代における、このような意味での儀式の著しい欠落は、社会問題として真剣に考えられるべきことではないだろうか。社会学の専門家ではない私はこの点については明確な言を避けたいが、私が臨床の場で会う個人の事例において、この問題が大きい比重を占めていることを痛感するのである。

形骸となった儀式のみならず、全ての儀式を否定した若者は、再生のエネルギーの流出の道を自ら断ち、そこには著しいエネルギーの沈滞が生じる。水路を失ったエネルギーが暴発するとき、自分か他人かの血が流され、儀式はひとつの「事件」になり下ってしまい、二十世紀の若者の中にも、未開人の血が流れていたことを実証するのみとなる。このような悲劇を克服するためには、われわれは、個人にふさわしい儀式を創造してゆかねばならないと思う。このような点で、分析家というものは、儀式の準備を手伝うものとなったり、司祭となったり、あるいは参列者となったりして、その個人の儀式の創造に参加してゆくものと考えることも出来る。

コンプレックスの解消について、対決、死の体験、儀式などの言葉を用いて説明したが、これらの説明から、コンプレックスの解消における輝かしい面のみを見ることのないように注意したい。コンプレックスの内容は、もともと、どろどろしたものである。精錬の努力を惜しまぬときは、最後に金を得るとはいえ、金鉱も最初は土と変りはない。われわれ分析家の仕事は泥まみれの仕事である。姑が親子丼を註文したときに、嫁がハンバーグを註文したこと。香典を二千円にするか三千円にするか。自分は二百円のものをおごったのに、相手は百五十円のものしかおごりかえさなかったこと、等々。一般に「犬も喰わない」といわれている話を、多くの人が血相を変えて話をし、われわれは熱心にそれを聞かねばならない。これは、相手が大学教授であろうと、一人の主婦であろうと変りはない。宗教家や教育者であっても同様である。コンプレックスであるかぎり、それがどろどろしたものであることに変りはない。これらとの長い根気のよい対決と対話を通じて、その中から徐々に、輝かしいものが精錬されてくるのである。

第五章　夢とコンプレックス

前章の終りに、死の夢をみた大学生の例を示した。この例が示すように、自我の一面性を補う意味をもって夢が出現することがある。あるいは、心の相補性という点についてのべたように、コンプレックスが自我と相補的な関係にあることを思えば、多くの夢がコンプレックスから自我へのメッセージとして出現していると考えられるのである。

このような観点から、夢の現象を探索すると、多くの示唆が得られることが多い。それについて、本章では考察してみよう。

1　コンプレックスの人格化

コンプレックスが複雑なものであり、単純に把握したり、解消したりし難いものであることを、前章において強調した。このような考えからすると、カイン・コンプレックスなどのように、コンプレックスに命名するとき、カインという人名を使用することの意味が納得できるのである。

カイン・コンプレックスが、同胞に対する敵対感であるという言葉で単純に説明できるのならば、それは、わざわざカインなどという名を冠する必要がない筈である。「感情」というものは単純ではない。敵対感のみで成立しているのなら、それはコンプレックスではない。カインの「体験」した全て、アベルに対する感情、神に対する感情——ここで、神は何と単純には理解し難い行動をとったことか——それら全てを含むものがカイン・コンプレックスなのである。一個の生きた人間を理解しつくすことが不可能なように、コンプレックスを理解しつくすことはない。このような点において、コンプレックスを人格化することの意味は大きい。

コンプレックスは人格化することによって、対話の相手とすることができる。これも素晴らしいことである。先にあげた小説『化石』の主人公は、しばしば、死という同伴者と対話をこころみている。死をもたらすものとして、十二指腸に巣喰う癌を対象とするときは、生理的な恐怖を引きおこすのみであるが、それを同伴者として対話の相手になるまで人格化するとき、それは主人公の生活に輝きをもたらすものとなる。

コンプレックスの人格化を、われわれが如実に経験するのが、夢の体験である。夢の中で、われわれの多くのコンプレックスが人格化されて出現する。その例を示そう。

これは四十歳を少し越えた、ある男性の事例である。この人は真面目で能力のある人であったので、ある企業につとめて以来、努力を怠らず、とうとう社長の片腕として重んじられるまでになった。会社の仕事も面白いし、社長の信用もあついし、喜んで仕事に励んでいた。ところが、この人に心因性抑うつ症というノイローゼが襲いかかったのである。今まで面白かった仕事にも興味を失ってしまった。何となく体の重さを感じる。とうとう会社を欠勤し始め、医療の力に頼ることになる。暫くすると気分が晴れ、勤めに出始めたが、ある程度するとまた抑うつ症になってしまう。このようなことが三年程くりかえされ、自殺をしようと考えたことさえあった。そして、欠勤のくり返しで会社に迷惑をかけるだけだからと、退職を決意する状態にまでなってしまった。

このような状態のなかで、次に示すような夢をみたのである。

夢　私が会社に出ると、以前に会社の金を横領してやめさせられた筈の社員が出社してきている。不思議に思ったが、「君はもう、ここの社員でないから帰って呉れ給え」ときつく言う。すると、社長が「いや、あの社員は優秀だから、そのままにしておけ」というので、呆気にとられてしまう。

これは、この人にとって全く意外な内容なので、全くわけが解らない。特に、社員に対しては非常に厳しい社長が、横領を働いた人間を優秀だからといって、再雇用することなどは考えられないことである。この夢に現われた、横領を働いた社員こそ、この人のコンプレックスの人格化されたものなのである。

ところで、この夢に関連する連想をこの人から聞いてみると、次のようなことが解った。先ず、「横領」について、彼は盗みや横領などをしたことがなく、それは全く悪いことであると思う。社長も堅い人間だから、自分と同じだと思うのに、夢の中の社長の行動は納得できない、というのである。

ところが、この夢のいっているところは、社長から何かを奪うことが悪いことではなく、むしろ社長はそれを是認していると考えられないだろうか。そこで、そのような点を指摘すると、実は、この人は社長から独立して、自分で会社を経営したいと思い始めていることを明らかにしたのである。社長は確かに偉い人で、尊敬している。しかし、考えてみると、自分は何時も社長の命令のままに行動し、自分一人の力で何かをやり抜いたことがない。この辺で何とか独立して、ひとつの会社をつくりあげたいというのである。

ここで、私はギリシャの英雄プロメテウスを想起した。プロメテウスは人類のために、天上から火を盗んできたと言われている。ギリシャの大神ゼウスは人間に火を与えることを拒んでいたため、人類は夜は闇の中に恐れおののいて暮らしていた。そこで、プロメテウスは、茎が中空になっている草をもって天上へゆき、それを火口として火を盗み出してくるのである。この話は余りにも有名であるが、プロメテウスがゼウスに一杯食わせた話は他にもある。あるとき、牛を屠ってゼウスに供えるとき、プロメテウスは肉と栄養の多い臓物は牛の皮につつみ、白い骨をつやつやした脂肉でくるんでおいしそうにみせかけ、この二つのうちどちらかを選ぶようにゼウスにすすめた。ゼウスは欺されて骨の方をとり、大いに怒ったという。

これらの話におけるプロメテウスの狡猾さ、神を恐れずに秩序を破壊し、人間に幸福をもたらす点は、第四章二節にのべたトリックスターを思いおこさせる。実際、ハンガリーの有名な神話学者ケレニーなどは、プロメテウスをトリックスター的な文化英雄としてみているように思われる。

ここで、事例に話を戻そう。抑うつ症に悩むこの人は、四十過ぎの今日まで、社長のために律儀に働くことに生き甲斐を感じ、それによって賞賛を得てきた人である。それが、今までの生き方を改め、自ら長となり命令するものとなって生きてゆこうとする意志が、おそらく三年程前に生じかけてきたのであろう。本人はそれをうすうす感じながら、それに伴う危険性に対する怖れ、社長に反抗することの罪悪感などの抵抗をうけて、実現する気がしない。ノイローゼの説明のときのべたような、抑うつ症に典型的な状態となっていたことと思われる。

『火の精神分析』という興味深い本を書いた、ガストン・バシュラールは同書の中で、「われわれは『プロメテウス・コンプレックス』の名の下に、われわれをしてわれわれの父と同じように、或いは父以上に、われわれの先生と同じように、或いは先生以上に『知る』べく駆りたてるいっさいの傾向を一括するよう提案する」とのべている。ここで「知る」ということに重点がおかれているが、この「知る」ということを少し広範囲にとれば、われわれの場合にも適用できよう。

自立してゆくためには、われわれは火を盗まねばならない。それはケレニーの指摘するように(ケレニー『プロメテウス』)、「避け難い盗み」なのである。子供が自立してゆく過程において、避け難い「火遊びの年齢」がある。父の目を盗み、危険を犯して、子供達は親と同じことをやろうとし、秘密を知ろうとする。人は幼児期、青年期の「火遊びの年齢」をすぎて、四十歳前後にまた、それを迎える。ところが、われわれの事例の場合、その人があくまでも社長のいうとおりに仕え、片腕となっていたということは、青年期の火遊びをせずに、避け難い盗みを避けて通ってきたことを意味するのではないか。彼は四十すぎになって、二十歳のときにするべきであった火遊びをしなくてはならない。それが四十歳の火遊びと重なるとき、「火傷」の危険は余りに大きい。

夢の中に現われた横領社員が大学を出たばかりの若さであったと、この人はのべたが、それは前述した点を裏づけている。この四十歳の人の心の中に住むプロメテウスは、二十歳のまま成長をとめていたのだ。

「火遊びの儀式」を通過せずに成人になる人は多い。これらの人は、盗みや火遊びをせず、父のいいつけをよく守る人として、「エリート」と見なされているときさえある。四十歳近くなって、これらのエリートの心の中にプロメテウスが動きはじめるとき、避け難い盗みへの衝動と、それに伴う父親に対する罪責感の板ばさみとなり、自殺する人は多い。最近問題とされている、エリート社員の理由なき自殺の背景には、このような状態が存在していると思われる。

話が横道にそれたが、この夢によって、この人のコンプレックスが人格化されている点が非常に明白になったことと思う。そして、それが大学を出たての若者として現われている点において、この人の自立のための仕事が簡単にはゆきにくいことも示している。この後の話は省略するが、この社長が優秀な人であったことも幸して、二人は忍耐強く対話を続け、社員は独立してゆき、抑うつ症も消えうせるのである。

　コンプレックスの人格化は、夢の現象にのみ生じるとは限らない。たとえば、第二章四節にあげた対人恐怖症の女性の場合、同級生のAさんを強く非難するが、このAがコンプレックスの人格化されたものであるとみることができる。Aは化粧に熱心すぎるとか、男性を見つけるために大学へ来ているとかのべるとき、この人は、Aによって人格化された自分のコンプレックスについてのべているのである。われわれが、誰かに対して「虫が好かない」とか、毛嫌いするなどの場合、われわれはその人が自分のコンプレックスを人格化したものではないかと考えてみるとよい。

　ところで、先に示した夢の場合、この社長はどのようなコンプレックスを人格化したものであろうか。これは少し難しい問題である。夢の中の社長は現実の社長と異なった行動をしている。つまり、横領社員を優秀だと言っているのである。この社長は現実には厳格で、ワンマンであり、社員を自分の意のままに従わせている人なのだ。

　コンプレックスというならば、この現実の社長こそ、この人の父親コンプレックスの人格化といっていいだろう。この人の実際の父親との関係は聞いてみなかったが、おそらく父親のいいつけどおりに動く関係であったことは想像に難くない。しかし、夢の中の社長は、いわば自分に対する反逆を奨励しているようなものである。

　ここで、プロメテウス神話におけるゼウスの役割が想起される。全知全能の神ゼウスがどうして、プロメテウスに欺かれたのか。これには、ゼウスは知っていながら欺かれたのだという話も伝わっている(ケレニー『ギリシャの神々』)。ここで、ゼウスは欺かれることを知りつつ(あるいは、それを企図し)、欺かれて怒るという「己れと矛盾する」性質を示している。このような矛盾した役割によって、人類の運命を創りあげてゆくのである。彼は人間の運命についての筋書きをかき、演出し、そして役割を自ら演じる。あるいは、役割を演じつつ筋書きを構成してゆく。このように「己れ自身に矛盾する可能性」をもつ全知全能の存在としてのゼウスは、単に誰か個人の父親というイメージをはるかに超えている。それは「父なるもの」とでも呼びたい普遍性をもっている。

このように個人の経験をこえた普遍的な意味をもつ表象を、コンプレックスの表象よりも、人間の心の底深くに存在するものと考え、ユングはこれを区別しようとした。この点については、次章にのべることにする。

夢の中での社長は、先にのべたゼウスの役割に似たものを感じさせる。それは確かに父親像と関連するものでありながら、「横領」、あるいは自分に対する「反抗」を、むしろ賞賛すべきこととして指摘する大きい知恵をもって出現している。

コンプレックスの人格化の問題から、少し話が拡がりすぎたが、夢の中に、コンプレックスが人格化されて出現することが解ったことと思う。ここで、夢の意味という点について、もう少し一般的な考察をしてみたい。

2 夢の意味

夢の中でコンプレックスが人格化されて出現することを前節に示したが、夢の一般的な意味は、それよりももっと広いものである。ここでは、夢についての全般的な考察は省略して、コンプレックスの問題や、今まで論じてきた点と関係する範囲に限定して、例をあげながら、夢の意味を明らかにしてゆきたいと思う。

先ず、ひとつの例をあげよう。次に示すのは、同性愛に悩んでいたある男子高校生の夢である。

夢　私は自分の部屋にいた。しかし、部屋は家具が何もなく空っぽで、私は一人だけだった。隣の部屋では、友人(同性愛の対象者)が彼の友人と一緒に、家具を部屋一杯にならべていた。

この夢では、自分の部屋の貧困さと、隣の部屋の豊かな家具との対比が明らかである。自分の部屋であらわされる自我に対して、隣の部屋、コンプレックスの方が多くのエネルギーを貯えているとみることもできるが、ここで、「家具」に対してどんなことを連想するかをたずねてみた。すると、暖かさ、豊かさ、家庭の雰囲気などを連想し、続いて、その友人宅を訪問した際に、友人の家が経済的に恵まれているのみでなく、家族の人間関係もよくて、本当に「暖かい家だ」と思ったことなどを語った。そして、それに比して、自分の家族関係がみじめで、冷たく、自分の家にいても、家庭という感じがないことなどを話したのであった。

このようなことを語りながら、結局、そのような友人を同性愛の対象として選んだのは、自分が彼と同じような暖かい家庭に育てられればよかったのに、自分は彼と同じような環境であって欲しかったのに、という願いからであったと気づいていったのであった。

この人は、自分がどうしてその友人と同性愛におちいったのかを明確には説明できなかった。しかし、この夢では、それに対するひとつの解答が示されている。このように、それまで自我が明確には把握していなかったことについての説明を、夢によって示されることがよくある。

今までに多くの例をあげて説明してきたように、われわれの行動は、コンプレックスの影響を多く受けてきている。しかし、自我はコンプレックスの実態が把握できないので困っていることが多い。この例であれば、この少年は同性愛という症状に悩まされているのである。ところが、睡眠中には、自我の力が弱まるので、コンプレックスの活動が活発となり、その動きを自我は夢として把握することになる。このような意味で、夢の内容は自我の把握し得ていない心の動きを、しばしば伝えてくれるわけである。つまり、夢によって、われわれはコンプレックスの状態を知ることができるのである。

ここで問題となることは、夢がイメージとして把握されるということである。たとえば、先にあげた例であれば、「家具」の有無というイメージが大きい意味をもっている。これは、既に第一章にのべたように、自我がその内容を言語化することによって整理し、統合しているのに対して、未だ完全には統合されていない内容がイメージとして把握されることを示している。換言すれば、イメージは無意識から自我に語りかけられる言語であるといってよい。そのため、その意味を明確に把握するためには、自我はそれを言語化することによって自分のものとしなければならない。これが、いわゆる夢の解釈の仕事である。つまり、この例の場合であれば、家具についての連想から、この高校生が自分の同性愛の原因を言語化して明確にしていったことが、それである。

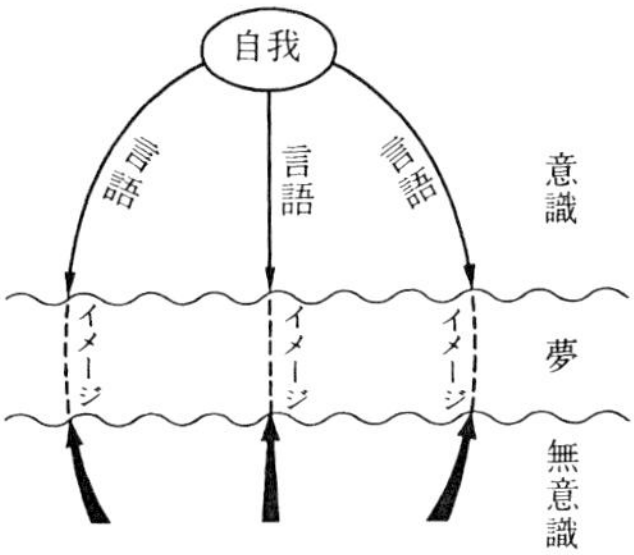

図4　夢

以上の説明によって、夢の重要性が理解されたことと思うが、反面、これは夢の意味の不明確さをも示している。つまり、意味が明確であるとは、自我によって完全に把握されたことをいうのであり、この点、夢は、自我によって明確に言語化できぬ内容を含むものであるから、それが理解し難いことの多いのも当然である。事実、誰かに何かひとつの夢を聞いても、殆んど何も解らない。その人の意識状態を知り、夢の内容についての連想を聞き、そして二人で散々頭を悩まして、意味をつかむことができる。あるいは、それ程の苦労をしても、何も解らないことさえよくある。コンプレックスという、自我にとっては不可解な対象を、夢のイメージによってその片鱗を知りながら、根気よく夢分析を続けてゆくことによって、だんだんとそれを明らかにしてゆくのであるが、それが困難で忍耐力を要する仕事であることは、既にコンプレックスの解消という点についてのべたのと同様である。

次にもうひとつ例を示そう。これはある若い女性の見た夢である。

夢 私は既に結婚している姉の家にいた。部屋は地下にあって、なんだか少し汚なかった。しかし、家族の雰囲気は非常に暖かく、「これこそ理想の家庭だ」と私は思った。その後、私は階段を登ってこの家を去り地上に出ていった。

例の如く、連想を聞いてみると、この姉は、いわゆる女らしい生き方をする人で、世間の期待するような女性として成長し、その点を買われて良縁を得、非常に幸福な家庭生活を送っているという。カインとアベルの話を持ち出すまでもなく、兄弟というものは、「もう一人の私」としての役割をもつことが多い。その生き方は肯定するにしろ、否定するにしろ、大きい影響を与える。この夢を見た人にとって、女の幸福という点から考えて、この姉はひとつの理想像であった。しかし、成長して自分も結婚する頃になると、疑いも生じてきた。ひとりの人間として生きるという考え方からすると、姉の生き方は余りにも自分を棄てた生き方のように思えてきたのである。

この夢は、姉の家庭を理想的だと思いながらも、そこを去ってひとりで地上に出てゆくところが印象的である。

つまり、姉との同一化を止め、自分の考えに従って歩もうとする決心と、その孤独感とがよく示されているのである。姉がいかに幸福であっても、姉は姉である。自分は自分の道を自ら歩むべきで、地下の世界にぬくぬくと安住していることはできない。このような点を夢のイメージは明らかに描きだしていると思われる。このようなときの夢は、コンプレックスそのものよりも、それとの関連における自我の状態の方に重点をおいているように思われる。

次にもうひとつの例を示そう。これは三十歳過ぎの独身男性の見た夢である。この男性はガールフレンドも多く、経済的にも恵まれている人であった。独身生活をもっと楽しむため、プライベートな生活に便利でもあるので、最新型の乗用車を買うことになった。その車を買う前日に見た夢である。

夢 自動車を一台買うことになった。車はもの凄く古くて、錆さえついていた。驚いてしまったがともかく車に乗った。キイをまわすと、それはこぼれ落ち、車輪まではずれてしまった。私はショックで目が覚めた。

この夢を見たとき、この人のショックは大変大きかった。自動車を買うのを止めようとさえ思う程であった。この夢は、この人が新車を買うときにもっていた「夢」を完全に壊してしまったようだ。この人の自我は、それまでの独身生活を謳歌していた。新車の購入はそれに輪をかけるものとなる筈であった。しかし、夢は全く逆のことを示唆している。この人の生活の実態についてはここに触れないが、ともかく、この夢によって、この人は自分の生き方が偽物で壊れやすいものであったことを、ひどく思い知らされたのである。

この人が劣等感コンプレックスを無理に抑圧し、自分の権威を誇示し、それによってガールフレンド達を魅了しようとして新車を買い入れるとき、この人は、その輝かしい面のみを意識している。自我はそれによって喜んでいても、劣等感コンプレックスは事象の裏面を見逃すことはない。新車という武器を無理して購入することによってのみ、自分の素晴らしさを誇示し得るのだということ、そして、その武器も本質的には余り強力なものではなく、オンボロ車と差のないことを、劣等感コンプレックスはよく知っている。そして、新車を手に入れる喜びに満ちている自我に対して、裏面の真実を強烈な形でつきつけたのである。

この場合、以上のような点を誰か他人がこの人に対して忠告したり、指摘したりできたかも知れない。しかし、そのとき、この人は多分それに同意をしなかったであろう。ところが、夢の場合は強烈なイメージをもって、自分自身の「体験」として、ひとつの事実をつきつける。これが夢のイメージの強力な点である。自我は何事かを言語化し概念化することによって、それを自分のものとする。しかし、このような概念化によって「体験」を限定し、自らの安定をはかっているのだということを、前章においてのべた。このように考えると、イメージはそのような概念の防衛をつきやぶり、自我にひとつの直接体験を得させるところに大きい意義があることが解る。イメージの直接性ということは、このようなことを意味している。

自我が体験の限定を余りにも極端に行ない、一面的になるとき、残された体験はコンプレックスをつくりあげてゆくが、それは夢という表象を通じて、自我に再体験を要求するのである。このような意味で、ユングは夢の補償作用ということを強調する。つまり、自我が余りにも一面的になるとき、それを補償するような働きを夢がもつというのである。この夢であれば、本人が新車を買う喜びのみを感じているとき、その補償としてこのような夢が生じると考えるのである。

このような夢を見ても、自我はそれに対していろいろな態度をとることが出来る。先ず、夢のことだと一笑に付すこともできる。あるいは、翌日車を買うときに慎重に点検して異常のないことを確かめ、「夢は逆夢」と思うこともできる。あるいは、この夢のために何となく不安となり、車の販売店を他に変更することもできる。これらもすべて、ある意味において「夢の解釈」である。つまり、夢という体験を、自我がその中にどのように統合してゆくかということを示している。

夢の解釈はひとつではない。夢の多義性ということは、ユングもしばしば言及している。われわれはそこで、どの解釈が「正しい」かなどと考えるよりも、どのような解釈が、その人の自我を改変し自己実現をすすめてゆく上で役立ったかを、問題とする方がいいかも知れない。たとえば、ここにあげた例であれば、新車の購入の裏面に潜む劣等感コンプレックスを、はっきりと認め、そのような痛い真実に直面することによって自分の生き方を改めようとする解釈が、大きい意味をもっているということができる。

夢の分析ということは、このような意味で、コンプレックスとの対決という苦しい仕事を課せられることになる。それは単なる知的な仕事ではない。オンボロ車のショックの体験は強い感情を伴うものである。このような体験をし、それと直面してゆく強い自我をもってこそ、夢分析は続けてゆくことができるのであり、その過程は前章においてコンプレックスの解消の過程としてのべたことと、全く同様のことになるのである。

夢の現象は始めにものべたように、もっと広い意味をもつものであるが、ここではコンプレックスとの関係においてのみのべた。このような点で大きい問題となる男性と女性ということについて、次節に簡単にのべることにする。

3　男性像と女性像

男性と女性の問題については、今まで万巻の本が書かれ、今後もまた書かれるであろう。これ程興味深い問題は人間にとって他にないかも知れない。この測り知れぬ大問題についても、コンプレックスとの関連において簡単に触れるだけにとどめておかねばならない。

男性と女性の区別は身体的、生理的に明らかである。それを背景として、心理的にも性意識の差というものが存在する。男性であれば自分を男性として意識し、一般に男らしいと考えられている属性を自分のものにしようと努め、それを自分のものと感じる。女性の場合もこれと全く同様である。そして、この両者の属性は両立することが困難であり、また社会的な要請のためもあって、男女の性差に従って、一般に男らしいとか女らしいとかいわれる性格をもった自我が形成されてゆくのである。しかしながら、最近の文化人類学の研究（たとえば、マーガレット・ミード『性と気質』など）によれば、これらの男らしさ、女らしさといわれるものが、男女の性差に基づく絶対的なものとはいえず、文化によって異なることが解ってきた。たとえば、女が外で活動し、男が家と子どもの世話をするような未開社会も存在することが解ってきたのである。

人間が生まれたとき、文化や社会の影響を受ける以前において、素質的な性差をどの程度有するかは明確ではない。ただ、身体機能の差から考えて何らかの差は存在するだろうと思われる。しかし、いわゆる男性的、女性的な属性は、社会や文化の影響によって相当一方的に形づくられている点を考えると、ある人間がその社会で是認されている男性的自我を形成してゆくとき、その女性的な面はひとつのコンプレックスを形成してゆくと思われるし、女性の場合も同様に、男性コンプレックスをもつことになると考えられる。換言すれば、全ての男性は女性的な面を潜在的にもっているし、全ての女性も同様に、男性的な面を無意識内の可能性としてもっているということができる。もっとも、その深い層まで開発することは不可能とも考えられるのであるが。

男女が役割をきめ、お互いが協力することは悪いことではない。問題はその役割に優劣の価値観が伴うときである。そして、現代の文明社会においては、一般に男性的役割を重視する傾向が強いので、女性が男性に対抗しようとするとき、女性の役割の重要性を主張するよりは、むしろ、女性も男性的役割を遂行できることを示そうとする。そのため、女性はその潜在的な男性性を一挙に顕在化しようと焦るので、自我とコンプレックスとの同一化の現象が生じる。

女性における男性的な強さと独立心のコンプレックスを、ディアナ・コンプレックスと呼ぶこともある。ディアナはギリシャの女神アルテミスのローマ名である。アルテミスは狩猟を得意とする、凜然とした美しさをもつ処女神である。アルテミスの水浴の姿を垣間見たアクタイオーンは、この気位の高い女神の呪いを受けて牡鹿と化し、果ては自分の飼っていた犬達に喰い殺されるという最期を遂げた。この物語は処女神アルテミスの怒りの凄まじさを示すものとして、余りにも有名である。ディアナ・コンプレックスと同一化した女性は、これ程の凄まじさはないにしても、男性を寄せつけずに独身をとおすか、たとえ結婚したとしても、その相手を非男性化してしまうであろう。

先にのべたような現代の傾向に従って、殆んどの女性はディアナ・コンプレックスと無縁であることはできないし、この女性達とつき合う男性は、ディアナのお得意の遠矢を射かけられて傷つくことを覚悟しなければならない。まかり間違えば飼犬に嚙み殺されたアクタイオーンの二の舞を演じなければならぬかも知れない。しかし、このような危険を犯してこそ、男女両性の自我の拡大がなされるのであり、新しい男女の結合や生き方が探索されることにもなろう。

ディアナ・コンプレックスを完全に抑圧し切っている女性は、余りにも自立性に乏しいために同性達からは相手にされず、その自立性の乏しさ故に一般の男性から好かれることの多い人である。このような人は、少々美人であることが多く、その上に個性に乏しいので、男性達のあらゆる投影を引き受けるのにふさわしい状態にある。多くの男性が彼女の周囲に集まるのも当然のことである。

女性の心に潜む男性性の問題は、今後ますます大きい問題となってくるであろう。家庭内の労働量の急激な減少に伴って、家庭の主婦に多くの剰余エネルギーが生じてきたこと、および、男性的役割を優位と考える傾向とが相まって、殆んどの女性はその内部にある男性性との対決を強いられる。女性の自己実現の問題は、われわれの時代に課せられた難しい課題のひとつである。

ユングはこの課題に長く取り組んできたが、女性の心の中の男性性は、女性の夢の中に男性像として人格化されて出現することを認めた。そして、それらの男性像の研究を通じて、それがコンプレックスと呼べるような範囲をこえるものであり、ある人間の個人的体験をこえた普遍的な性質をもつものであることを明らかにしたのである。

このことは、男性の心の中における女性性においても同様である。男性の心の中に住む女性像もコンプレックスと呼ぶには余りにも普遍的な拡がりをもっている。ひとつの例として、ここにユングが『自伝——思い出・夢・思想——』の中にのべている彼自身の夢を示そう。これは、ユングがフロイトと訣別した後、彼自身の道をまさぐって苦悩していた頃、一九一二年のクリスマス頃に見た夢である。

夢　私はイタリア風の廊下に居た。柱や大理石の床、大理石のらんかんがあった。私はルネッサンス風の金色の椅子に坐って、類まれな美しさをもったテーブルに向っていた。それはエメラルドのような緑の石でできていた。私はそこに坐って遠くの方を見つめていた。その廊下は城の塔の上の方につくられていた。子供達もテーブルのまわりに坐っていた。

突然、白い小鳥が舞い下りてきた。小さい海かもめか鳩のようであった。それは机の上にしとやかにとまった。私は子供達に静かにしているように合図をした。このかわいい白い小鳥をおどろかして逃がさないようにとの心づかいからであった。たちまち、鳩は少女に変身した。ブロンドの髪をした八歳位の少女であった。彼女は子供達とかけていって、城の柱廊の間で一緒に遊んでいた。

私は今しがたの経験を楽しみながら、思案にふけった。少女は帰ってきて、その腕を私の首にやさしくまきつけた。そして突然彼女は姿を消し、鳩が戻ってきて人間の声でゆっくりと話した。「その夜の最初の時間だけ私は人間の姿になれるのです。しかし雄鳩は十二人の死人と忙しく働いています。」そして、彼女は青空の中へと飛び去って行き、私は目覚めた。

この不思議な夢は、当時のユングにとっては不可解なものであったが、彼に深い感動を与えるものであった。ここで、鳩の化身として現われた少女は、ユングを優しく抱きしめ、フロイトとの訣別による傷心を癒してくれるようである。そして、最後には謎に満ちた言葉を残し青空の中に消え去ってゆくのである。このような女性像は童話の中によく出現する。鳩や白鳥や、鹿などが女性に変身し、男性を慰めたり、よい忠告を与えてくれたりする。このような場合、この女性像はその男性にとっての救いであったり、生きる方向を示す人であったりする。この女性像は、その男性の個人的体験の中で抑圧された心的内容などよりは、はるかに深く、普遍的な存在を表わしているものと考えることができる。

このような女性像の典型的なもののひとつである「白鳥の乙女」は、全世界の伝説や昔話の中に見出すことができる。ゲーテによる「永遠に女性なるもの」は、このような女性像の高揚されたものということができる。

ユングは以上のような考察をおしすすめて、人間の無意識には、個人の体験に伴って抑圧された心的内容を主とする個人的無意識の層と、人類一般に普遍的な普遍的無意識の層とが存在すると考えた。そして、後者の中に人類に共通した基本的な類型を見出すことができると考え、それを元型(アーキタイプ)と呼んだ。このことについては次章に説明するが、今の場合であれば、男性の心の中に生じる女性像の元型の存在を仮定し、それをアニマと名づけたのである。

女性の場合も同様に、その心の中に存在する男性像の元型をアニムスと名づけた。元型としてのアニマ、アニムスはいわばコンプレックスの背後に存在して、コンプレックスの活動を規定する底流となっているともいうことができる。たとえば、メサイヤ・コンプレックスの背後からアニムスが力をそえている場合であれば、その女性は慈善事業に邁進するときに、男まさりの大活躍をすることであろう。そして、それが少しゆきすぎてくると――そうなることが多いのだが――楽しい会合の場合に、慈善の本質について、「男性顔負け」の演説をぶったりするようになる。こんなとき、この人は、言っている内容は全く正しいことであり、立派なことであるにしても、場面の雰囲気とそぐわないことを全く考慮していなかったり、一般論としては確かに正しいのだが、その個別的なケースにはあてはめにくいような意見を堂々とのべたりする傾向が強い。

男性の場合も同様のことが生じる。たとえば、カイン・コンプレックスにアニマの力が作用するとき、この男性は同僚に対する攻撃を裏面からこそこそと、しかし執拗にくりかえすかも知れない。そんなとき、この人は「女のくさったような奴」という烙印を押されたりする。

アニマ、アニムスはもちろん、マイナスの影響を与えるのみではない。そのプラスの意味も非常に大なるものがある。それは文字通り、われわれの人生に生命力を吹き込むものとさえいうことができる。(ラテン語のアニマ《アニムスはその男性型》はギリシャ語のアネモス《風》と同じ言葉である。) これは異性の存在しない世界がどれ程味気ないものかを、想像してみれば解ることである。

ひとつの例として、アニムスのプラスの面を示している夢を示そう。これは、ユングの弟子であるフォン・フランツ女史のあげている、四十五歳の婦人の夢である(フォン・フランツ「個性化の過程」)。

夢　二人の覆面をした人がバルコニーを登り家に侵入してきた。彼等は黒い頭巾のついたコートに身を隠しており、私と妹とを苦しめようとしているようであった。妹はベッドの下に隠れたが、彼等は箒で追い出して、彼女を苦しめた。次は私の番であった。二人のうちのリーダーは私を壁に押しつけ、私の目の前で魔術的な身ぶりをした。そのうちに、手下の方は壁にスケッチを描いた。それを見て私は(親しそうにしようとして)「あー、うまく描けてますね」といった。すると、私を苦しめていた人は、気高い芸術家の顔になり、「そのとおり」と誇らしげに言い、その画を消しにかかった。

この夢を見た婦人は不安神経症に悩んでおり、強烈な不安発作に襲われることがよくあった。この夢に現われた二人の男性像、彼女のアニムス像が最初彼女を苦しめるのは、その不安発作に対応するものであろう。ところで、この夢に現われた妹は、相当な画才をもっていたがそれを発揮しないうちに若死した人であった。この婦人も画才があったが、それをのばすことに意味があるかどうかを疑い、何もしていなかった。しかし、夢の中で彼女が男性の画才を認めたときに、彼等が彼女を苦しめる人間から気高い芸術家に変容したことは、彼女が潜在的に有している画才をのばしてゆくべきことを示唆している。実際、彼女の不安発作も、彼女が自分の才能をのばすのを拒否し、普通の女性としてのみ生きようとしてきたことに対する警告であったとさえ考えられる。

ユングは神経症の原因として、その人が「平均以上の何物かを有している」ためとさえいえる場合があるといっている(「心理療法の基本問題」)。この婦人の例がそれに当てはまる。彼女は自分の中のアニムスを受けいれ創造活動をすることによってのみ、その神経症を克服できる。そして、そのとき、彼女のアニムスは彼女の人生を豊かにするものとして、大きい意味をもつことであろう。

男性と女性の問題を論ずる限り、ユングの主張する元型としてのアニマ、アニムスのことに触れざるを得ない。元型の問題は次章で簡単に説明するが、ここでは、コンプレックスとの関連のなかで、非常に皮相的にではあるが、一応その説明をこころみたわけである。

4　夢の中の「私」

夢の中で、コンプレックスが人格化されること、あるいは前節においては、アニマやアニムスが夢の中で異性像として表象化されることを示してきた。ここで、ひとつの疑問が生じる。それは、一体夢の中の「私」は何であろうか、何を表象しているのだろうかという疑問である。

第二章において、「もう一人の私」として二重人格や二重身という特異な現象が存在することをのべたが、実のところ、夢の中でわれわれはこの現象を体験しているといえないだろうか。われわれは夢の中で盗みをしたり、いろいろな悪事を働き、時には殺人さえ犯したりする。これは覚醒時の私と比較すると、全く二重人格的行為と言わねばならない。われわれはまた、夢の中で「私」の姿を見ることが多い。夢の中で崖からおちてゆく自分の姿や、自分が戦っている姿などを見ることはよくある。考えてみると、これは立派な自己像幻視の現象ではないか。

このように考えると、夢の中の「私」の意味が、二重人格や二重身の意味について考えたのと同様の観点から了解されるのである。夢の中の「私」は、自我そのものではないが、可能性としての自我、あるいは潜在的自我の像と呼ぶべきものであろう。人間の特長は自分自身をひとつの対象としてみることができる点にある。自我は自我を対象とし、自分は親切心が少ないとか、自分は知能優秀であるとか判断することができる。自我は将来の可能性として生じてくることや、将来おちこむかも知れぬ危険性などと関連して、自分自身を対象化し得る。しかし、それが夢に生じる場合は、単なる思惟の対象としてではなく、行為し体験するものとして現われるところが特徴的なのである。そして、それは本章の二節において論じたように、イメージとして把握される。夢の中の私は主体であり、客体である。これ程生き生きとした自我像が他にあるだろうか。

夢の中の私は、将来の可能な体験を先取りする。前節に示した夢であれば、不安神経症の婦人は、自分の潜在的な描画の能力について考えたのではなく、その能力を認めること、およびそれを認めることの不思議な効果とを体験したのである。しかし、それはあくまで可能性の世界での事である。それが本ものとなるためには、この婦人は実際に絵筆をとって絵を描いてみなければならない。

夢の中の私は、過去の私であることもある。それは自我によって忘れられていた私の側面であるかも知れない。覚醒時の自我はコンプレックスに対して防衛を働かせ、比較的自律性を保っている。しかし、夢の中の自分は、コンプレックスとの関係を、よりなまなましく体験している。夢の中の私は、コンプレックスとの強い関連性を生きている自我の側面であり、コンプレックスと自我との対決を通じて自我の発展が生じることを考えると、それが自我の発展の可能性を示すものであることも了解できるのである。

ところで、夢の中でも「二重身」の現象が生じることがある。夢の中では自分自身の姿をみるという意味で、自己像幻視的であるとのべたが、夢の中の二重身現象と私が呼んでいるものは、もっと明確に、夢の中で自分が自分に出会ったとか、自分が二人居たとかの経験をする場合である。

そのような例を次に示す。これはある女子大学生の見た夢である。

夢　母が棚の上の荷物を整理している。自分はそのそばにいる。(自分の家だが、現実の自分の家とは異なっている。) 母が突然に倒れて死ぬ。私はとりすがって泣くが、不思議なことに、隣の部屋で、もう一人の私が箒をもって掃除をしている。

この女性は母親との関係が悪く、その改善を目的として相談に来た人である。母親は娘の欠点を何かにつけて指摘し、叱責する。結局は、そのように欠点が多くては嫁としての貰い手がないから、一生独身で家に居るとよいということになる。この争いの絶えない親子関係は、実のところ両者の無意識的な結合を背景としている。母と子は一体であり、母親はそれを基にして、いくら娘を攻撃しても娘が自分から離れていかないことを前提として、叱責したり、非難したりを繰り返している。ところが、両者共本当は分離してゆかねばならぬことを薄々感づいているので、争いは烈しくなるが、一体感を基にした甘える感情があるため、その状態を改変しようとする努力が生じて来ない。

このような親子関係はよく見受けられる。争いの多いことは両者が分離していることを示すとは限らない。無意識的結合を土台としての口論は、破壊も建設ももたらすことなく、同じことを永久にくり返しているにすぎない。それは真の対決ではない。

治療者との話合いや夢の分析を通じて、以上のことがだんだんと解り始めてきた頃、前述の夢が生じたのである。子供が両親から離れ自立してゆこうとするとき、その両親像の急激な変化を表わすものとして、両親の死の夢を見ることは多い。それは、別れの悲しみを強烈に体験せしめる。この悲しみと孤独に耐えられぬ人は、両親から独立してゆくことができない。

この夢の中で、「私」は母親の突然の死を悲しむが、「もう一人の私」は、まるで何かが片づいたと言わんばかりに掃除をしているのである。この両者はどちらも大切であるが、どちらか一方が強すぎると困難なことになる。前者の気持が強すぎると、娘は親から独立できないだろうし、後者が強すぎると、人間的な感情を欠いたものとして、両親からのみならず、他の人からも孤立した人間となってしまうであろう。夢の中の二重身という体験によって、この人はこの両立し難い傾向を同時的に体験したということができる。

結局、この女性は母親との意味深い戦いをなし遂げて、自立の方向へと進んでいったのであるが、この夢は前述したような意味で非常に大切なものであった。この夢で、母に取りすがって泣いた私は覚醒時の自我に近いものであり、冷淡な私の方が、それを補償する傾向を示すものであったろう。

既に第二章に論じたように、自我の一面性に対してそれを補償するような「もう一人の私」を送りこんでくる主体として、ユングは自己という概念をたてたのであるが、この自己は、心の深部に存在し、自我存在の基礎となっているひとつの元型であるということができる。この元型としての自己の夢の中で、何らかのイメージとして、その性質の一端を明らかにすることがある。そのような自己像の例として、ユングがその自伝にのべている夢をあげてみよう。

夢　私はハイキングをしていた。私は岡のある景色の中の小道を歩いていた。太陽は輝き、四方を広く見渡せる光景が開けた。そして、私は道端の小さい礼拝堂へとやってきた。扉が少し開いており、私は中へはいった。驚いたことには、祭壇にはマリアの像も十字架の像もなくて、素晴らしい生け花があるだけであった。しかし、祭壇の前のその花の上に一人のヨガ行者がこちらを向いて、結跏趺坐し深い瞑想にふけっていた。彼の顔をもっとよく見ると、彼は私の顔をしていることがわかった。私は深い恐怖に襲われ、目覚めながら考えた。「あー、彼が私を瞑想している人だ。彼は夢を見、私はその夢だ。」若し彼が目覚めたら、私はもはや存在しなくなるだろうと、私は知っていた。

これも「もう一人の私」、それも非常に深い意味をもった「もう一人の私」の夢である。自分という存在が、ひとりのヨガ行者の瞑想の内容の一部であり、その行者が瞑想をやめるとき自分の存在も喪失するであろうという体験は、名状し難い感動をユングの心に呼び起こしたのに違いない。これはユングものべているように、自我と自己に関する夢である。自我をひとりの行者の瞑想内容にしかすぎないと感じる強い自我卑小感と、そのような偉大なる人が自分の内部に存在するという確信とは、あらゆる宗教感情の基となるものであろう。西洋的な礼拝堂の中で、キリストやマリアに代って、瞑想している東洋の行者は、ユングの自己像としてふさわしいものである。

随分以前のことであるが、私はあるとき、自分は人生において経験するべきことを殆んど経験し、これ以上生きていても仕方ないので自殺するつもりだという人の相談を受けた。ここにくわしくは書かないが、その人の話を聞いてみると感心する程いろいろな経験を経てきた人であった。そして、これ以上生きていても仕方がないという倦怠感、虚無感も強かった。「私は人生の九八パーセントを生きてきたので、今自殺したところで残りの二パーセントは惜しくない」ということであった。私はこの人にお答えして、それまでに思いつめ、はっきりと決意して死んでゆく人をとどめるべきかどうかは私には解らないと申上げた。しかし、私にはっきりと解ることは、「あなたはあなたの人生を僅か二パーセントしか生きておられず、九八パーセントは未だ残っている」ということである。その九八パーセントが惜しくなかったら自殺して頂きたいとつけ加えた。多くの経験を積んできた自負のある人にとって、あなたは二パーセントの人生しか生きていないという言葉は衝撃であったようである。このことが原因というのでもなかろうが、この人はその後新しい決意をもって人生に立向っている。

われわれが自分の人生という場合、自我を主体としていえば、何パーセント生きたということが少しは言えるかも知れない。しかし、ユングの夢にあったヨガの行者の方を主体としてみると、われわれの生きてきた人生が一体、この行者の瞑想の何パーセントであったかなどと言えたものではない。二パーセントと断言するのさえ、本当のところは憚かるべきことかも知れぬ。われわれの心の中に存在する「もう一人の私」の無限の大きさの確信、それを背景として、私はこの人の言葉を裏がえして二パーセントと一応申上げたのである。つまり、それは無限小に近いということである。

自己ということも、アニマ、アニムスなどと同様に、ユングの考えた元型のひとつである。この元型という点について、最終章に少し説明を加えることにする。

第六章　コンプレックスと元型

前章において示唆したように、ユングはコンプレックスの解明を通じて、元型という考えを提唱するようになった。本章においては、ユングの考えている元型ということについて説明する。先ず、始めにフロイトにとって最も基本的なものと考えられたエディプス・コンプレックスについて説明し、それとの比較において、ユングの考えを明らかにしてゆきたい。

1　エディプス・コンプレックス

始めに、このコンプレックスの命名の基となったギリシャ神話の物語を紹介しておこう。なお、この神話を基にして、ソフォクレスは『エディプス王』という悲劇を書いているが、話の筋道は殆んど同じである。

エディプスは、テーバイの国王ライオスと王妃イオカステとの間に生まれた男の子であった。ところが、ライオスは神託によって、その子が成長すれば、その子によって自分の命が奪われることになるだろうと知っていたので、その子を殺させようとする。ところがイオカステは殺すのに忍びず、家臣に命じて嬰児を国境に棄てさせる。その後、その子は隣国に拾われてゆき、そこのコリント王の子供として育てられた。

子供の足をライオスが金のピンで貫いておいたので、傷あとがすっかり癒らず、そのためエディプス(ふくれ足)という綽名を得た。大きくなって友人から、コリント王の実子でないことを仄かされ、はっきりした答をえようとデルポイにゆきアポロンの神託をもとめる。神託には、故郷に帰ると父親を殺し母親と結婚することになろうとあった。エディプスはコリント王を未だ実の親と思っていたので、そのもとへ帰るのをやめて旅に出る。そして、旅の途上の細い小道で出会った老人と争い、老人をその車ごと谷底に突きおとす。ところが、これが彼の父ライオスであったのである。

エディプスは父親殺しの罪も知らず、テーバイの都へと旅を続けていった。その頃、テーバイの郊外に、顔は人間の女、胸と脚と尾は獅子、それに鳥の羽をつけた怪獣スフィンクスが現われ、人々を悩ましていた。それは人間に謎をかけて解けないものは食い殺すのである。その謎は、朝は四本足、昼は二本足、晩は三本足で歩く者は何か、というのであった。テーバイでは、王が何者かに殺されてしまったので、スフィンクスの謎を解くものには、王位を継がすという布令を出していた。

エディプスは、出かけてゆき、謎の答は人間であるという。つまり、人間は赤子のときは四足で這い、次に二本足で歩き、老人になると杖をついて三本足になるというのである。スフィンクスは謎を解かれ、谷に身を投げて死に、エディプスはテーバイの王位につきイオカステを妻とする。つまり、彼は全く知らないうちに神託の予言どおりの悲劇を演じてしまったのである。

その後、テーバイの国に凶作や悪疫が続いたので、デルポイの神託を伺うと、先王の殺害者の濆れであるから、その犯人を探し出し国外に追放せよとあった。ライオス王が殺されたときの従者で生き残りの者を探し出したり、コリント王からの使者に聞きただしたりして、エディプスは遂に全ての事情を知る。そのとき、イオカステは自ら縊れて死に、エディプスは自分の運命を呪い、自らの両眼も潰し、盲目となって放浪の旅に出る。

これは何とも凄まじい悲劇である。しかし、フロイトはこのような凄まじい内容がわれわれの無意識内に存在することを主張したのである。彼は神経症の多くの症例を基にして、男性の無意識内には母親をその愛の対象とし、父親を敵対視する衝動が存在すると判断し、その抑圧に伴ってコンプレックスが形成されると考えた。それを前記のギリシャ神話の物語の主人公の名を借りて、エディプス・コンプレックスと名づけたのである。フロイトは、エディプス・コンプレックスを、コンプレックスのなかで、もっとも基本的なものであるとし、他のコンプレックスはこれから派生されるものと考えた。

これに対して、フロイトと協同していた頃に、ユングは女性においてもこれに対応するコンプレックスがあることを指摘し、フロイトもそれを受けいれて、それをエレクトラ・コンプレックスと名づけた。つまり、女児の場合は始めは母親に愛着心をもつが、五、六歳頃になると、異性としての父親が愛の対象となり、そのライバルとしての母親を敵視する。それをエレクトラ・コンプレックスというが、この命名の基となったギリシャ神話を簡単に紹介しておこう。

トロイア戦争にギリシャ軍の大将として参加したアガメムノンの留守中、その妻クリュタイムネストラーは不義を行ないアイギストスと通じる。凱旋したアガメムノンは、二人の奸計におちいり浴槽で惨殺される。アイギストスは復仇を恐れ、アガメムノンの娘エレクトラを貧農のもとにあずけ、エレクトラの弟オレステテスを殺そうとする。エレクトラはオレステテスを助け出し伯父のもとにあずける。そして、度々使者を出して、父の仇を討たねばならぬことを告げる。その後、二人は力を合わせて、父の仇であるアイギストスと、クリュタイムネストラー(つまり彼等の母親)を殺す。エレクトラがオレステテスを励まして、クリュタイムネストラーを殺させようとするとき、彼等に対して、母親は彼等の口に含ませた乳房を示し宥恕を乞うたという。

これもまた、エディプスに劣らぬ悲劇である。これをみてギリシャ人は惨酷であるなどと思うのは馬鹿げている。これらを、われわれの心の中の劇とみるとき、前章において死の体験についてのべたことを考え合わせるならば、われわれの周囲に常に起こっていることであることが解るであろう。ただ、ギリシャ悲劇は、それを拡大し、なまなましい形で見せてくれるだけである。

このエレクトラ・コンプレックスも包含し、異性の親に対する愛着心と、同性の親に対する憎しみや敵対感などを総称して、エディプス・コンプレックスと呼ぶことが多い。もちろん、今までのべてきたようにコンプレックスというものは感情の複合体であるから、愛憎の感情がいりまじり、両価的な態度となって現われるので、単純に、異性の親を愛し、同性の親を憎むとはいい切れないものがある。このようなコンプレックスに自我が影響されると、多くの障害が生じてくる。

たとえば、ある少年はエディプス・コンプレックスによって、父を憎むが、一方その自我は父を敬愛している。その葛藤の解決策として、父親の代償として馬を怖がり、馬の恐怖症という症状に悩まされるかも知れない。あるいは、ある女性は父親に対する愛着心が余りにも強いため、結婚の候補者として現われた男性を全て退けて、独身をとおすかも知れない。あるいは権威的なものに対しては、無条件に反撥する男性を、精神分析することによって、その男性の幼児期における父親に対する憎しみの感情が、未解決のままで残されていることを発見することもあろう。

このように見てくると、これまでにあげた多くの例においても、エディプス・コンプレックスの問題として考えると了解できるものが多くあると思われる。確かに、男性にとって父親というものは対処するのが難しい相手である。勝ち目がないと思って屈服してしまうのも残念であるし、反抗し続けたり、あるいはエディプスのように完全に打ち負かしてしまうと悔が残る。このように考えると、人間の自我はそのエディプス・コンプレックスをどのように取り扱うかということを、その一生の課題としているとさえいうことができる。

実際、フロイトは人間のもつ文化が、このような努力の所産であると考え、宗教や芸術の背後に存在するエディプス・コンプレックスを、明るみにさらすことに努めたのである。

このようなフロイトの考えに対して、アドラーが劣等感の方を重視して反対したことは、既に第二章においてのべた。彼によると、エディプス・コンプレックスも、劣等感をカバーし、家族に対する自分の優位性を示そうとするために生じてくるものなのである。

これに対して、ユングは同一現象に対して、二つの異なる見方が存在し、しかもどちらが正しいか間違っているかを断定できないという点で大いに困ってしまう。結局は、フロイトとアドラーの根本的な態度の相異に帰着すると考え、ここから、内向性と外向性という性格類型の考えが生じてくる。つまり、フロイトの考えは外向的な観点からなされているのに対して、アドラーのは内向的な立場によってなされていると考えたのである。

ここでもっと極端ないい方をすれば、エディプス・コンプレックスはフロイト個人にとって根本的なものであり、劣等感コンプレックスはアドラー個人にとって根本的なものであったといえる。つまり、ユダヤ人として父権の強い家庭に育ち、父親との年齢差が非常に大であったフロイトにとっては、エディプス・コンプレックスが大切であり、次男として生まれ、少し背が曲がっていたアドラー、しかも精神分析学会に参加したとき、フロイトは既に偉大な人として頂点にあり、その下の方につかねばならなかった彼としては、劣等感コンプレックスを重要と考えたのも無理からぬことである（エヴァンズ『ユングとの対話』の中でユングはこのことを指摘している）。

ユングは以上のような考察から、コンプレックスは確かに多層構造を有するものであるが、そのどれかひとつを特に根本的であると断定はできないと考えた。そして、それら個人的なものをこえて、もっと普遍的な存在があると考え、それらを元型とよぶことになるが、その考えを説明する前に、エディプス・コンプレックスの問題を文化差という観点から考えてみよう。

2　文化差の問題

フロイトはエディプス・コンプレックスを根本的なものと考え、それによって人間の芸術や宗教などを説明しようとしたとのべたが、彼の宗教観を示したものとして『トーテムとタブー』を一九一九年に発表している。彼の考えを簡単に紹介してみる。これは未開人の間に存在するトーテムとタブーの慣習から、人類における宗教の起源を論じようとするものである。

フロイトは、原始時代においては、父親が暴力的で嫉妬深く、自分だけで女性を独占し、成長した息子達を追い出してしまうと考えた。ところで、「ある日のこと追出された息子達は力を合わせて、父親を殺し、その肉を食べ、かくしてホルド(群)の父親に終止符を打った」(土井正徳訳による)。ところで、彼等は暴君的な父親を殺し、それを食べてしまうということで父親と一体となることによって、父に対する憎しみと、一体を願う願望とを成し遂げてしまうと、悔恨の情が起こり、罪の意識が起こってくる。そこで「彼等は、父の身代りであるトーテムの屠殺は許されがたいものと断じて、この行為をとりやめ、自由になった女達をあきらめることによって、その行為から生じる成果を断念したのである。」つまり、ここで父親殺しと近親相姦ということについての罪が確立したのであり、これはすなわちエディプス・コンプレックス中の抑圧されている願望と一致するわけである。抑圧し切れなかったエディプス・コンプレックスによる行為に対する罪の意識を基とし、それ以後、エディプス・コンプレックスを昇華してゆく手段として、トーテム宗教が生まれ、宗教儀礼が発生したとフロイトは考えた。つまり、その儀礼において、トーテム動物を聖餐用として殺し、それを共同で食べるのも、エディプス・コンプレックスによる衝動を儀式化し、反覆しているものと考えたのである。

このようなフロイトの説に対して、現代の人類学者のなかから、くわしい現地調査に基づいて反論する人が現われてきた。そのもっとも有名なのが、トロブリアンド島の研究をしたマリノウスキーによるものである。彼がトロブリアンド島の文化を丹念に現地調査をして、見出したことは、このような母系制社会においては、男児は父親に対して憎悪の感情を示さないのみならず、母方の伯父に対しても、全然そのような攻撃性をみせなかったということである(『未開社会における性と抑圧』)。

文化人類学の発展に伴い、コンプレックスの解明についても、文化差を考慮すべきことが明らかにされ、エディプス・コンプレックスは、西洋における父系制社会において重要なものであることが示されたのである。トロブリアンド島を現代の文明社会から余りにも遠い存在であり、われわれの生活とは関係のないことと思う人があれば、それは誤まりである。ひとつの例として、現代の日本人の問題のひとつ、学校恐怖症の事例について考えてみよう。

学校恐怖症の事例のひとつを、既に第四章に示したが、この症状はますます増加しつつあり、現代のわが国の社会の問題を反映しているものと思われる。ところで、ある男子高校生は、成績も優秀であり、真面目で素直なよい子であったが、あるときから急に学校へ行かなくなった。この少年に会って話合ってみると、彼は中学校の頃から、ときどき怖い夢を見ると話し、それは「自分が土の中にだんだんと吸い込まれてゆき、恐ろしさのために叫んだりして、目が覚める」というものだと語った。これは全く恐ろしい夢である。ところで、これと殆んど同じような夢をみた中学生の学校恐怖症児がある。このことについては既に他書にのべたが(『ユング心理学入門』)、その夢は、自分が肉の渦の中に吸い込まれてゆくという、恐怖の夢であった。

これらの男の子達を呑みこんでゆくものは一体何であろうか。このような深淵に足をとられ、彼等は学校にゆけずにいるのだと考えることはできないであろうか。ここに少年を呑みこもうとした「土」は、われわれ人間にとって測り難い大きい意味をもつものである。

原始時代の人間にとって、「土」は真に不思議なものであったに違いない。全ての植物がそれより生まれ、冬になって死んで土にかえり、春になるとまたそこから新たな生命が再生される。それは全てを産み出し、また、全ての死者を呑みこむものでもあった。このような体験を基にして、太古において地母神を祭る宗教が発生したと考えられる。そして、しばしば産み出すものとしての地母神は、死の神としても祭られている。その特徴的な例として、わが国の神話において、すべての国土を産みつくした母なる神、伊邪那美が、後に黄泉の国に下って死の国の神となったことをあげることができる。

このような、深い意味をもったイメージは、ある人の個人的体験をはるかにこえ、「母なるもの」と呼ぶべき存在を予想せしめる。ユングはこのような観点から、ある個人の体験をこえて、人類共通に基本的なパターンが存在するとし、前述のような「母なるもの」の元型を「太母《グレートマザー》」と名づけた。つまり、すべての人間の無意識の奥深くに、太母《グレートマザー》という元型が存在すると考えるのである。この元型は、全てのものを産み養育するというプラスの面と、あらゆるものを呑みつくしてしまうというマイナスの面とを有している。

文化差の問題に話をかえすならば、現代のわが国はこの太母《グレートマザー》の元型の強力な作用を受けていると言わねばならない。つまり、ある国の文化の特徴として、ある種の元型の力を特に強く受けているということが考えられるのである。ここでもう少しこの問題を追求するならば、わが国の文化は心理的にグレートマザーの元型の支配を受けながら、それを父権制という社会制度によって補償しながら平衡を保っていたのだと考えられる。これが敗戦によって父権という制度が壊されたとき、(いかなアメリカもグレートマザーを殺すことはできなかったので)、母性の力が急激に強まり、学校恐怖症が続出することになったと考えられる。

現在、父親像の喪失を歎く人は多い。しかし、わが国に関するかぎり、喪失などではなく、もともと父性像は存在しなかったのである。これに対して多くの人は、明治時代の強い父親達をあげ反論するかも知れない。しかし、次のような例をみて、その人はどう感じるだろうか。

ある不良化した少年の父親は、勇敢な帝国軍人であった。実際彼は敵陣に突入したこともある将校であった。しかし、彼が子供に対してとった態度はどのようであったか。彼は子供が偉くなるように手をとって教え、始めのうちは子供の成績もよかった。しかし、反抗期を迎えた子供が、だんだんと強くなると手に負えなくなり、子供のいいなりに、(陰ではぶつぶついいながら)小遣いを与えたり、果ては自動車まで買ってやるのである。兵隊を率いて敵陣に突入した「強い父」は、一人息子と対決できないのである。

この強さと弱さの共存はどこに起因しているのか。それは、上からの命令に従うとき、この男性はあくまでも強かったが、息子が「近頃は若いものは皆、車をもっている」というとき、「近頃」とか「皆」とかの言葉にたちまち降参してしまい、「自分の考え」で息子と対決することはできないのである。「皆」が父権制度を守るかぎり、彼はそれの遂行者としての強さをもっているし、確かに敵陣に突入する強さをさえ示す。しかし、一個の人間としては、彼は弱いのである。グレートマザーによる一体感を支えとし、それの遂行者として立つときの男性は確かに強い。しかし、それは本来の父性像ではない。

父性像の喪失に悩みつつあるアメリカの現象と、父性像の不在に気づき始めた日本の状態は、多くの点で似たものをもちながら、根本的には異なった面を有している。

人間の自我の確立を象徴的に示す「火」の神話において、プロメテウスは大神ゼウスの火を盗み出す。これに対し、わが国の神話においては、グレートマザーとしての女神伊邪那美が自ら火を産み出し、その火傷のために死んでゆくのである。男性神から人間の犠牲によって盗み出した火をもつ民族と、女神自らの犠牲によって得た火をもつ民族との差は、どのようなものであろうか。このような観点を押しすすめてゆくならば、西洋人の自我と、日本人の自我とはそのあり方が相当異なっていることに注目しなくてはならなくなってくる。

たとえば、わが国には非常に多く、西洋には殆んどないといってよい対人恐怖症の場合について考えてみよう。このような人達に会ってみるとよく解ることは、これらの人が他人との適当な「間合い」をとることに大きい困難を感じているということである。たとえば、彼等は誰かと二人だけのときはいいが、そこへ三人目の人が加わると困難をきたすことも指摘されている(笠原嘉「人みしり」)。これは、一人の他人に対しては何とか間合いを測ることができても、二人に対する混乱を生じてくることを示している。

日本人の場合は、その自我をつくりあげてゆくときに、絶えず他人の心を「察し」ながら、しかも自分自身のものを失ってしまってはならないという、難しい仕事を行なわねばならない。地なる母とのある程度の訣別を行ない、天なる父をモデルにして自我を確立しようとした西洋人の自我であれば、自我と自我との間の対話によって関係をもつことになる。ところが、太母とのつながりの強い日本人の自我の場合は、非言語的な察し合いによって、他人との関係(関係といえるかどうかも問題だが)をつくらねばならない。対人恐怖症の人は、自我をつくりあげてゆく上で、それを一体どのようにすればよいのかが解らずに悩んでいるとみることができる。このような困難さに加えて、現代の文化交流の激しさのために、彼等の心の中に、西洋的な意味での自我の萌芽が生じてくる。それを、日本の文化の中でどのようにのばしてゆくかも困難なことである。このようなことの為に、わが国において、特に対人恐怖症が多いのではないかと推察されるのである。

文化差の問題から、日本の文化の特徴について、余りにも断定的な表現をしてしまったが、これはもちろん慎重な考慮を要することである。このような限られた紙数の中で簡単に論ずるべき事でないかも知れない。しかし、心の問題を取り扱う場合、西洋に発生した学問体系によって論理を展開してくると、どうしてもこの問題につきあたり、何らかの形で言及せざるを得なくなってくるのである。

コンプレックスを論じた本書においても、大体は(というのも、筆者は日本人だから、いくら努力しても完全には西洋化できぬので)、西洋的な発想に従って第五章までを論じてきたつもりである。それに対して、読者が余り疑問をもたれなかったとするならば、それは、読者の自我が相当に西洋化されているからかも知れない。もちろん、ユングの考えはフロイトに比べてはるかに東洋的なものをとり入れているから、或いは当然のことかも知れない。しかし、読者の中でいろいろと疑問を感じた人があれば、それは西洋的な発想に対する疑いではなかったかを考えて頂きたい。たとえば、自我が言語によってその内容の統合をはかるなどという、言語の重視に対する疑問、あるいは、コンプレックスと敢えて「対決」する必要はないのではないかという疑問などが起こったとするならば、それは、やはり日本的な発想によるものといわねばならない。

コンプレックスのあり方は、もちろん自我のあり方と関係する。日本人の自我が西洋人のそれと異なるとするならば、コンプレックスの状態も異なってくる筈である。この点について思い切ったいい方をすると、日本人の自我は西洋人のそれに比して、コンプレックスとの共生関係がはるかに強いといえる。つまり、自我はコンプレックスと判然と区別され、それを防衛するのではなく、自我とコンプレックスとの境界が漠然としてくるのである。いってみれば、自我とコンプレックスとは、「ふすま越し」に隣合わせて住んでいて、西洋のようなドアつきの個室に分れ住んでいるのではなさそうである。第三章にあげた、コンプレックスの共有関係のような状態を、日本人はうまくやりぬくことが得意で、これは時に美徳と考えられていることもあると思われる。

わが国の有数な精神分析家土居健郎博士による、日本人の心性における「甘え」の重要性の指摘は、多くの人の注目をひいている(土居健郎『「甘え」の構造』)。ここにその説を説明する余裕はないが、「甘える」という日本語特有の表現を、精神分析学における「受身的対象愛」と規定し、これがいかに日本人の心性にとって大切であり、大きい役割をもっているかが説かれている。

私もアメリカで教育分析(分析家になるために、自分が分析を受けること)を受けたとき、この「甘える」ということをいおうとして、英語にぴったりとした表現がないので困り、この感情については今はすぐ説明できないが、来週までによく説明を考えてくるといって分析家と別れたことがある。いろいろ考えた末、分析家がユング派の人であったので、太母《グレートマザー》に対する感情ということで何とか説明がついたのであった。私が帰国したとき、土居博士は既に「甘え」の論文を発表しておられるのを知り、我が意を得たりと感じたのであった。この「甘え」も、私流に言えば、日本文化における太母《グレートマザー》の元型の影響の強さに帰することができると思っている。他人に対して、誰でも同じように暖かく育ててくれるグレートマザーのイメージをすぐに投影してしまうのが「甘え」である。ここに、個人差を無視した絶対的平等感と、絶対的な母性愛の欲求が存在するのである。

ともあれ、日本人の心性と西洋のそれとの比較について深入りすることは、このあたりで止めることにしよう。この問題について、このように簡単にのべるべきではないので、ここでその結論についてはさし控えるにしろ、第五章までに展開してきたコンプレックスについての論議においても、日本人と西洋人の心性の相異について、ある程度の考慮を必要とすることは、はっきりと指摘しておきたい。むしろ、その点についてのくわしい検討は、読者にとっても、著者にとっても今後に残された課題として、心に留めておくべきことであろう。

文化差の問題から、結局この節においては、元型のひとつとしての太母《グレートマザー》について論じたのみであったが、これによって元型に関する一応の感じがつかめたことと思う。次節においては、元型についての一般的説明をする。

3 元型

元型という考えは、ユングの理論の特徴をよく示しているものである。そして、この考えは芸術や宗教など人間の文化一般を説明するものとして広く受けいれられている反面、非科学的な概念として批判の対象ともなっているものである。近来とみに盛んとなりつつある象徴(symbol)の研究においても、ユングのこの概念は大いに重要視されつつある。たとえば、オルティグは『言語表現と象徴』において「ユングを中心とする人々の影響下に、宗教史・民族学・精神病学の領域における、サンボルをテーマとする著作や論文が、次第に数多く発表されるようになって来た」ことを認め、その意味を評価している。

元型のひとつの例として、太母をあげて説明したが、太母の元型的なイメージは、ノイマンの研究が示すように(『グレートマザー』)そのプラスの面やマイナスの面がそれぞれ強調されながら、世界中に分布している。プラスの面を示すものとして、日本の観音様や、西洋におけるマリアなどがあげられようし、恐ろしい面を強調するものとして、日本の山姥、西洋の魔女などがあげられる。もっとも原始的な面を示すものとしては、世界中に存在する地母神の像をあげることができる。次に示すのは、ある西洋の男性の夢である(ウィックス『人間の内的世界』より引用)。

夢 私は暗い森の中で、唯一人、小さい焚火の傍に坐っていた。突然大きい梟が木から降りてきて、その火を羽でたたき消した。そして、梟は飛んだり地面に近く羽ばたいたりしながら森をはなれていった。私はそれに従った。梟は私をひとつの岡にある入口へと導いた。そこへはいってゆくと、それは地下の洞窟であった。梟は消え去っていて、私はローソクを手に持っていた。薄暗い光の中で私は洞窟がイメージによって満たされているのを見た。それらは私の家族のイメージであることを私は認めた。というよりは、感じたというべきであろう。最初のひとに近づきローソクをかかげると、私は祖母の顔を見ていることに気がついた。私は恐ろしさで心を満たされながらも、見続けた。するとイメージはゆっくりと消え去った。

この夢をみた人は、家族と離れてから二十年もたっていて、家族や両親の影響下に自分がおかれているなどと思ったことのない人であったので、この夢は大きいショックを与えた。この夢の解釈には立ち到らないが、この人がこわごわ眺めたおばあさんの顔は、確かにこの人自身の個人的体験として知っている祖母の顔ではあるが、地下の国に現われた魔女のようなおもむきがある。あるいは、この男性がローソクをかかげて見た恐ろしい老婆の姿は、日本の神話において、伊邪那岐が黄泉の国へゆき、ひとつ火をかざしてみた伊邪那美のみにくい姿を思わせるものがある。現代の西洋人の夢の体験に、日本の神話におけるわれわれの祖先の体験と類似性が存在するのは、興味深いことである。

ユングはこのような点に注目し、人間の心の奥深く、全人類に共通に、普遍的な表象を産出する可能性が存在すると仮定し、それらの表象はある程度類型化して把握できることから、それらの元となる元型の存在を仮定したのである。つまり、元型はあくまで仮説的な概念であり、無意識内のこのような基本的な型が、自我によって把握されるとき、それらは元型的なイメージとして認知されると考えたのである。たとえば、太母であれば、われわれは元型としての太母そのものを知ることはないが、それの自我によって把握された像として、先にあげたような、マリア像や魔女の像などを知ることはできるのである。そして、これらの元型的なイメージは、神話やおとぎ話、夢、精神病者の妄想、未開人の心性などに共通して認められることを明らかにした。

ユングが元型という言葉を始めて用いたのは、一九一九年に発表した「本能と無意識」においてであるといわれているが、それまでは、ヤーコプ・ブルクハルトの言葉を用いて、原始心像と呼んでいた。ここに、元型と訳した言葉は、わが国においては、「原型」「神話類型」「太古型」などとも訳されている。

コンプレックスはある人の個人的体験と関連して、自我によって抑圧された内容のものが多く、これをユングは個人的無意識の層に属するものと考え、元型はこれに対して、それよりも深く、普遍的無意識に属すると考えた。ユングによると(「心の構造」)、普遍的無意識は、「表象可能性の遺産として、個人的ではなく、人類に、むしろ動物にさえ普遍的なもので、個人の心の真の基礎である。」このように考えると、先に示した夢の例であれば、夢の中の祖母の像は、この人の母親コンプレックスの人格化であると同時に、その背後にある太母のイメージを重複して受けていることが解る。実際、夢の中には浅い個人的無意識から生じたものと、普遍的無意識の層から生じたものと、ある程度区別することができる。たとえば、先にあげた肉の渦に吸いこまれる夢などは深い層に属するものである。

元型的なイメージは神話やおとぎ話などに多く示されているとのべたが、この点について考えてみよう。神話を少し注意して読むと、それが自然現象のアナロギーであると思われるものが多い。たとえば、世界中に分布している太陽神話などは、その典型であろう。朝、英雄神が東方に誕生し、日の車にのって天上を運行する。西では偉大なる母が待っていて彼を呑みこんでしまう。暗い夜になると、英雄はいわゆる「夜の海の航海」をし、そのとき怪物と死闘を演じ、朝になると再びよみがえって東の空にあらわれるのである。このパターンは多くの英雄神話の中に、少しずつ変化をみせながら取り入れられている。

ここで、この神話は太陽の運行を説明するために存在した、低次の物理学とのみ考えるのは早計である。ギリシャ人の多くの人が、太陽を四輪馬車に乗ったアポロ神であると、「そのまま」信じていたのではない。問題は外的な太陽の姿のみではなく、太陽が空に昇るのを見たときの内的体験も考慮しなければならないことである。昇る太陽という外的事象に対して、ひとつの元型が内界において作動し、その元型の送り込む表象と、昇天する太陽と、その両者の中間に存在する自我が、それらをひとつのものとして把握したとき、四輪馬車にのった英雄という、ひとつのイメージが生じてくる。

確かに、神話はいろいろな意味をもっている。それはひとつの物理学でもあった。しかし神話の中から物理学的側面を取り去ってもまだ残されるもの、つまり、内界の生き生きとした把握という機能こそ重要なものではないだろうか。神話学者のケレニーが、真の神話は事物を説明するのではなく、事物を基礎づけるためにあると説いているのは大切なことである（『神話の科学についての論考』）。人間がどうして生まれ、どうして死ぬかは、科学的に説明される。しかし、「私は一体どこから来て、どこへゆくのか」という点について、心の中に納得のゆく答を得るためには、つまり、心の奥深く基礎づけるためには、神話を必要とする。

湖面から飛び立つ白鳥をみたとき、それを羽衣をまとった乙女の飛翔として把握するような、人間の内的な心の動き、その底に元型が存在すると、ユングは考えるのである。そして、そのようなパターンが余りに人類共通であるので普遍的無意識と呼んだのであるが、やはり、それを受けとる文化や社会の差によって、少しずつそのイメージにニュアンスの差があるのも当然である。このような意味で、ユングのいう個人的無意識と普遍的無意識との間に、文化的無意識などという層をいれて考えてみてもいいかも知れない。あるいは、もっと細かくいえば家族的無意識などを考えてもいい。

たとえば、寺田寅彦の随筆の中に「腹の立つ元旦」というのがある。温厚篤実なある老人が、元旦の朝となると機嫌が悪くなって家族に暗い思いをさせる。ところがその息子が父親も亡くなり、家庭をもつようになったある年の正月に、急に不機嫌になり、それと同時に亡父のことを思い出し、昔の父親の元旦の心持を理解できるのである。それから数年後、その息子の息子がある年の正月に一寸したことから不機嫌になってしまうのを発見して、その父親が驚き、非常に恐ろしくも感じたという話である。どうもこれは寅彦自身の経験を書いているのではないかとさえ思われるが、このようにある家族に共通のコンプレックスを見出すことはよくあることである。あるいは、ひとつの文化・社会に共通の無意識となっているもの、たとえば、日本の社会であれば、父性像というものが共通の無意識に沈んでいるとも考えられる。

これらを逆にいえば、ある個人、ある家族、ある社会などに特徴的な無意識のパターンを見出すことができるが、それらを通じて共通となるような型を求めてゆくうちに、その一番底にある共通の型として浮かびあがってくるものを元型と仮定するということができる。

簡単に割り切ってしまえば、図5に示したように、無意識は個人的無意識と普遍的無意識とにわけて考えられ、前者がコンプレックスによって構成されているのに対し、後者は元型によって満たされていると考えられる。

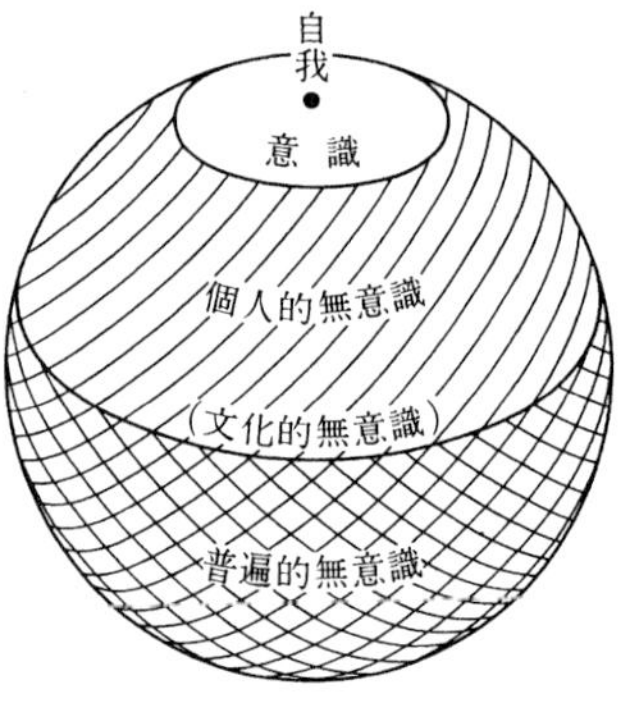

図5　無意識の層構造

ユングが元型として重視したものは、既にのべたように、アニマ、アニムス、自己、太母、などがあり、この他、老賢者とか影とかいうのもある。影は、二重人格の例にあげた、イヴ・ブラックや、山田少年の悪心のようなイメージの元型である。アンデルセンの物語の「影法師」などは、文字通り「影」のイメージの典型である。このようにみてゆくと、すべてのコンプレックスは個人的体験の中で抑圧されたことが、いろいろな元型とのからみ合いによって、成立っていることが了解される。このため、コンプレックスの影響を防ごうとして、それを余りにも切り離したものとし過ぎるときは、その奥に存在する元型的なものとも切断されることになってしまって、自我は生命力を失うことになってしまう。このことを生き生きと描いているのが、第二章にのべたような、分身の喪失の悲哀を主題とする文芸作品であると考えられる。影は自我にとっては受けいれ難いものであるが、さりとて、それを取り去ってしまうと、その人は「平板な幻影にすぎない」(ユング『分析心理学についての二論文』)ことになってしまって、生きた人間としての味を失ってしまうのである。

元型はあくまで仮説的な概念であり、その存在そのものをわれわれは知ることができず、自我は、イメージとしてその働きを把握し得るのみである。それはあくまで隠喩によって性質を明らかにされるが、言語表現によって明確にされることはない。自我は、この無限の可能性を秘めた普遍的無意識の層から送られてくる表象を、いかに意味づけるかということによって、創造的な生活を生み出してゆくのである。このような過程をユングは自己実現の過程と呼んだのであるが、これについて、最終の節に説明する。

4 自己実現

コンプレックスについての論議を重ねてきた最後の節において、自己実現についてのべることは、真に適切であるという感じと、何とも気恥かしいような感じとが交錯するのを感じる。われわれ心理治療に従事しているものは、コンプレックスの解消という仕事を通じて、結局は来談者の自己実現の過程に参与することになるのであるが、自己実現という言葉から推察される程、それは輝かしい仕事ばかりではない。他人からみれば些事にすぎないことをめぐって、親子や兄弟や、師弟などが相争う。われわれ治療者も何時の間にかそれに巻きこまれてしまって、右往左往しているにすぎないこともある。あるいは、自己実現の仕事の苦しさや危険性に耐えかねて、そこから逃げ出すこともしばしばである。このような点もある反面、確かに人間の心の発展の素晴らしさに心を打たれることがあるのも事実であるので、自己実現における光と闇の両面を見落さぬようにして、論議をすすめてゆきたい。

われわれの意識は自我を中心として、ある程度の統合性をもっている。それに対して、コンプレックスはそれを脅かすものとして作用してくる。それに対して自我はいろいろな対処の仕方を示すことは、第三章にのべたとおりである。そして、第四章に示したような対決の過程を経て、コンプレックスの内容が自我に統合されてくるのである。

あるコンプレックスが強力となってきたとき、それに対応するような外的事象がよく生じる。あるいは、ある特徴的な外的事象が生じるとき、それに対応するコンプレックスが強力になっていることも多い。これは、原因と結果として説明がつく場合と、ともかく、ひとつの「布置」ができあがっていることは認められるが、どちらが原因ともいいかねる場合とがある。この不思議な内界と外界の呼応性を、われわれは体験することが多い。その例として、たとえば、第三章三節に、アメリカ人夫妻と日本人の女子学生の例をあげた。あるいは、第四章にあげた学校恐怖症児の場合も、美事な布置が家庭内にできあがっている。

このように、内界と外界が呼応することが多いので、多くの場合、人は外的な事象を攻撃したり、不運を歎いたりすることが多い。つまり、「こんな娘を下宿させたばっかりに」とか、「怠けものの息子をもったので困る」とか、「お母さんがやかましく言いすぎるから」とか、何とでもいうことができる。そのとき、自分の内界に向って少しでも目を開くならば、自分の心の中に存在するコンプレックスについて気づく筈である。

しかしながら、これは何も「すべて私が悪いのです」といった消極的な反省につながるのではない。内界との対決は外界との対決を意味する。今まで示した例において、母と子、社長と社員などの対決が生じていること、そして、その対決を通じてこそ、人格の発展が生じることに注意して頂きたい。ただ、この際に、内的な意味を知るものは、母や、あるいは社長を単に攻撃してばかりいないことに注意しなければならない。それは、コンプレックスの爆発のみであってはならない。

自己実現における自我の役割は、いくら強調しても強調し足らない程である。もちろん、自我のみにしがみついていては発展がない。しかし、コンプレックスと対決するには自我が十分に強くなければならない。意識と無意識の適切な関係について、ユングは次のようにのべている(「人格の統合」)。

「意識と無意識は、どれか一方が他方に抑圧されたり破壊されたりしていては、ひとつの全体を形づくれない。両者を平等の権利をもって公平に戦わせるならば、双方共満足するに違いない。両者は生命の両面である。意識をして、その合理性を守り自己防衛を行わしめ、無意識の生命をして、それ自身の道をゆかしめる公平な機会を受けしめよう。……それは、古くからあるハンマーと鉄床との間の技である。それらの間で鍛えられた鉄は、遂に壊れることのない全体、すなわち個人となるであろう。」

ユングのこのような言葉から、無意識の力の肯定のみを読みとってはならない。ここで、自我が弱いときは、本人か他人か誰かを困らせるだけのこととなるだろう。ユングは、その自伝の中で、自分が無意識の内容と対決していた時期に、日常生活、つまり家族のことや仕事のことに従事することが、どれ程、自分の支えとなったか解らないとのべている。

このような非常に極端な場合の例として、ジェームス・ジョイス父娘について考えてみよう(ウォルコット「カール・ユングとジェームス・ジョイス」)。ジョイスの娘ルシアは分裂病であった。しかし、ジョイスは父親として、それをなかなか認められず、むしろルシアの才能の素晴らしさに固執した。確かに、新語をつくりだしたり、不可解な合成語を生みだしたりする上で父娘の才能はよく似ていた。

ところが、ユングはこの二人を、「一緒に川の底に到達しようとしている二人の人間のようだ。一人は落ちこみ、一人はダイビングをして。」と形容している。つまり、ジョイスは自らもぐり、自ら浮上して来られるが、ルシアは落ちこむだけなのだ。ジョイスの新造語や合成語は、彼の意識的な創造的な努力の結果であるが、ルシアのそれは、ルシアが創造したものでなくて、歪曲された無意識過程が、ルシアのためにつくったものなのである。つまり、ルシアの場合、主体は無意識の方に移ってしまっている。

これはもちろん、全く特別な場合である。しかし、無意識の力に押されて、他人迷惑な行動をとりながら、個性的だと思っている人は案外多い。ユングは、われわれが自己実現の道を歩み、個性的に生きるためには、外界から要請される陳腐な生活をやり抜かねばならないとのべている。陳腐な生活をし遂げることは、「外側からは認めることのできないヒロイズムを、実際に必要とする」(『分析心理学についての二論文』)とさえのべている。

コンプレックスと同一化するとき(つまり、自我の力が弱いとき)、その人の勢いは強い。それに、元型的な要素が背景において作用すると、その強さは当るべからざる勢いとなって、偽の英雄ができあがる。換言すれば、これは自我の弱さのために、英雄的行為をとらされているにすぎない。結局は、現実吟味の力の弱さのために、手痛い挫折を蒙ることになってしまうのである。

権力に反抗して学生運動に熱中していたある学生は、それにも退屈してくると、刺戟を求めて盗みを働き、そのために逮捕されてしまった。確かに「盗み」の象徴的意味について、われわれはよく知っている。しかし、このような挫折した英雄には、プロメテウスも言葉がないのではなかろうか。このような例に接すると、自己実現などということも、軽々しく口に出したくないと思う。

今日、自己実現の問題を重視しなければならぬ理由のひとつとして、外的世界の拡張の凄まじさをあげねばならない。交通機関の急激な発達によって、われわれは思いがけない外的な拡がりをもつようになった。たとえば先に例に示したアメリカ人夫妻にしても、日本の娘という外的事象に接して、彼等の弱点グレートマザーとの対決を余儀なくされたのである。同様に、われわれ日本人も、西洋的自我の問題と対決しつつある。あるいは、それ程広く考えないにしても、今日の情報過多の状態は、あらゆる機会にわれわれのコンプレックスに作用を及ぼす。誰かが簡単に儲けた情報を聞くと、その人のお金コンプレックスがくすぐられる。自分は損をしたのではないか、自分はバスに乗りおくれたのではないか、と疑い始めると足が地につかなくなってくる。「私」というものに対する強い確信がないとき、情報量の多さに比例して、その人は安定をゆすぶられる。はっきりと、自分の自己に根ざした道を歩んでない人は、危険である。

かつて、人間がいろいろな制度によって外的規制を受けているとき、人はその定められた器の中で、一生を送らねばならなかった。その定められた器の中に、自己実現の過程を収めきれぬ人は全く不幸であった。今日、われわれ人間は努力を重ねて、そのような外的規制を弱めつつある。ひとつの例をとれば、わが国では、誰でも能力さえあればどのような大学へもゆけるようになっている。しかし、問題は、一体自分は大学へゆくべきかどうか、ゆくとするならばどこへゆくべきかを、どうして決めるかにある。つまり、われわれは自分の自己実現の容器をも、自ら選び、自らつくらねばならない。これも難しいことだ。ともすると、容器を大きくすることに精力を費しすぎて、その器の中にいれる内容が粗末になることが多いのではないだろうか。そして、今の時代精神は、この容器の大きさを重視する傾向があるようだ。

外界が拡がるにつれ、それに対応するコンプレックスが作用を受ける。その上、外界の拡充にエネルギーを費しすぎたため、内界の仕事に用いるエネルギーが少なくなっていると、その害は倍加される。

人類の足跡は月にまでのばされた。これは全く画期的なことである。しかし、このために、今まで人間が月に投影していたイメージの多くの意味は失われた。たとえば、月見という儀式によって、日本人が取り出し得ていたエネルギーは、その水路づけを失ったのである。科学の進歩は、われわれの伝統的な儀式を次々と壊してゆく。

このままで、われわれが無為でいるとき、水路を失って貯留されたエネルギーが突然、破壊的に作用することが懸念される。

このようにいって、私は科学の進歩を攻撃するつもりは毛頭ない。それは確かに結構なことだ。しかし、科学の進歩によって失ったものを回復する手段を構じておかねばならないと考えるのである。ここで、われわれの取り得る道は、伝統的な儀式に再び生命を与えるか、あるいは新しい儀式を創造するかであると思われる。あるいは、いってみれば、その人個人の神話を発見することといっていいかも知れない。

エリアーデが『生と再生』の中にのべているように、「近代世界の特色の一つは、深い意義を持つイニシエーション儀礼が消滅し去ったことだ」といわれている。確かに、伝承社会との訣別によって生じた近代社会に生きるわれわれとしては、簡単に伝統的なイニシエーションの儀式に頼ることはできない。ここで、われわれに課せられた問題は、伝承社会の一員としてではなく、個性をもった一人の人間として、いかにして個人による個人のためのイニシエーションの儀式を行なうかにあると思われる。この点、死と再生の意味をもったコンプレックスとの対決についての説明は、何らかの示唆を与えるものであろう。コンプレックスを拒否したり、回避したりすることなく、それとの対決を通じて、死と再生の体験をし、自我の力をだんだんと強めてゆくことが自己実現の過程なのである。

強化された自我をもって、コンプレックスと対決し、それを同化すること。そして、その後に、本章において示唆したような元型との対決が行なわれることになる。ユングは、むしろ後者のような意味での自己実現の過程を重視したのであったが、元型についてのくわしい論議は、この小冊子の範囲をこえるものであり、それについては、また稿を改めて論じなければならない。

引用・参考文献

各章ごとに先ず引用文献をあげ、次に参考文献として適当なものがあれば、その若干を示しておいた。なおユングの全集は、*Die Gesammelten Werke von C. G. Jung* として、Rascher Verlag, Zürich und Stuttgart から出版されている。英訳版は、Pantheon Books Inc., New York と Routledge and Kegan Paul Ltd., London から出版されている。文献中 *G. W.* とあるのはユング全集を指す。

第一章

笠原嘉・稲浪正充「大学生と対人恐怖症」『全国大学保健管理協会々誌』四号、一九六八年。
Jung, C. G., *Zwei Schriften über analytische Psychologie*, *G. W.* 7.
Jung, C. G., Über die Psychologie der Dementia Praecox, *G. W.* 3.
Freud, S., *Zur Psychopathologie des Alltagslebens*.(丸井清泰訳『日常生活における精神病理』岩波文庫、一九四一年)
Evans, R., *Conversation with Carl Jung*, D. Van Nostrand Company, Inc., 1964.
Riklin, F., Jung's Association Test and Dream Interpretation, *J. of Projective Techniques*, 19, 1955.
戸川行男『臨床心理学論考』金子書房、一九七一年。
Ey, H., *La Conscience*, Presse Universitaires de France, 1963.(大橋博司訳『意識』みすず書房、一九七一年)
Jaspers, K., *Allgemeine Psychopathologie*, 5 Aufl., Springer, 1947.(内村・西丸・島崎・岡田訳『精神病理学総論』上・中・下、岩波書店、一九五三―五六年)
Jung, C. G., Kryptomnesie, *G. W.* 1.
以上の引用文献の他に、

Jung, C. G., *Studies in Word-Association*, Russell and Russell, 1918 はユング編による言語連想に関する研究のまとめである。

本章と関連して、精神分析一般についての解説書としては下記のものがある。

土居健郎・小此木啓吾編『精神分析』(『現代のエスプリ』四〇号)、至文堂、一九六九年。

宮城音弥『精神分析入門』岩波新書、一九五九年。

第二章

スティーヴンスン、岩田良吉訳『ジーキル博士とハイド氏』岩波文庫、一九五七年。
Janet, P., *L'Evolution Psychologique de la Personnalité*, 1927.(関計夫訳『人格の心理的発達』慶応通信、一九五五年)
Thigpen, C. and Cleckley, H., *The Three Faces of Eve*, MacGraw-Hill, 1957.(川口正吉訳『イヴの三つの顔』白揚社、一九五八年)
荻野恒一『精神病理学入門』誠信書房、一九六六年。
中村古峡「二重人格の少年」『変態心理の研究』大同館書店、一九一九年。
アンデルセン、大畑末吉訳「影法師」『アンデルセン童話集』三、岩波文庫、一九六四年。
宮本忠雄「ムンクの『叫び』をめぐって」『精神医学』八巻八号。
吉田六郎『ホフマン――浪曼派の芸術家』勁草書房、一九七一年。
岩井寛『芥川龍之介』金剛出版新社、一九六九年。
片口安史『作家の診断――ロールシャッハ・テストによる面接による――』至文堂、一九六六年。
藤縄昭「ある分身体験について――精神分裂病者の二例――」『心理学評論』一四巻一号、一九七一年。
Jung, C. G., Zur Psychologie und Pathologie sogenannter okkulter Phänomene, G. W. 1.
Jung, C. G., *Modern Man in Search of a Soul*, Harvest Books, 1933.
以上の他
西丸四方『病める心の記録』中公新書、一九六八年、は二重身体験の症例についての興味深い報告である。二重身については、フロイトも次の論文の中に触れている。

フロイド、高橋義孝訳「無気味なもの」『フロイド選集』七巻、日本教文社、一九七〇年。

劣等感についてのアドラーの考えを示すものとしては、次のものがある。

アドラー、高橋堆治訳『子供の劣等感』誠信書房、一九六二年。

第三章

Freud, S., *Eine Kindheitserinnerung des Leonardo da Vinci*, 1910.（高橋義孝訳「芸術論」『フロイド選集』七巻、日本教文社、一九七〇年）
Jung, C. G., *Modern Man in Search of a Soul.*
林武『美に生きる』講談社現代新書、一九六五年。
Jung, C. G., Medizin und Psychotherapie, *G. W.* 16.
Jung, C. G., *Erinnerungen-Träume-Gedanken*, Rascher Verlag, 1961.
神経症や他の精神病の症状、それらの関係などについては下記の参考書をあげる。
村上仁『異常心理学』改訂版、岩波全書、一九六三年。

第四章

山口昌男『アフリカの神話的世界』岩波新書、一九七一年。
Jung, C. G., On the Psychology of the Trickster-Figure, translated from part 5 of Der Göttliche Schelm, by Paul Radin, *G. W.* 9, I.
井上靖『化石』角川書店、一九六九年。
Wickes, F., *The Inner World of Childhood*, Appleton-Century-Crofts, Inc., 1927.
Jung, C. G., Über die Energetik der Seele, *G. W.* 8.
Frazer, J., *The Golden Bough.*（永橋卓介訳『金枝篇』一―五、岩波文庫、一九六六―六七年）
死および儀式の意味については下記を参考にされたい。

樋口和彦「現代における死の意味」『創造の世界』二号、一九七一年。

河合隼雄「自殺の象徴的意味について」『心理学評論』一四巻一号、一九七一年。

Henderson, J., *Thresholds of Initiation*, Wesleyan University Press, 1967.

第五章

Bachelard, G., *La Psychanalyse du Feu*, 1938.(前田耕作訳『火の精神分析』せりか書房、一九六九年)
Kerényi, C., *Prometheus—Archetypal Image of Human Existence*, Thames and Hudson, London, 1963.
Kerényi, C., *The Gods of the Greeks*, Thames and Hudson, London, 1951.
Mead, M., *Sex and Temperament*, The New American Library, 1950.
von Franz, M.-L., The Process of Individuation, in *Man and His Symbols*, 1964, ed. by Jung.(河合隼雄監訳『人間と象徴』上・下、河出書房新社、一九七五年)
Jung, C. G., Grundfragen der Psychotherapy, *G. W.* 16.
夢分析に関しては、ユング全集内の夢に関する論文の他、下記の本の夢分析の章は、ユングの考えを非常に適切に要約している。
Meier, C. A., *Jung and Analytical Psychology*, Department of Psychology, Andover Newton Theological School, 1959.

第六章

Evans, R., *Conversation with Carl Jung.*
Freud, S., *Totem und Tabu*, 1919.(土井正徳訳「文化論」『フロイド選集』六巻、日本教文社、一九六五年)
Malinowski, B., *Sex and Repression in Savage Society*, Routledge & Kegan Paul, 1937.
河合隼雄『ユング心理学入門』培風館、一九六七年。
笠原嘉「人みしり」『精神分析研究』一五巻二号、一九六九年。

土居健郎『「甘え」の構造』弘文堂、一九七一年。
Ortigues, E., *Le discours et le symbole*, 1961.(宇波彰訳『言語表現と象徴』せりか書房、一九七〇年)
Neumann, E., *The Great Mother*, Routledge and Kegan Paul, 1955.
Wickes, F., *The Inner World of Man*, Methuen & Co., Ltd., 1950.
Jung, C. G., Instinkt und Unbewußtes, *G. W.* 8.
Jung, C. G., Die Struktur der Seele, *G. W.* 8.
Kerényi, C. and Jung, C. G., *Essays on a Science of Mythology*, Harper & Row Publishers, 1949.
Jung, C. G., *Zwei Schriften über analytische Psychologie*, *G. W.* 7.
Jung, C. G., *The Integration of the Personality*, Routledge and Kegan Paul, 1940.
Walcott, W., Carl Jung and James Joyce, *Psychological Perspectives*, Vol. 1, No. 1, Jung Institute of Los Angeles, Inc., 1970.
Eliade, M., *Birth and Rebirth*, 1958.(堀一郎訳『生と再生』東京大学出版会、一九七一年)
ギリシャ神話については、既にあげたKerényiの著作の他に次のようなものがある。
ブルフィンチ、野上弥生子訳『改訳ギリシア・ローマ神話』上・下、岩波文庫、一九五三年。
呉茂一『ギリシャ神話』新潮社、一九五六年、改訂増補版、一九六九年。

II

無意識の構造

I　無意識へのアプローチ

1　無意識のはたらき

われわれは何かの行為をしてしまったあとで、「われ知らずに」やってしまったとか、「われながら思いがけないこと」をしてしまったとか、言うことがある。自分でしておきながら、まるで他人がしたことのように言うのも不思議なことだが、本人の実感としては、そのように表現するより仕方がないのである。これは、そのときに本人の意識的な統制力をこえたなんらかの力がはたらいたものと考えられる。まるで自分の心の中に、いたずらものの小人でも住んでいるかのように、思いがけないときに思いがけないことをやらされてしまうのである。このようなことは日常的にも経験することだが、その程度が非常にひどくなったときはどうなるであろうか。次に例をあげて考えてみることにしよう。

耳が聞こえなくなった女性

ある四十歳過ぎの家庭の主婦が、急に耳が聞こえなくなってしまい、驚いて耳鼻科の診療を受けにいった。耳鼻科の医者は慎重に検査をした結果、耳の器官にはなんらの異常がないので、精神科医の診療をうけるようにと言った。彼女はなんとも不安に感じたが、仕方なく精神科へとやってきた。

　彼女は確かに全然耳が聞こえないらしく、うしろで大きい音をたてても振りむかないし、表情も変わらない。しかし、こんなときにわれわれは、彼女の状態が心理的な問題からきているかどうかを調べるひとつの方法をもっている。それは、彼女は耳が聞こえないので、筆談をするわけだが、筆談をかわしながら、こちらはそこに書く質問などを声にだして言いながら書いてゆく。そして、彼女がだんだんと筆談の中にひきこまれてきたと感じたとき、それに関連したことを紙に書かずに口頭で質問する。すると、不思議なことに彼女はそれに応答してくる。つまり、彼女は聞こえていることが判明するのである。

　これはなんとも変なことである。まったく聞こえなかった人が、筆談の最中に、「ご両親は？」、「早く死にました」などと筆記のやりとりをしながら、「それじゃ苦労されたでしょう」とこちらがひとり言のように言うと、「ええ、ずいぶん」などという答が返ってくるのである。ときには思わず吹きだしたくなるようなときさえあるが、相手はまったく真面目なものである。

　それでは彼女は仮病だろうか。けっしてそうではない。聞こえないときは本当に聞こえないのである。前記のようなことがあったとき、すかさず、あなたはいま私の言ったことが聞こえたでしょう、と言っても、なかなか納得してくれないし、態度が硬化してしまって、同じような手段を用いても、もう通用しなくなるときもある。つまり、彼女はリラックスしているときは、自然に聞こえるらしいのだが、そうでないときは確かに聞こえないのである。いったいどうしてこんなことが生じるのだろうか。

治療者は彼女との筆談を通じて、彼女の耳に異常があるのではなくて、彼女の耳は「聞こえるのだが聞こえない」状態にあることを知った。そこで、彼女に対して心理療法をすることになった。つまり、身体の器官の障害ではなく心理的な問題であると考え、それに対処してゆこうと考えたのである。心理療法といっても、それは根気のいる話合いであり、治療者と患者のあいだの信頼関係を通じて行われるものである。

彼女は治療者に信頼を寄せ、筆談をかわしているうちに、だんだんと彼の声は聞こえてくることを認め、二人は普通に話し合うようになった。しかし、不思議なことに他の音は聞こえないのである。ただ、この点はわりに早く改善され、他の音も聞こえだしたが、不思議なことに、彼女の夫の声がどうしても聞こえなかった。われわれはこのようなとき、彼女が「主人の言うことなど聞きたくない」という意志を表明しているかのように感じるのである。当然、治療者は話をこの患者の夫婦関係のことにすすめていった。

話合いをすすめてゆくうちに、彼女は大変なことを思い出した。それは、耳が聞こえなくなる少し前に、彼女は彼女の夫が外で浮気をしていることを知人から聞かされたという事実である。このことを治療者に話しているうちに、彼女の悲しみと怒りがこみあげてきた。彼女はひたすら夫に仕えてきたのに、それを裏切った夫。それにしても、彼女の思い出すところによると、彼女はその話を聞いたとき、不思議に怒りも悲しみも感じなかったのである。むしろ、四十歳を過ぎればどんな男でも、そのようなことはあるだろうなどと思った、というのである。離婚とか何とか騒いでみても、結局損をするのは女のほうなんだから、とも思ったという。

ところが、このことを治療者に話しているうちに、彼女の心の底から怒りがこみあげてきた。絶対に離婚したいとも言った。しかし、興奮がおさまってくると、いますぐ離婚といってもいったいその後にどうするのか、何も知らない子どもたちを巻きこんでしまうのは避けるべきではないかなどと、迷いが生じ始めた。彼女の心の中の葛藤は烈しく、辛い話合いをつづけねばならなかった。ところで、そのような苦しい悩みとの戦いを経験するなかで、彼女は夫の声も聞こえ、耳が聞こえないという症状からは、まったく脱け出すことができたのである。

これは考えてみると、彼女が夫の浮気を知るという心の傷を受けたとき、そんなことはなんでもないことだと思い、忘れてしまうほどだったにもかかわらず、その古傷の痛みによって、彼女の耳が聞こえないという症状がでてきたのではないかと思われる。実際、彼女はその後に夫と対決して、新しい夫婦関係をつくりあげ、立ち直ってゆくのであるが、その点はいまは省略して、彼女の症状が形成されていった心理的過程について説明してみよう。

ヒステリー

先に例としてあげたような症例を、われわれはヒステリーと呼んでいる。心理的な問題が身体的な症状に転換しているという意味で、転換ヒステリーということもある。ついでに述べておくと、身体的症状といっても、身体の器官には障害がなく、その機能に障害がある場合であり、ストレスによって生じる胃潰瘍など身体器官がおかされる場合とは区別して考えている。ヒステリーの症状としては、耳が聞こえない、目が見えない、手や足が麻痺して動かない（バレリーナで舞台に立とうとすると動けなくなる人もある）、喉に何かつかえたようで、ものが呑みこめないなどの症状や、原因不明の高熱が出たり、身体の部分に烈しい痛みを感じたりすることもある。このとき、身体的にはなんら異常がないのが特徴である。もっとも、例としてあげたような、耳が聞こえなくな

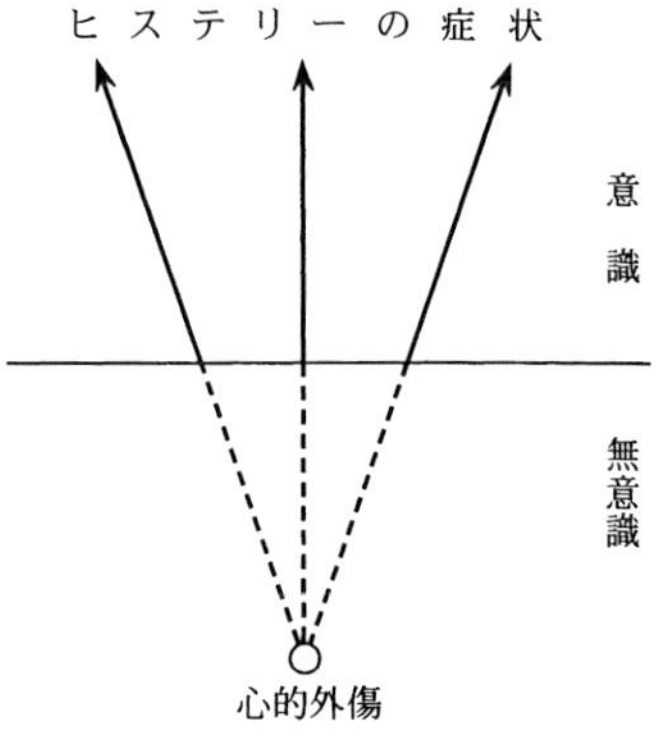

図1　ヒステリーと心的外傷

るような劇的な例は、最近とみに少なくなったと思われる。

ヒステリーの治療を通じて、その心理的なメカニズムを明らかにしたのは、精神分析の創始者であるフロイトである。フロイトが、当時ウィーンの開業医であったブロイヤーとともに『ヒステリー研究』を出版したのは、一八九五年のことであるが、その中には五人の症例を通じて、ヒステリーの心理が解明されている。

フロイトの考えに従って先に示した例を説明してみよう。彼女が夫の浮気を知ったとき、彼女の意識はそれをまともに受け入れることができなかった。それに伴う感情は烈しすぎて耐えられないものであったろうし、夫に対する怒りから離婚へと直結してゆく心の動きと、離婚に伴う損失とのあいだで妥協点を見いだすための苦痛にも耐えられないとするならば、彼女が自分の存在を破綻させない唯一の方策は、そのことを忘却することだけであった。といっても、このことが意識的に行われたのではない。一個の生活体の反応として、われわれがヒステリー性健忘と呼ぶ事象が生じたのである。しかし、彼女の記憶は完全に抹殺されたわけではなかった。それは、その後の治療の経過の中で、彼女が記憶をよみがえらせている点からも知ることができる。

ここでフロイトは「無意識の心的過程」の存在を主張する。つまり、彼女にとって、夫の浮気はその後意識されることはなかったが、それは無意識内に存在しつづけ、それに伴う情動は意識されないままにはたらきつづけるので、ついにはそれが身体的な症状へと転換されたと考えるのである。そこで、話合いを通じて、無意識内に追いやられていた内容を呼びおこして意識化し、それに伴う情動をもあわせて体験することによって、ヒステリーを治療しうると考えたのである。

フロイトはこのように、ヒステリーの原因となる体験を「心的外傷」と呼んでいる。それはあたかも古傷が痛みをもたらすように、本人の気づかぬ作用をとおして障害をもたらすからである。そして、このような外傷体験とそれに伴う情動を意識の外に追いやることを「抑圧」と名づけている。ヒステリーの治療は、抑圧されている外傷体験を見いだし、意識化することが大切なのである。

フロイトとユングの出会い

フロイトは『ヒステリー研究』を出版したのちも、無意識の研究をつづける。そして、「無意識に到る王道」としての夢に注目し、一九〇〇年に『夢判断』という書物を出版する。この名著も出版された当時は誤解や反撥に会い、六百部が売りつくされるのに八年もかかる有様であった。それは彼の考えがあまりにも画期的であった上に、無意識界にうごめく性の衝動をあからさまに取り扱ったことが反撥を感じさせたことも大きい要因となっている。また、フロイトがユダヤ人であり、大学に勤務していなかったので、フロイトの精神分析研究のグループが、ユダヤ人の私的な集りのように見られ、アカデミックな世界から無視されていたことも大きいことであった。

そのころ、ユングはスイスのチューリッヒ大学の助手で新進気鋭の精神医学者として知られていた。彼もフロイトとは独立に、ヒステリーやその他の精神病の患者などと接することによって、無意識の心的過程の存在の重要性に気づき始めていた。そのとき、彼はフロイトの『夢判断』を読んですっかり感激したのである。その後、両者のあいだに手紙のやりとりがあり、とうとう、ユングは夫人と共にフロイトをウィーンに訪問した。

一九〇七年三月三日、日曜日(一説には二月二十七日とも言われている)、ユング夫妻はフロイトにウィーンの駅頭に迎えられた。ユングの思い出話によると、二人はただちに意気投合し、精神分析のことについて十三時間も休みなしに話し合ったということである。ユングは学問的な話に熱中するあまり、フロイト夫人や子どもに社交的な話しかけをするのを忘れてしまい、フロイトの家族を呆れさせたという。先覚者に会ってユングの感激は大きかったし、質問したいことも山積していたであろう。フロイトは自分の業績について初めて、アカデミックな領域にいる、ユダヤ人でない人に認められた嬉しさでいっぱいであったろう。

その後、両者は精神分析学の成立のために協力しあい、一九〇八年には共にアメリカのクラーク大学に招かれて講演をし、一九〇九年には国際精神分析学協会を設立せしめた。フロイトはユングを協会の会長にすえ、冗談まじりながら、彼を皇太子と呼んだりするほどであった。しかし、両雄は並びたたず、両者の学説の差が明らかになるにつれて、お互いの心は離反し、一九一三年を境にして二人はきっぱりと別れてしまい、おのおのが独自の道を歩むことになった。

深層心理学

フロイトとユングは別の道を進むことにはなったけれど、共に無意識の世界に魅せられていたことは共通の事実であった。

すでにヒステリーや夢の研究に少し触れておいたが、その他にも無意識についての探索をこころみる手段はあった。その第一は催眠法である。ヒステリーの患者に対しても催眠をほどこして、外傷体験をききただすと、覚醒時よりもはるかに早くその記憶についての話をするのであった。フロイトもユングも初期の頃は催眠を治療によく使っていたが、二人とも、後にはこの療法をやめてしまっている。それは患者が分析家に依存心を起こしやすく、そのために多くの障害が生じることが解ったのと、たとい催眠によって心的外傷を想起できても、催眠が覚めると忘れてしまってなんの役にも立たぬことがあるためである。しかし、催眠は無意識の探究には大いに役立つものではあった。

　日常生活の中で、ひょっともの忘れをしたり、思いがけない失敗をしたりするが、ここにも無意識のはたらきが顕現されていることが明らかになった。たとえば、人を招待するときに、来て欲しくないという気がどこかで無意識的にはたらいていると、「ぜひおいでになって下さい」と書いたつもりが、「ぜひおいでにならないで下さい」と書いていたりする。このような一般に見逃されるような誤りを鋭く分析して、そこに無意識のはたらきを読みとることを、フロイトもユングも、その他の精神分析家たちもいろいろとこころみている。

　ところで、フロイトのもとに集った人びとの中から、まず離反していった人にアドラーがあった。彼もユダヤ人であったが、フロイトの性衝動の重要視にあきたらず、人間の権力衝動のほうを重視して、異なる説をたてたのである。フロイトの精神分析学に対して、アドラーは自分の説を個人心理学と呼び、ユングは自分のそれを分析心理学と呼んで、おのおの区別している。

　フロイトの弟子たちの中から、その後も離反して独自の説をたてた人が相当あるが、ここではそれについて述べることは省略する。ただ、ナチスのユダヤ人迫害によって、多くの有名な精神分析家がアメリカに亡命し、そこにおいてむしろ、精神分析学が急激に盛んとなったことを、指摘しておかねばならない。

　アメリカにおいて特徴的なことは、それがアカデミックな領域に容易に滲透してゆき、大学内の精神科医や心理学者がその学説を大いに取り入れたことである。次に、アメリカにおける精神分析家の中で、フロイトがむしろ生物学的なモデルに頼ろうとするのに対して、文化・社会的な面を強調する、いわゆるネオフロイト派と称する人たちが出てきたことである。ホーナイやフロム、サリヴァンなどがこの中にはいる人たちである。

その他細かく分けると、いろいろな学派に分類できるが、人間の心を層構造的にとらえ、無意識の存在を重要と考える点を共通としていることから、それらは総称して深層心理学と言われることもある。

著者はこれらの中でユング派に属しているので、今後はユングの観点に従って述べてゆくことになるが、必要に応じて他の諸学派の説にも触れることになろう。

2　コンプレックス

コンプレックスという用語は「心的複合体」などと訳されていたが、現在ではむしろ、そのままで用いられ、日常語のようにさえなっている。これを、今日使われているような意味で最初に用いたのは、ユングである。ユングがコンプレックスの存在をどのようにして明らかにしたかを、まず述べてみよう。

ままならぬ人の心

人間というものは思いがけない失敗をしでかしてしまったり、してはならないと知りつつやってしまったり、おろかなことを繰り返すものである。われわれは「ままならぬ」のは他人の心と思いがちであるが、自分自身の心でさえ、案外「ままならぬ」のである。

先に示したヒステリーの例などは、それが劇的で、歩きたくても歩けない、聞きたくても聞こえないということさえ生じる。このような、人の心の「ままならぬ」動きを、明確に知る方法として、ユングは「言語連想検査」というのを用いることを思いついた。その方法は簡単で、あらかじめ定められた百個の単語があり、検査者は相手に対して、「いまから単語を一つずつ、順番に言ってゆきますので、それを聞いて思いつく単語を一つだけ、できるだけ早く言って下さい」と言う。そして、ストップウォッチを持ち、単語を言って相手の反応した単語と、反応時間を書きとめてゆくだけでよい。

まったく簡単なものだから、受けるほうの人も気軽に考えることが多い。著者が以前にテレビに出たときに、この言語連想について話をしたことがあった。アナウンサーが、どんなものか視聴者によく解らせるため、自分がすこしそれをやってみましょうと申し込まれた。もしもコンプレックスに関連したことが解ると困るから、それはしないほうがいいでしょうと私は言った。しかし、彼は、「山」に対して「川」、「高い」に対して「低い」と反対語でも並べてゆけばいいので、問題ないですよと強気である。それでは長くやってボロがでても困るので、単語を五個くらいだけすることにしましょうということになった。

本番になって、私は「火」と言った。ところが、アナウンサーはすぐに答えない。ややあって、彼は「へっつい」と言った。後の四語には彼はなんなく、予定どおり(?)反対語を答えていた。終ってから、彼は「へっつい」などというほとんど忘れている語がどうして思い浮かんだのか、「火」に対して「水」とどうしてすぐに言えなかったのか、不思議がった。そこが言語連想の面白いところです、と私は言っておいたが、それ以上あまり追求はしなかった。

どうしてこんなことが生じるのであろうか。ユングが一番関心をもったのは、これほど簡単な連想ということに、ときどき反応時間の相当なおくれが生じることであった。実際にやってみると、誰でも急にゆきづまって、

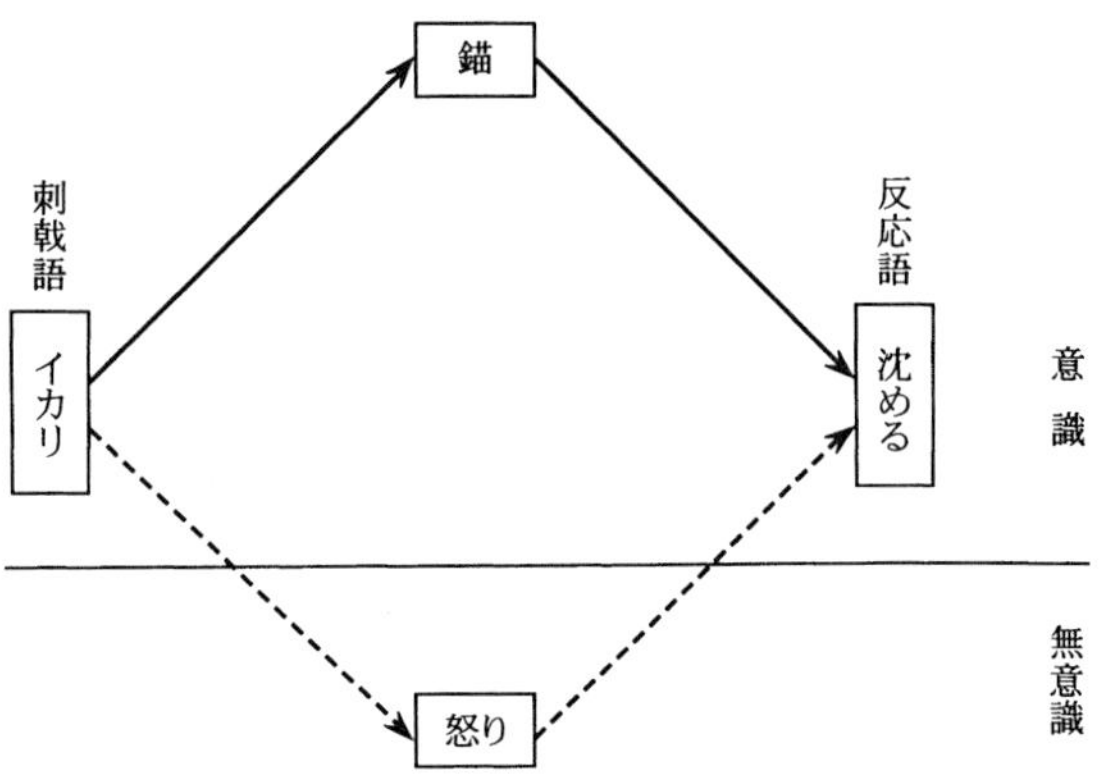

図2　言語連想の一例

ひどいときは三十秒以上も答えないときさえある。ある女性が、「イカリ」という刺戟語に対して「沈める」と反応したが、反応時間が長くかかってしまった。その人は、「錨」に対して「沈める」と反応したのだったが、時間のおくれについて自分で内省しているうちに、それが「怒りを沈める」ということにも通じており、自分はまさにそのことについて大きい問題をもっていることを発見したのである。彼女が意識的に「錨」の連想をしようとしても、無意識のほうでは「怒り」という言葉がはたらいていて、彼女はその妥協点(「沈める」とはうまい言葉を思いついたものだが)を見いだすために知らず知らず時間を費やしてしまっていたのである。

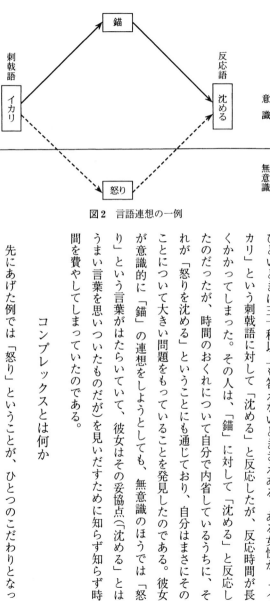

コンプレックスとは何か

先にあげた例では「怒り」ということが、ひとつのこだわりとなっているために、連想の流れが妨害されることを示した。このように、人は感情的なこだわりをもつとき、意識のはたらきの円滑性が失われるのである。たとえば、図3を見て頂きたい。意識の中では動物、家族、木、などと知的な分類を行っていても、この人が馬にけられた恐ろしい体験をもっており、父親もこの人にとって恐ろしい人であるときは、知的には結びつかない父親と馬とが恐怖という感情によって結びついてしまう。しかも、そのような連結は次々と拡大されて、馬にけられたときに、馬がつながれていた松の木に、あるいは、父親と同じく髭のある先生に、と関連づけられる。

この連結の強度が強くなると、松の木を見るとなぜか知らないが嫌な気分になったり、先生が実はやさしい人であるのに、わけもなくこわがってしまったりする。その人の行動は、他からみると常識はずれの変な行動と見られることになる。このように、なんらかの感情によって結合されている心的内容の集りが、無意識内に形成されているとき、それを「感情によって色づけられたコンプレックス」と、ユングは名づけたのである。これをのちには略して、コンプレックスと呼ぶようになった。それは身体組織の中にできた癌のように、はびこりだすと意識の正常なはたらきを妨害するのである。

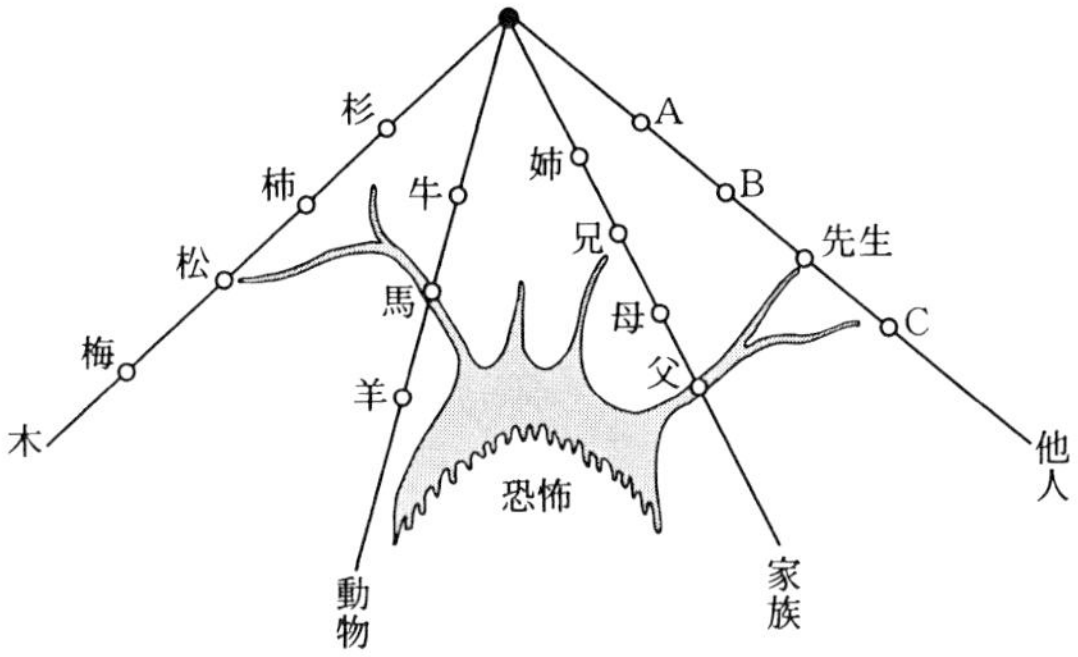

図3　コンプレックス

人間誰しもコンプレックスをもっているが、その中核になんらかの外傷体験をもっていると思われることが多い。たとえば、子どものときに親に叱られて家からほうり出されたとき、そのことが心に大きい傷を残し、自分は「外にほうり出されるのではないか」という恐れが常につきまとって不安になるような場合である。前節でヒステリーの例を示したときも、そこに夫の浮気を知るという外傷体験が存在していたことを明らかにした。

フロイトは、女性のヒステリー患者を治療しているときに、彼女たちがいずれも、性に関係する外傷体験を語るので、性の衝動ということが重要であると感じはじめた。そして、彼女たちが父親に性的ないたずらをされたとか、されかかったというのを聞き、そのような性にまつわる外傷体験の存在をきわめて重視するようになった。外傷体験はひとつとは限らず、幾重にも重なることがあるが、フロイトは性的外傷体験をもっとも根本的なものと考えたのである。

エディプス・コンプレックス

フロイトはヒステリーの発病の原因として、性的な外傷体験の存在を考えた。しかし、その後、あるヒステリーの女性患者の父親がフロイトの知人であったため、その父親との話合いにより、彼女の述べた性的な外傷体験がいつわりであることが解った。これにはフロイトも驚いたが、彼はそこで考えを一歩すすめ、ヒステリーの患者の語ることは、そのままが外的な事実でないにしても、「心の中の真実」であると考えた。つまり、彼女たちは無意識の中ではそのような事実の存在を願望しているのではないか、と考えたのである。

フロイトはこのような観点から研究をすすめてゆき、あらゆるコンプレックスのなかで、もっとも根源的なものとして、エディプス・コンプレックスを仮定するようになった。

エディプスは有名なギリシャ悲劇の主人公である。その話は省略するが、主人公のエディプスがそれとは知らず、父親を殺害し、母親と結婚する物語である。この恐ろしい事実を初めて知ったとき、エディプスの母であり妻であるイオカステは自殺し、エディプスは自分の運命を呪って、自らの両眼を潰し、盲目となって放浪の旅に出る。

フロイトは、この物語に示されているような、男性がその母親を愛の対象とし、父親を殺そうとするような願望が、人間の無意識内に存在すると考えたのである。女性の場合は、母親を殺して父親と結婚しようとする願望であり、これもギリシャ悲劇の主人公の名前をとって、エレクトラ・コンプレックスと呼ばれている。（エディプス・コンプレックスの名称の中に、広義にはエレクトラ・コンプレックスも含むことが多い。）

人間の発達についてのフロイトの考えによると、幼児は三〜四歳ころになると性の区別に目覚め、男の子は母に対して性愛の萌しを感じ、父を嫉妬の対象として敵対視する。そのため、父の死や不在を願うようにさえなるが、一方、父を愛してもいるので、自分の父親に対する敵意に罪悪感をもつようになる。また、自分の抱く敵意に対する処罰として父親から去勢されるのではないかという去勢不安を感じる。

ところが、発達がすすんで六歳ころになるまでには、男の子は父親に対する敵意を抑圧し、むしろ、父親に同一化することによって、エディプス・コンプレックスに基づく葛藤を乗り越えてゆく。ただし、エディプス・コンプレックスは無意識内に存在しつづけ、その人の成人してからの行動に影響を及ぼすのである。これは特に、六歳にいたるまでの、エディプス的な葛藤をどう処理していったか（あるいは未解決のままでいるか）、によって、あとで受ける影響に大きい差を生じてくるのである。

われわれ心理療法家は、たしかにエディプス・コンプレックスの問題を背後にひきずっている人に会うことが多い。たとえば、ある中学生は、それまでは随分と「よい子」でおとなしかったし成績もよかったのに、急激に先生に対して反抗し始めた。ことごとに先生に対して喰ってかかったり、反対をしたりする。先生も以前は「よい子」だったという気持もあるので、なるべく取りあわないようにしていると、職員室まで出かけてきて、他の先生に聞こえよがしにからんでくるのである。

中学生というのは反抗期なのだから、ある程度、先生に対して反抗するのも当然である。しかし、このようにあまりにも度外れの場合は、われわれはその反抗期を増幅するものとして、彼のもつエディプス・コンプレックスが作用しているのではないかと考えてみるのである。この家では父親が弱く、子どもは幼年期において父親に対する敵意と愛情の葛藤を経験しつつ、父親への同一性をつくり出してゆくことをしていなかったので、幼児期になすべきはずのことを、いまは父親代理としての先生に向かってやろうとしていることが解ったのである。

劣等感コンプレックス

フロイトはエディプス・コンプレックスを、もっとも根源的なものと考えたが、これに反対して、アドラーは彼独自の説をたて、フロイトから離反していった。アドラーの周囲には社会主義者が多くいたせいもあって、早くから、社会的な観点を精神分析の考えの中に入れこもうとしたことが、特徴的である。

アドラーは、人間にとって性の衝動よりも、権力を求める欲求のほうがより根源的であると考えた。彼は最初「器官劣等」という考え方を提出した。すなわち、人間は誰しもなんらかの劣等な身体器官をもち、それを補償して優越性を求めようとする衝動が、人間の心の中にはたらくと考えたのである。器官劣等の考えそのものは、アドラーは後年あまり強調しなくなったが、劣等感の存在は人間にとって根源的なものとして重要視した。

たしかに、アドラーの考えは解りやすいところがある。先にあげた反抗的な中学生の例にしても、エディプス・コンプレックスなどを引っぱり出してきて説明しなくとも、彼がいままで「よい子」として、親や教師に従属してきたことから、ここで自分の権威を得ようとして、強烈な反抗をしているのだ、と考えるほうが、解りやすいとも感じられる。

劣等感コンプレックスの概念は理解しやすいものだけに、ひろく一般に受け入れられた。しかし、それに伴って誤解も生じてきたのである。たとえば、生徒になにか劣等なところがあるとき、それを指摘することによって、劣等感コンプレックスをつくり出してはいけないと教師が考えて、その点について触れるのを避けるようなことである。たしかに算数ができない子どもに、お前は算数ができないからだめだと教師がいい、それによって生徒が傷つくことがある。そして、そのような傷が劣等感コンプレックスの形成に役立つこともある。しかし、コンプレックスというものは、感情のしがらみであり複合体である。劣等なことを劣等であると認識することは、コンプレックスと無関係なのである。というより、そのような認識こそコンプレックスを消滅させるための第一歩なのである。

　考えてみると、われわれはいろいろと劣等な部分をもちながら、それが劣等感コンプレックスと関連しているものと、いないものとがあることに気づかされる。語学ができないことは自分も認めていて、別になんとも感じないのに、数学ができないということにはこだわってしまう。他人から指摘されるといらいらしてしまう。後者のような場合はコンプレックスに関係しているのである。なにかに関して劣等であるということが、自分という存在の中に受け入れられているとき、それはコンプレックスをつくらない。

　このような点から考えると、教師が生徒の劣等な点について、腹の中ではだめだと思いながら、口先だけは逆のことを言ったり、何事もないように言ったりすると、それはむしろ、コンプレックスをつくりやすい条件となることが解る。子どもの心がその矛盾した二重の信号を無意識のうちにキャッチするとき、彼は自分の劣等性を、心の中にどう位置づけていいのか解らないのである。

　とはいうものの、劣等であることを認識することは誰しも辛いことである。劣等の認識に伴う辛さや悲しみを共にしつつ、それをしてくれる人、あるいは、劣等性を認識することが、なんらその人の存在そのものをおとしめることでないことを確信できる人、そのような人によってこそ、コンプレックスを解消するような劣等の認識が可能となるのであろう。

コンプレックスの力が強いときは、いろいろと神経症の症状を生ぜしめるが、別に症状をもたない「正常人」の場合でも、コンプレックスは陰に陽に作用して、その人の対人関係に多彩な色合いをそえてくれる。

ある若い会社員はどうも同僚との関係がうまくいかない。自分の同僚が上役と話し合っているのを見たりすると落ち着いていられない。なにか出し抜かれるのではないかという気持がすぐ起こってくるのである。彼は部下に対して親切で優しくするのだが、部下たちはそれがなんとなくわざとらしい感じがして、素直に喜べない感じがする。彼は無意識に、彼が他のどの同僚よりも部下から好かれていると思いたいので、このようにするのだが、それはどこか見当はずれであったり、「過ぎたるは及ばざるが如し」の感が強くするものとなってしまう。

この人は次男として生まれ、常に長男と張り合って生きてきたのであった。なんとか追い越したいということが彼の念願であった。大きくなって彼は養子に行ったので、長男と直接に張り合うことはなくなったが、両親が自分の存在を軽んじたために、追い出したのではないかという感情が潜在的にしこりとなって残った。このような彼の生活史が、彼の同僚に対する極端な競争心に関連していることは明らかであった。

兄弟間の強い敵対感情は、このように同僚にまで拡大されることが多いが、それをカイン・コンプレックスと呼んでいる。カインの話は旧約聖書「創世記」第四章にある。カインは兄、アベルは弟であった。土を耕すカインは地の産物を主に供え、羊飼いのアベルは肥えた羊を主に供えた。主はアベルとその供えものとを顧みられたが、カインとその供えものは顧みられなかった。カインはアベルを野原に連れ出して殺した。カインは主によって追放され、エデンの東に住むことになった。

カイン・コンプレックスを持つ人は、同僚が自分を出し抜くのではないかと常に感じるものである。つまり、自分の無意識内にある他人を出し抜きたいという願望を、他人に投影するのである。投影という心の機制は対人関係の中によく入りこんでくる。投影は投影を呼ぶ傾向があるので、お互いに自分のコンプレックスを投げかけ合い、わけのわからないままに、「虫が好かない」と感じて嫌っていることも多い。その「虫」がいったいなんなのか、一歩踏みこんで探索してみると、自分の性格について洞察を得ることになるが、これは大変困難で、エネルギーのいる仕事である。

自分の劣等感に気づくことなく、むしろ、それを救って欲しい願望を他に投影し、やたらと他人を救いたがる人がある。そのような行為の背後には、複雑な劣等感と優越感のからみ合いが存在しているが、他人がありがた迷惑がっていることも知らず、親切の押し売りをする。このようなコンプレックスをメサイヤ・コンプレックスと言う。これは表面的には善意としてあらわれるので、克服することの難しいコンプレックスである。このような人は、気の毒な人の救済に力をつくしていると信じているが、実のところ、救済される側の人がおのれのメサイヤ・コンプレックスの解消のための救済者《メサイヤ》であることを知ることは少ないようである。

なにかのコンプレックスを共有することによって、親密な人間関係ができたように感じることも多い。たとえば強い劣等感コンプレックスをもった人たちがなんらかの集団をつくるとき、その集団内にいるかぎり、自分のコンプレックスの存在によっておびやかされることがないので、非常に居心地がよく感じられる。このような点に無意識であればあるほど、その集団の結束力は強く、簡単には脱け出しがたい。ある個人が自分のコンプレックスの存在に気づき、それと対決し自覚にいたろうとするときは、その集団の成員と対決しなくてはならなくなる。どのような集団も背後のコンプレックスとは別に、たてまえの旗じるしをもっているので、コンプレックスの自覚は、他の成員から見ると旗じるしに対する反逆、ないし裏切りと見なされることが多い。このような中から抜け切って、コンプレックスの解消にいたろうとする人は、相当な孤独感におそわれることを覚悟しなくてはならない。

3 心の構造

コンプレックスのはたらきについて、いままで述べてきたが、われわれの意識が無意識の作用によって影響されていることが明らかになったと思う。このように、人間の心を意識、無意識などと層構造にわけて考えるところが深層心理学の特徴である。このような心の構造について、もう少し考えてみることにしよう。

私とは何か

「私」というものは不思議なものである。誰もがまるで自明のこととして「私」という言葉を用いているが、われわれはどれほど「私」を知っているだろうか。

インドの説話に次のような話がある。ある旅人が空家で一夜をあかしていると、一匹の鬼が死骸を担いでそこへやってくる。そこへもう一匹の鬼がきて死骸の取りあいになるが、いったいどちらのものなのかを聞いてみようと、旅人に尋ねかける。旅人は恐ろしかったが仕方なく、前の鬼が担いできたと言うと、あとの鬼が怒って旅人の手を引きぬいて床に投げつけた。前の鬼は同情して死骸の手を持ってきて代りにつけてくれた。あとの鬼は怒って脚をぬくと、また前の鬼が死骸の脚をくっつける。このようにして旅人と死骸の体とがすっかり入れ代わってしまった。二匹の鬼はそこで争いをやめて、死骸を半分ずつ喰って出ていってしまった。驚いたのは旅人である。今ここに生きている自分は、いったいほんとうの自分であろうかと考えだすとわけがわからなくなってしまうのである。

この話は「私」ということの不可解さをうまく言いあらわしている。このように考えだすとまったく解らなくなる。ここでは体のことになっているが、たとえば、われわれは職業を代えても、私は私と思うだろう。住居を代えても、私には変わりはない。しかし、そのようにして、自分にそなわっているすべてを次々と棄ててしまって、そこに「私」というものが残るのだろうか。それは、らっきょうのように皮をはいでゆくと、ついに実が残らないものではなかろうか。

われわれが精神病の人たちの話をきくと、ときに、彼らは自分と同じ人間がこの世にもう一人存在していると主張したり、自分は××の生まれ代りであると確信したりする。これをわれわれは異常なことと感じる。自分というものはこの世に唯一無二の存在であり、過去にも未来にも同じものは存在しないと確信しているのである。ここに「確信」という言葉を用いたが、実際これは積極的に「確証」することがむずかしいことである。われわれは確証なしに、これらのことをむしろ自明のこととして受け入れている。

ここに「われわれ」という主語を漠然とした形で用いたが、実のところ、この「われわれ」には相当限定を加えなければならない。というのは、現在においても、輪廻転生を信ずる民族や集団も相当存在するからである。われわれ日本人にしても、相当の長期にわたって輪廻の思想を受け入れてきたのである。

近代人は合理的科学的な思考に基礎をおき、輪廻の考えを拒否している。それに基づく数々の迷信を笑いものにすることもできる。しかし、近代人にとって、「私」はどこから来てどこへ行くのか、というのは厄介な問題である。近代の先端をゆくアメリカにおいて、「私」の根(ルーツ)を探し求めることに異常な関心がむけられているのも、まことに興味深い。「ルーツ」はあくまで外的な根を探すことに焦点づけられているが、そこに、「私」という存在の基礎を知ろうとする内面的な問いかけが象徴的にはたらいていると考えられる。

「私」について考えはじめると、常にこのような深刻な疑問が生じてくるが、ここではしばらくこのような問題を括弧にいれて、もっと常識的なところから出発してみよう。もっとも、いつかはこのような問題に立ち帰って考えねばならないと思われるが。

自我

「私」ということについて、常識的な観点から考えるならば、「私」の知っているかぎりにおける「私」ということから出発することになるだろう。

われわれは自分のした行為や、考えたこと、感じたことなどについて、「私がしたこと」とか「私の考え」とかなどと表現する。この「私の」、「私が」という主体、つまり、人間の行為や意識の主体として「自我」ということを考えることにしよう。

このように考えられる自我はいろいろなはたらきをしている。まず、外界の知覚ということがあげられる。自我は視覚、聴覚などの感覚をつうじて外界を認知する。次に、内界の認知ということもある。自分の内的な欲望や感情を認知する。そして、これらの経験は、記憶として体系化し保存しておかねばならない。しかし、これらのことは複雑にからみあった過程である。つまり、記憶体系に基づいて知覚したものに判断を下している反面、新しい知覚に基づいて、記憶体系が改変されることもあるからである。

主体としての自我は以上のような機能を果たしつつ、自ら意志決定をなすことができる。そして、自我は運動機能とも結びついており、自らの意志決定に基づいて、自らの体を動かすこともできるのである。外的な現実と内的な欲望、感情などを認知した上で、両者のあいだに大きい摩擦を生じないように適切な行為を選択し、遂行していかねばならない。われわれが短時間のうちになにげなく行っている行為にしても、自我の機能として分解して考えてみると、予想外の複雑な過程であることが解るであろう。

自我はまた、ある程度の統合性を有することが必要である。つまり、ひとつのまとまった人格として存在するためには、その中に大きい矛盾をもつことが許されない。自我はそこで自分の統合性を保持するために、自分自身を防衛する機能ももたねばならない。

たとえば、父親を絶対的な存在として尊敬し、それを心の支柱として大きくなってきた人があるとしよう。その人がなにかの機会に父親の弱点を知ったとき、その人の自我は大きい危険にさらされている。つまり、その事実は彼の自我の統合性をおびやかすからである。このとき、一番簡単な防衛の方法は、その事実を何かの誤りだと否定したり、あるいは忘れてしまうことである。たとえば、一六四ページにあげたヒステリーの女性が、夫の浮気を完全に忘れてしまった例を思い出していただきたい。このことによって、自我は安全を保つことができるが、そのうちに、棄て去られた内容は、すでに示した例のように、コンプレックスを形成し、自我に反逆をくわだてるかもしれない。

自我は、そこで、父親の弱点の存在を無視しないとすると、大きい努力を払いながら、自分の体系の組み変えを試みなくてはならない。事実、そのようにして自我は危険と対抗しつつ自ら発展してゆくのである。

自我はこのように考えると、その存在をそのまま続行するために、新しい経験を取り入れるのを排除しようとする傾向をもつが、人間の心全体としては、何か新しいことを取り入れて自らを変革しようとする傾向をもつものであり、このような相反する傾向を有しているところが、人間の心の特徴であるとも考えられる。

不可解なおそれ

前節にのべたように、われわれの自我は、ある程度の主体性と統合性をもって安定を保っている。しかし、自我の統制に服さないコンプレックスは、それに対していろいろと反逆を試みる。

自我とコンプレックスとの関係は、たとえてみれば政党の中の派閥のようなものである。自我はその中の主流派であり、一般的には他の派閥も主流派の決定に従っているが、派閥の利害が一定以上に犯されそうになると、いろいろと反撥したり、反逆したりすることになる。主流派はそこで派閥と交渉し、そこになんらかの妥協点を見いだしてゆくのである。政党の党首はすなわち主流派の長であるが、彼は党内における状勢を早くキャッチし、そこに全体的な平衡状態を維持しつつ、自分の派閥の発展を図らねばならない。このことは、自我がコンプレックスに対して行っている仕事と非常によく似通っている。

われわれの自我はその存在が危険にさらされていることを予感するとき、不安を感じる。その際、危険をもたらす対象は明確に認知されていない。しかし、その対象がはっきりとしたとき、われわれの感情はそれに対する恐怖に変化する。自我に対する脅威がそれほど強くなく、自我の内部になんらかの不整合を生ぜしめるようなときは、われわれは不愉快になったり、いらいらしたりする。

朝起きて新聞を見ているうちに、なんとなくいらいらしてくるときがある。いくら考えても原因が解らないときもある。しかし、あとで反省してみると、新しく大臣になって騒がれている人の年齢が自分と同じであることを知った途端に、劣等感コンプレックスが刺戟されて、自我存在が多少おびやかされていたことが判明するときもある。われわれがいらいらさせられるとき、われわれはなにかを見とおせずにいるのだと考えてみると、まず間違いはない。自我の光のおよばないところで、なにかがうごめいているのである。

ところが、いままでに説明してきたような不安や恐怖をはるかに越え、単純には説明しがたい凄まじい不安や恐れも存在する。

十六歳の少女、デボラ・ブローは両親の運転する車に乗って旅行していた。母親が父親に、どこを曲るのかと話しかけているのを聞いたとき、デボラの世界は一変した。

「突然〈Yr《イァ》〉の言葉で深い穴から金切声の叫び声があがった。《罪はない！　罪はない！》

とたんに、自由の世界からデボラ・ブローはまっさかさまに二つの世界のぶつかりあいのまっただなかに落ちこんだ。例によってそれは音もなく、言葉もなく、無気味な崩壊の瞬間だった。彼女がそれまで生きていた世界の太陽は突如として砕け散り、地は噴きあげ、体は粉々に裂け、歯と骨は折れて散った。もう一つの世界、影と亡霊の住む世界では、車はハイウェイからそれて、古い煉瓦造りの建物を目ざして進んでいた。」

これは精神分裂病の少女の内界を見事に描きだした小説『デボラの世界』（ハナ・グリーン著、笠原嘉・佐伯わか子訳、みすず書房）からの引用である。ここに記述されたデボラの内界に生じた「無気味な崩壊の瞬間」を、われわれは簡単に理解したり、説明したりすることはむずかしい。そして、それは体験している当人にとっても普通の言葉ではとうてい表現しがたいものである。われわれはこのように深い心の層から生じてくる心的内容に接するとき、いままで述べてきたコンプレックスなどということを越えて、それよりなお深い無意識の層の存在を仮定したくなるのである。

すでに述べたとおり、ユングはフロイトと協調して精神分析学の確立のために努力したのであるが、のちに彼らが異なる学説をたてることになった理由のひとつは、フロイトが神経症者の治療を主としていたのに対して、ユングは精神分裂病者に接することが多かったことがあげられる。先にデボラの場合について少し述べたが、ユングは多くの分裂病者に接しているうちに、彼らをフロイトの述べている理論ではどうしても理解できないと感じはじめたのである。分裂病者の述べる妄想や幻覚などの内容を、その人の幼児期における経験と関連するコンプレックスなどによって説明することは不可能なのである。

ユングは分裂病者を理解するために、神話や伝説、宗教書などを読みあさった。病者の語る妄想の内容とそれらのあいだに、なんらかの類比性が存在すると感じたからである。先に少しだけあげたデボラの体験にしても、なにか神話的なものとの類似を感じさせる。このようなとき、その人が幼児期に読んだ童話や神話などの内容が、妄想としてあらわれるのではないかと考えられるので、ユングはそのような先行経験を否定できる例をあげている。

ユングの述べるところによると、彼はある病院でひとりの分裂病者が目を細めて窓外の太陽を見ながら、頭を左右にふっているのを見た。患者はユングに対して、太陽のペニスが見え、自分が頭を左右に動かすとそれが動き、それが風の原因であるという。その後、ユングがギリシャ語で書かれた古いミトラの祈禱書を読んでいると、その中に、太陽からありがたい筒が下っているのが見えること、それが西に傾くと東風が吹き、東に傾くと西風が吹くことなどが記されてあった。前記の患者はギリシャ語は読めないし、この本の出版も患者の妄想をユングが聞いてからのちのことであったから、患者がこのような内容を先に読んでいたとは考えられない。

ユングはこのような例から、人間の無意識の層は、その個人の生活と関連している個人的無意識と、他の人間とも共通に普遍性をもつ普遍的無意識とにわけて考えられるとしたのである。ただ、それはあまりにも深層に存在するので、普通人の通常の生活においては意識されることがほとんどないわけである。図4に示すように、ユングは心を層構造にわけて考える。ここに、個人的無意識とされる層は、一度は意識されながら強度が弱くなって忘れられたか、あるいは自我がその統合性を守るために抑圧したもの、あるいは、意識に達するほどの強さをもっていないが、なんらかの方法で心に残された感覚的な痕跡の内容から成り立っている。

普遍的無意識は、個人的に獲得されたものではなく、生来的なもので、人類一般に普遍的なものである。このような人類一般に共通のものにいたるまでに、ある家族に特徴的な家族的無意識とか、ある文化圏に共通に存在する文化的無意識などを考えることもできる。ユングはこれらを総称して、普遍的無意識と呼んでいることもある。

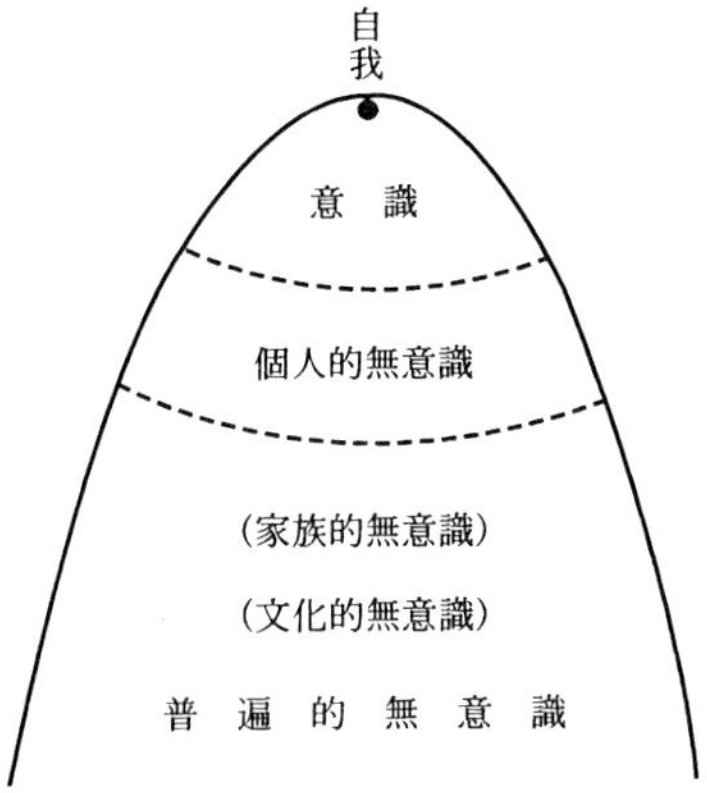

図4　心の構造

心を図示することなどまったくできない相談であるが、便宜的にせよ図示しようとするときでも迷ってしまう。図4では下を開いた形にしたが、一人の人間の心をあらわすものとして、一応閉じた世界として円形であらわすときもある。しかし、その閉じられた有限の個人の世界が、実は普遍的に人類一般に開かれているところに面白みがあり、その開かれた状態を強調するとなると図4のようになるわけである。われわれ心理療法家は、個々の人に真剣に会っているうちに、ひとりの人間の心はすなわちひとつの世界であることを実感するが、それを図示するのに苦労するのも当然のことである。

ここでは普遍的無意識の存在について、少しのべただけで、明確には理解しにくいことと思うが、実は本書のすべてはその説明のために書かれるようなものだから、あとの章を読むことによって、だんだん理解も深まってゆくものと思われる。

Ⅱ　イメージの世界

1　イメージとシンボル

無意識の世界を探索してゆくうえにおいて、われわれはイメージということを大切に考える。もっとも、イメージということは、それと関連して述べるシンボルということと共に、学者によって相当異なった意味に用いられる用語である。そこで、本書においてはどのような観点からイメージを問題にしようとするかを、明らかにしなければならないが、まず、一般的な意味あいにおいても、イメージがどれほどわれわれの生活において重要なものであるかを示すことにしよう。

イメージが人を動かす

中学生や高校生のカウンセリングをしていると、彼らが、母親を猛烈に非難することがよくある。母親は自分をずっと監視している、「勉強せよ、勉強せよ」と言いつづける、すこしでも悪い点数を取るとヒステリーをおこしてしまう、などなど。聞いていると、まったくどんな凄まじい教育ママだろうと思わされる。なかには、このような母親から「独立」しようとして家出をこころみ、失敗してわれわれカウンセラーのところへ連れて来ら

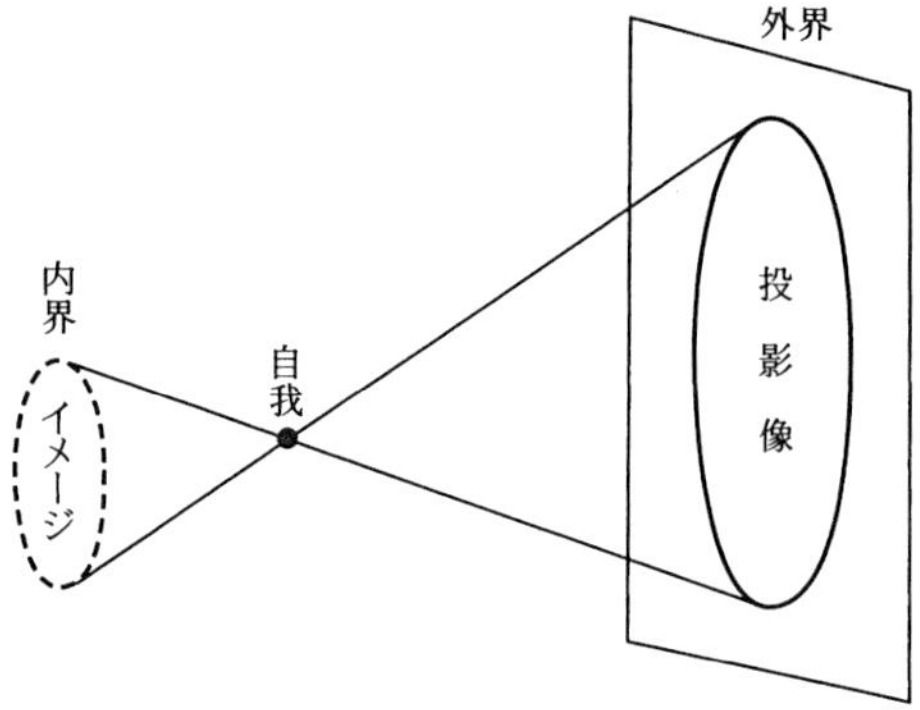

図5　イメージの投影

れる子どももいる。

このようなとき、未経験のカウンセラーや教育者が、この母親の態度をあらためさせようと思って、母親に面接してみると、子どもから聞いていた話とはまったく違った母親が現われて、驚いてしまうことがある。子どもの話から想像していたのとは違って、ものわかりのいい、優しい女性なので、いったいどうなっているのかと思わされる。そこで、子どもが嘘をついたと思ったり、あるいはこの母親がうまく表面をごまかしているのではないかと感ぐったりする人さえある。しかし、ここでよく考えてみると、そのどちらでもなく、この母親がその子にとっては凄まじい女性として見えたというのが真実のようである。

子どもが青年期を迎え、自立してゆこうとするとき、心の内部にはその自立を妨げるものとしての否定的な母親像のイメージが形成される。そのとき、そのイメージは母親へと投影されるので、現実の母親の姿よりも、その投影像のほうがその子にとっては真実と思われ、それに従って彼の行動——母への非難とか家出とか——がひき起こされるのである。

このように見てゆくと、われわれの行動は思いのほかにイメージによって動かされているものであり、そのイメージをうまく吸いあげるように工夫されたもの、たとえば、なんでもない商品などが思いがけない市場価値をもって、もてはやされたりしていることを理解できるのである。ただ、イメージといっても、そのカバーする範囲はひろく、したがって意味あいも随分異なってくる。

そこで、イメージというものがいったいどんなものであるかについて、すこし考えてみることにしよう。

イメージとは何か

先に示した例においては、ある少年の内界を表わすものとしてのイメージという考えを示したが、一般に心理学においては、その逆に、外界の模像としてのイメージを考えることが多い。つまり、イメージを知覚対象のない場合に生じる視覚像と定義するのである。そこで、図6に示したように、イメージに対しては実験心理学的な考え方と、無意識の心理学の考え方は両極端を示している。実際に、個々のイメージはこの両者の中間にあって、内界、外界の両方からの影響を受けて存在しているものである。

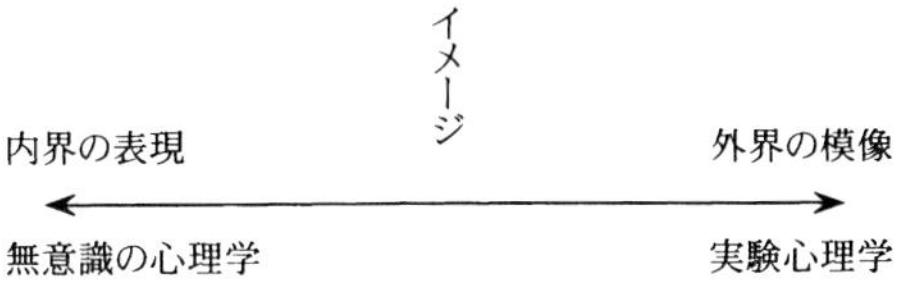

図6　イメージの定義

われわれ臨床家としては、イメージを内界の表現として考える立場にたっている。しかし、内界の表現として言えば、人間は言語というものをもっている。言語によってわれわれは「苦しい」とか「嬉しい」とか、自分の内的な状態を他人に示すことができる。ところで、人間は言語によらないときでも、たとえば、前章にあげたヒステリーの人の例のように、耳が聞こえなくなることによって、「あなたの言うことなど聞きたくない」ということを表現していると感じられることがある。このようなことは、ヒステリーの症状には多く、「呑みこめない」、「消化できない」などという言葉を、われわれが他人の意見や考えなどに対して使用するのと同様に、実際に、ものが呑みこめなくなったり、消化不良を起こしたりする人もある。このような身体による表現を、身体言語という。

普通の言語と、先にのべた身体言語との中間的存在として、イメージ言語が存在すると考える人もある。実際、われわれが日常に使っている言語にしても、「人におぶさって生きる」とか、「背のびした人生」とか、身体言語やイメージ言語の表現の豊かさに頼っているところが大きいことに、気づくであろう。

イメージは単純な記憶像から、夢やヴィジョンにいたるまでいろいろとあるが、それはすべて本人の主観的体験であり、その人の報告に頼らないとなにも解らないのがその特徴である。そこで、その人の表現にまたねばならないが、それは言語的に表現される場合と、絵などによって非言語的になされる場合とがある。

たとえば、図7はある男性の見たヴィジョンを本人が絵に描いたものである(ウィックス『人間の内的世界』より)。このように絵にしてくれると、言語的な説明よりも、はるかに生き生きと直接的に訴えかけるものであるが、それにしても、その人が絵による表現力をもっているうえでのことである。

内的なイメージを絵に描いているうちに、それが自然に変容したり、描いているあいだに変更したくなることがある。あるいは、これと関連して、心の中にイメージが確実に存在し、それを表現するというのではなく、最初から、絵画なり箱庭なりを表現の手段として用い、そこに表現されたものを頼りにしながら、イメージをつくりあげていくような方法もある。これは厳密な意味ではイメージとは異なるが、臨床的にはイメージ同様の意味をもつので、いちおう「外在化されたイメージ」と呼び、ひろい意味のイメージに含めておこう。

いままで述べてきたことをまとめてみると、われわれが臨床場面でイメージとして取り扱っているものは、次のように分類される。

(1)視覚像そのもの(個人の主観的体験)

(2)視覚像の表現

言語による表現
非言語的表現

(3)外在化されたイメージ

これらのイメージはある個人の内的な状態を、なんらかの意味で反映している点に特徴がある。この点を拡大してゆくと、はじめにあげた母親イメージ、あるいは一般に言われる「企業イメージ」などということにもつながってゆく。たとえばA社の商品が「高級品」であるなどと一般の人が言うとき、それは商品を具体的に調べたうえでのことではなく、「高級品」という一種の情緒性を伴った連想が、A社と結びついて存在していることであることが多い。つまり、その人の心の中にある、あいまいな「高級品」という心的内容がA社の製品に投影されているのであり、これもひろい意味のイメージと解釈することもできる。この場合も大切なことは、個人の内的な状態がそれに関連しているということである。

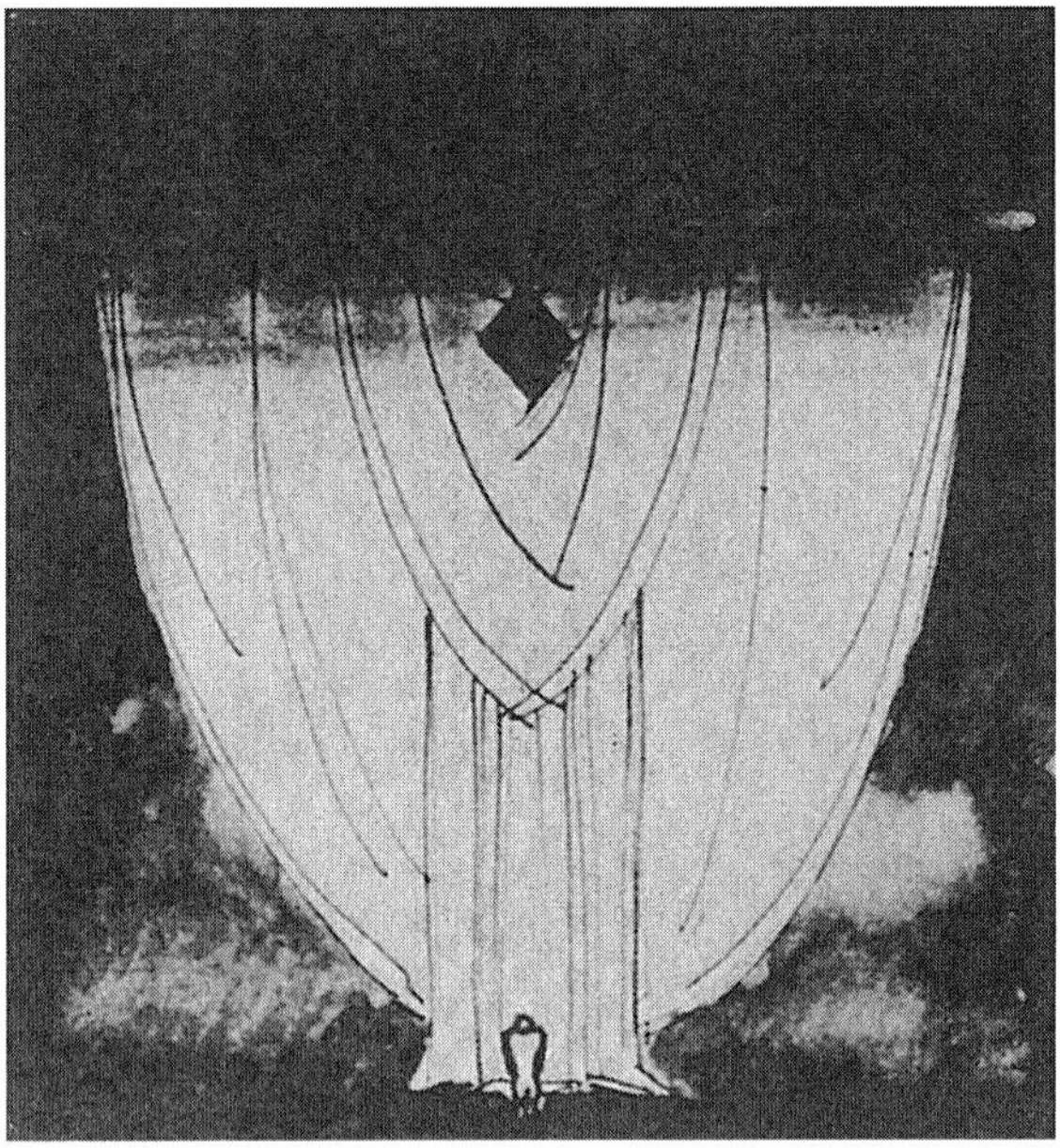

図7　イメージの表現(ウィックス『人間の内的世界』より)

イメージの特性

イメージということを通じて、われわれは人間の無意識の世界に接近してゆくのであるが、イメージがどのような特性をもつかを考えてみよう。まず、図7を見ていただこう。

これはある男性が空想の内容を描いたものであるが、中央にひざまずいている彼の前に、巨大な像が出現したところである。これを見ると、われわれもこの像のあまりにも偉大なことに圧倒されそうになる。なによりもまずイメージは、直接にわれわれにはたらきかけてくるのである。無意識界から顕現してきたこの像のとほうもない大きさは、彼に畏怖の感情を体験させたに違いない。おそらく彼はそれまで、無意識界にあまり注目せずに生きてきたのではないだろうか。彼がいかに意識的に合理的に生きることに大きい価値を見いだしてきたにしろ、それは無意識の偉大さの前には、ただ怖れてひざまずくよりほかないのである。この巨大な像の顔が黒く不明なことは、この空想した男性が、まだ無意識界の本質を明確に把握しえていないことを反映するのであろうか。

このようにして考えてゆくと、ひとつのイメージがいかに集約的に多くのことを一度に語っているかに驚かされる。

夢に例をとってみると、たとえば、「はきもの」を探しても見あたらないという夢はわりによく生じるものである。これも一般に、「自分の足で歩く」という表現を連想するならば、自分の足で歩いてゆくための手段を自分は見つけだしていない、というように解釈することが可能である。このようにイメージは、何かのことを具象的に示すのが特徴であり、その意味を読みとることをわれわれは学ばねばならない。

はきものが見つからぬので、裸足で歩いてゆこうとする夢を見た人がある。この人は、これを「よい手段が見つからぬので無茶なことをしようとする」と考えた。しかし、これは、「常識とは異なっているかもしれないが、自分の足を直接地につけて行動しようとする」とも言うことができる。このように、イメージは多義的なものである。そして、そのときにそのいずれをとるかは、そのときの状況と本人の決断にかかっているものである。

イメージは既に述べたような、具象性、集約性、直接性、多義性などを有し、心的内容をわれわれに生き生きと伝えてくれるものである。ユングがイメージと概念とを比較して、前者は生命力をもつが明確さに欠け、後者はその逆になると述べているのは興味深い。われわれは概念をできるかぎり明確に規定し、それを操作して合理的思考を組みたててゆくが、その背後に存在するイメージにも注目し、われわれの思考が生命力を失ったものにならぬようにしなければならない。

シンボル

シンボルは象徴と訳されるが、この用語においても、学者によってその意味することは異なっている。これもユングの考えに従って説明しよう。一般の心理学においては、シンボルは「なんらかの他の対象を代表しているもの」として非常に広く定義されている。これに対して、ユングは、シンボルを記号や標識と区別している。なんらかの表現が、ある既知のものを代用し、あるいは略称している場合、それはシンボルではなくて記号なのである。

ユングは『人間と象徴』の中で、次のように述べている。「言葉やイメージはそれが明白で直接的な意味以上の何ものかを包含しているときに、象徴的なのである。それはよりひろい〝無意識〟の側面を有しており、その側面はけっして正確に定義づけたり完全に説明したりされないものである。誰もそれを定義したり説明し切ろうと望むことはできない。人間の心が象徴の探求を始めると、それは理性の把握を超えた観念に導かれる。」

シンボルをこのように考えると、それが決して言葉では説明し切ることのできない「何か」を表現するもっとも適切なものとして、非常に高い意味をもつものであることが解る。そのようなひとつの例として、ここに禅の老師たちによって、よく描かれる円相をとりあげてみることにしよう。図8に示したのは有名な仙厓禅師の筆による円相である(『禅画の円相』より)。

禅の老師たちの描く円相は、「心」を表わしたものであるとも言われる。そこで、心というものがわれわれに既知のものであり、それを円によって表現したのなら、それは単なる記号にすぎないものである。

しかし、禅師たちの捉えようとしている「心」は、われわれが日常的に言っているような普通の心ではない。『禅画の円相』の序に、柴山全慶師は、一休禅師の次のような歌をかかげている。

心とはいかなるものを言うやらん墨絵にかきし松風の音

ここに歌われた「墨絵にかきし松風の音」というのは、言語による表現ではあるが、まさにシンボリックなものである。墨絵に描かれた松風の音をわれわれは合理的な意味においては、聞くことができない。われわれはそれを一休禅師にとって、心というものを表現するべく選ばれたもっとも適切な表現として受けとめる。

そのような意味での「心」、日常的な次元を超えたものとしての心のシンボルとして、ここに描かれたひとつの円がある。これは、仙厓という人格が、そのすべての経験をこめて描いたものである。ここで、われわれは、この円を指して、人間の心の完結性、全体性を示すものということもできる。しかし、それによって「心」の意味を完全に言語的に把握しえたと思うとき、それはもはや、シンボルではなくなっている。完結や全体ということを、なにか既知のことであると考え、それをこの円によって表わしているとするとき、それはユングのいう意味では、ひとつの記号になってしまっている。

仙厓の円相につけられた讃語は、

「是くふて茶呑むさい」

というものである。これを食べてお茶を呑まないかというのだから、まったく「人を喰って」いる。いったい、仙厓の言っている「是《これ》」とはなんだろう。お茶の相手としての饅頭なのだろうか。ここに、われわれの心はひとつの円相をめぐって多くのイメージを産出し、とどまることなく、また定まるところもない。それゆえにこそ、このなんのこともない円相が「心」のシンボルとしての意味を深めてくると思われる。自己の禅体験を文字通り日常の茶飯時のことに託しつつ、そこにかえって非日常への反転をも秘めているところは、まったく禅的な表現であると感じられる。

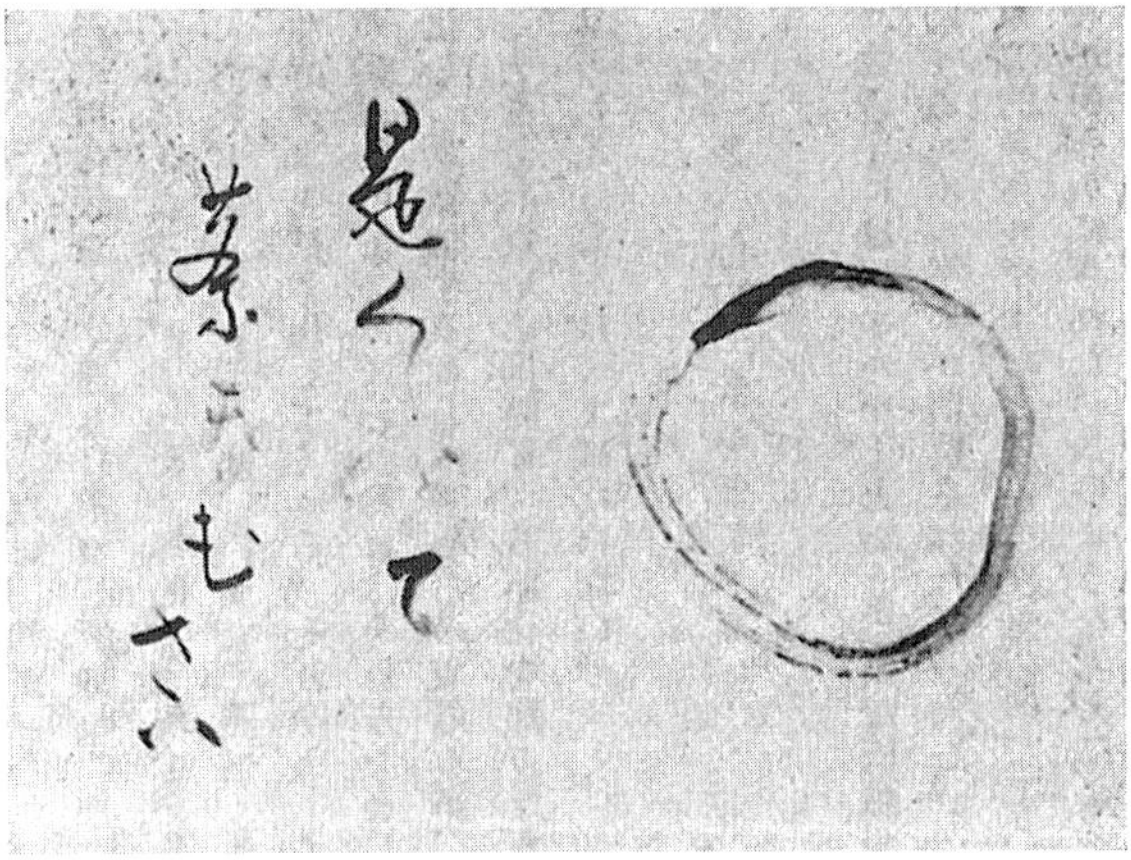

図8　仙厓の円相

イメージとシンボルは、いままで述べてきたように、われわれの体験の言語化しがたい部分を生き生きと描き出してくれる。それゆえ、イメージやシンボルは人間の無意識の探求には不可欠の素材なのである。われわれはそれらを通じて無意識を知るべく、その特性をできるかぎり言語化し、意識化することに努めるのであるが、それによってもなお常に把握し残された部分のあることを忘れないと同時に、言語化を焦りすぎて、それらのもつ生命力を奪ってしまうことがないようにも注意しなくてはならない。

2 心的エネルギー

物理学にはエネルギーという重要な概念がある。物理的な「仕事」がなされたとき、それに相応するエネルギーが消費されたと考える。このエネルギーは位置のエネルギー、熱エネルギー、電気的エネルギーなどと姿を変えるが、そこには「エネルギー保存の法則」がはたらいていることが明らかにされた。このような考えによって、物理学の体系ができあがってゆくのであるが、心理学においても、それが可能ではないかと考えられる。

心的エネルギー

われわれは人間も物理的な仕事をし、そのとき物理的なエネルギーが消費されたことに気づく。たとえば、重い荷物を運んだりしたときである。ところが、なにもせずに椅子に坐っていたとしても、それが目上の気の張る人の前であると、べつに物理的には仕事をしていないのに、あとで疲れを感じる。つまり、なんらかのエネルギーの消費が行われたと感じるのである。そこでは物理的な仕事はあまり行われておらず、「気を使う」とか「気が張る」などの日常語にも反映しているとおり、心理的な仕事が行われていると考えられるので、それに見あうだけの心的エネルギーが消費されたと考えると、納得がゆくのである。

このようにして、心的エネルギーという概念を導入して、人間の意識、無意識の問題を考えてみると理解されやすいことが多い。たとえば、会社の中での上司の一言によって、無意識的に怒りを誘発されかかった人は、それを抑圧しているものの、何かそのあといらいらして仕方がない。このいらいらは、上司への反撥として流れ出そうとした心的エネルギーが、それを止められたために、出口を求めて流動していることの意識的体験であると考えられる。ところが、この人が家に帰ってから、何かのことで子どもを叱りつけて、そのあとでいらいらが解消してしまうことがある。つまり、上司によって流れを誘発された心的エネルギーは代理物を見いだすことによって流出し、そこに平衡状態がもたらされたのである。

このようにして、人間の仕事をみてゆくとき、そこに使用された心的エネルギーは結局のところ、性的なエネルギーに還元されるとし、それをリビドーと名づけたのが、フロイトである。彼が多くの著作によって明らかにしたように、たしかに人間の行う多くの仕事の背後に、性的なエネルギーが動いている。しかし、すべてのエネルギーの根源が性的なものであると考える必要は、ないのではなかろうか。物理学において、エネルギーという概念はあくまで量的なものとして用いられており、それはたしかに位置のエネルギー、熱エネルギーなどに変化してゆくが、どれが根源的であるなどと考えないところに、その特徴があると考えられる。心的エネルギーもむしろ、これと同様に考えるべきではないだろうか。ユングはこのような考えに立って、心的エネルギーを性的エネルギーも含めた一般的な概念とした。彼はそのような考えによって、一九一二年に『リビドーの変遷と象徴』という本を出版し、ここに彼とフロイトとの離別は決定的なものとなったのである。

エネルギーは変遷する

心的エネルギーは、心の中をたえず流動している。自我は心の内部にある心的エネルギーを適当に消費し、そ

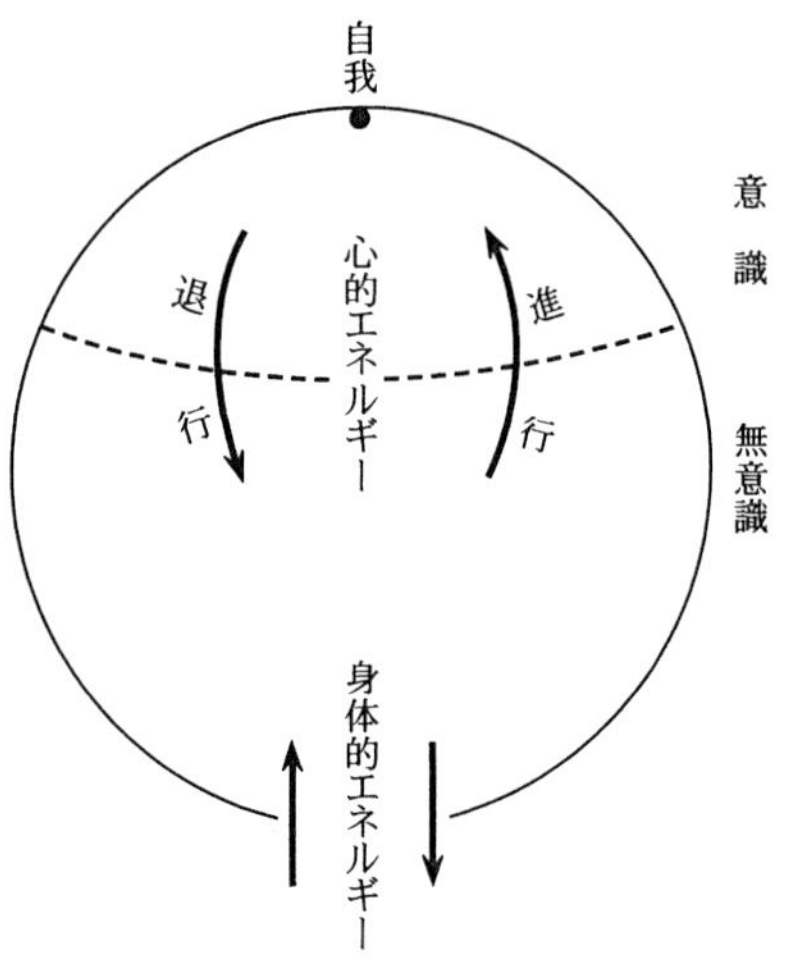

図９　心的エネルギーの流れ

れは睡眠中や休息中に補給される。心的エネルギーが無意識から意識へと向かうときをエネルギーの進行、逆に意識より無意識へ向かうときを退行と呼んでいる。エネルギーの進行と退行とは一日のうちに適当に繰り返されている。

ある三十五歳の男性は、会社へ出勤するのが嫌で仕方なくなった。それまでは仕事が面白くて、むしろ楽しんで出勤していたのだったが、最近はなにをしてもすぐ疲れるのである。朝起きると頭が重く、顔を洗うのもおっくうで、なろうことなら欠勤したいとさえ思ってしまう。しかも、彼は最近課長に昇進したばかりなので、同僚は羨ましがるし、家族は喜んでいるし、というわけで、周囲の人たちの心情と彼の暗い気持がかけ離れているため、彼はよけい沈んだ状態になってしまうのである。彼はとうとうたまらなくなって、心理療法家のところに相談に行った。

治療者はこの人にあって話を聞きながら、次のようなことを考える。この人の疲れやすさ、仕事に対する興味の減退などは、彼の心的エネルギーが低下しているためのように思われる。しかし、ここで「エネルギー保存の法則」を思いだすと、一見失われたかに見えるエネルギーは、どこかに存在しているのではないかと考えられる。つまり、自我の使用しうるエネルギーは低下しているが、それは無意識領域のどこかに貯留されているのではないか、と考えてみるのである。

ところで、このような観点からこの人と話し合ってみると、次のようなことが解った。この人は母親との関係が強く、常に母親に支えられて、よく勉強し一流大学も合格し、現在の会社にも就職した。会社では勤勉に働き、上司からも目をかけられ、昇進も早かった。しかし、課長になった時点において、彼は以前よりも、自分の意見や自分の決定によって事を処してゆくことが増えたため、はたと困ってしまったのである。彼は母親の言うままに行動して賞賛されてきた態度を、大学の教師に、あるいは会社の上司に転移して、いままで成功してきたのだが、そのような態度では乗り切ってゆけぬ点に、いまや到達したのである。

困難に出会って、彼の心的エネルギーは退行を始め、無意識内の彼のマザー・コンプレックスに滞留し、外界へと流れなくなったのである。コンプレックスは心的エネルギーを引き寄せ、自我のほうにそれが流れるのを妨げるものである。治療者はそこで、この人と話合いをつづけ、マザー・コンプレックスによって流れを止められている心的エネルギーを、自我のほうにもどすように努力する。これが取りもなおさず、心理療法なのである。

ところで、この場合、「エネルギー保存の法則」ということを述べたが、実はこれはもうすこし厳密に考える必要がある。物理学において、この法則は、ある閉じられたシステム内において、エネルギーはその性質を変えても、その量は一定不変であることを意味している。しかし、心的エネルギーの場合、「心」がいったい、「閉じられたシステム」であるかが大きい問題となってくる。たしかにそれは前述の例のようなときは、あてはまるように考えられる。しかし、人間という有機体内における、身体的エネルギーと心的エネルギーの関係、その生成状況などは、まだまだ不明な点が多い。そこで、われわれとしては、この法則に固執はできないが、心をある程度閉じられたシステムとして考えてみると、便利なことが多い、というくらいのことで満足するより仕方がないのである。

心的エネルギーの退行によって、神経症的な症状が生じることの例をあげて説明した。このような点から考えて、フロイトは退行ということを病的なものとし、そこに、男性と母親との近親相姦的な関係をイメージした。つまり、心的エネルギーが退行して流れだささぬ状況を、男性が母親との一体感に埋没してしまって、自立しえない様相とパラレルに捉えたのである。先にあげた会社員の例など、まさにそのとおりとも言えるだろう。

ユングは、退行には病的でないものもあると考えた。というよりも、創造的な心的過程には退行が必要である、と考えたのである。

すべて創造的なものには、相反するものの統合がなんらかの形で認められる。両立しがたいと思われていたものが、ひとつに統合されることによって創造がなされる。これを心理的にみてみると、まず心の中に定立するものがあり、それに対して反定立するものが存在する。そこで、その片方を抑圧してしまえば簡単な解決が得られるが、それは創造的とは言えない。そこで、自我はその両方に関与してゆこうと努力すると、自我はどちらにも傾けないので、一種の停止状態におちいってしまう。ここで、自我をはたらかせていた心的エネルギーは退行を起こし、無意識内へと帰ってゆくことになる。

このような退行状態になると、この人は外見的にはただぼんやりとしているだけであったり、幼児的なばかげた行動をしたりする。ぶらぶらとしたり、ときに、いらいらした気分に襲われたりする。しかし、無意識内においては仕事が行われていて、自我のそれまでのはたらきと無意識のはたらきとが統合され、定立と反定立を超えた、統合的なシンボルが顕現されてくる。それは創造的な内容をもち、それに伴われて心的エネルギーは進行を開始し、自我は新たなエネルギーを得て活動することになる。

新しい発見や発明が行われるときに、上述したような退行現象が生じることは、多くの実例が示しているとおりである。芸術家は作品を生み出すためには、外見的にはまったく非建設的と見える行動に身をまかせている期間を、どうしても必要とするのである。

無意識内に存在する創造性に注目し、退行現象が常に病的なものとは限らず、創造的な側面をもつことを指摘したのはユングの功績である。しかし、フロイト派の人もこのような点に気づき、とくに自我心理学者と呼ばれる人たちは、「創造的退行」、「自我のための退行」などという用語によって、同様の現象を記述し、退行の創造的な面を重要視するようになった。

シンボルの形成

創造過程に伴って、新しいエネルギーが自我にもたらされるが、それの運び手となるのはシンボルである。自然のままのエネルギーの進行と退行の流れに加えて、人間が文化的な目的のために、新たな心的エネルギーを使用しようとするとき、そこには適切なシンボル形成が行われねばならない。

このことを人間の集団に適用して考えてみると、集団の中で創造的な能力のある個人が、なんらかのシンボルを見いだすと、集団の成員はそのシンボルによって新たなエネルギーを湧き立たせることになる。これは宗教におけるシンボリズムについて考えてみると真に明白である。初期のキリスト教における十字架のシンボルが、どれほど大量の心的エネルギーを民衆の中に動かしえたかは、誰しも知るとおりである。しかし、その反面、シンボルの恐ろしさもわれわれはよく知っている。戦争中の日の丸が、どれほど多くの民衆のエネルギーを、無意味なことに消費させるのに役立ったかを、われわれは体験を通じて知っているのである。

シンボルによって無闇に動かされないためには、われわれはその意味を意識的に把握する必要がある。ところが、シンボルの意味が言語化され、自我によって把握されると、それは活力を失い、もはやシンボルではなくなってしまう。十九世紀西洋の合理精神は、多くのシンボルを殺し、世界中の宗教はまるでシンボルの墓場の感を呈するようになった。このような「啓蒙」精神が多くの迷信を打破し、人間がより自由になったことは認めねばならない。しかし、このようなシンボル殺しによって、人間にとって重要な生命力の一部分まで破壊されたのではないかという反省も、生じてきたのである。

二十世紀後半に生きる現代人としての反省は、十九世紀の合理精神が息の根を止めたシンボルやイメージを、いかにして再生せしめ、われわれの心の均衡を回復するかという点にかかっている。われわれはできるかぎり明確な概念をうちたて、それをうまく操作することによって自然科学の殿堂をうちたててきた。しかし、そこに生じてきたテクノロジーは最近になって、むしろ人間の生命を絶えさせるようなはたらきを示している。ここにおいて、われわれは概念化の際に無視され、背後に押しのけられた存在にも目を向け、世界をもう一度、トータルな存在として見なおす努力を傾けねばならないのではなかろうか。そのためには、われわれの内面に向けられたイマジネーションの力をもっと発揮させるべきであると思われる。このような点について、宗教学者のエリアーデは、名著『イメージとシンボル』の中で次のように述べている。

「今日、われわれは、十九世紀が予感すらできなかったあることを理解しつつあるのである。つまり、シンボル、神話、イメージが精神生活に必須な資であること、われわれはそれらを偽装し、ずたずたに切断し、その価値を下落させることはできても、根絶やしにすることはけっしてできないということを学びつつあるのだ。」

かくて、われわれはシンボルの宝庫としての無意識の世界に興味をもち、そのことはわれわれ自身の全体性の回復へとつながってゆくのである。文化現象としてのシンボルに対して、われわれ個人のシンボルということも重要なこととなるが、そのためには、夢を観察することがもっとも適切な手段であると考えられる。夢は無意識界から意識へと送られてくるメッセージであり、まさにシンボルの担い手なのである。次節では、夢について考察することにしよう。

3　夢

古代人にとって、夢は神の声に等しいものであった。古事記や聖書などをみると、多くの夢物語が述べられており、古代人がいかに夢を重要視したかが認められるのである。もちろん、いわゆる夢占い式のお話も多く、夢は前節に述べたような合理主義の洗礼をうけて、人間の歴史の表通りから姿を消したかの感があった。これに対して、夢をふたたび正面から取りあげようとしたフロイトの著書『夢判断』が、ちょうど今世紀の始まるときに出版されたことは、まことに意義深いと考えられる。

すでに前節に明らかにしたように、われわれは二十世紀に生きる人間として、イメージやシンボルに満ちた夢の世界を探索しようとするのであるが、夢について詳述することは、この小冊子内では不可能なことであるので、ごく簡単に説明を行うことにしよう。

夢の意義

夢についていろいろと説明するまえに、ひとつの例を示すことにしよう。次にあげるのは三十歳代の女性の夢である。

夢 この夢の舞台は、まことに簡潔であった。四角いテーブルが一個。椅子が三個。テーブルの上に、かろうじてその上を照らすくらいの弱々しい灯りのスタンド一個。周囲は暗闇である。登場人物は三人。中央に腰かけた私。左手の椅子に腰かけた弟らしい男一人、右手の椅子に腰かけるはずの妹らしい幼女は、そこにいないで私の腕に抱かれている。

幼女は暗闇におびえて私の腕にしがみつく。男は灯りを強くして、明るくすれば恐ろしくないから明るくしようと提案する。私も幼女同様なにものともしれない恐れを感じていたので、それに賛成する。しかし幼女はなおも私の腕にしがみつきながら、明るくすることを拒む。言いようのない恐怖感でいよいよ身を固くしながらも私は幼女の望むまま、幼女の意見を入れてこの暗闇に耐えることにした。

この夢は、この人がそれ以後、夢の世界に強い関心を持ちつづける契機となったものであるが、それだけに夢の世界の特徴とそれに踏みこんでゆく決意がよく示されているものと思われる。この夢では暗闇と恐怖感がテーマとなっている。たしかに夢の世界は暗く、恐ろしいところである。昼間には、われわれは白日のもとですべてが明白であると思う。しかし、それは実は、ものの半面に過ぎないのである。すべてのものは隠された半面をもつ。

夜になって眠っているあいだ、無意識は活性化され、その動きを睡眠中の意識が把握し、それを記憶したものが夢なのである。夢は意識と無意識の相互作用のうちに生じてきたものを、自我がイメージとして把握したものである。

この夢の中で、灯りを強くして明るくすれば恐ろしくないと主張する男性は、夢を見た人の——それまでの——意識的態度を代弁しているものであろう。たしかに暗闇をこわがって辛抱しているよりは、もっと灯りを明るくするとよいことは自明の理である。しかし、幼女は暗闇におびえつつ、明るくすることを拒むのである。これは考えてみると矛盾した態度のように思われる。

この女性が腕に抱いている幼女はいったい誰なのであろう。われわれは夢の中で、このような幼児によく出会う。幼児たちは発展の可能性を示すものとして、まことにぴったりのものだ。これから伸びてゆくもの、いまは彼女に抱かれているが、「坐るべき椅子」をひとつ確保されているもの。その幼女が矛盾した提案をする。ここで、われわれは前節にすこし触れた、十九世紀の合理主義に対して、シンボルの再生へと決意する現代人の在り方、という点に思いいたる。シンボルの真の探索は暗がりの中で行わねばならぬ。明るさの中ではシンボルは生命力を失ってしまうのだ。暗さに耐える人にのみ、シンボルはその真の姿を開示してくれる。そして、彼女の腕に抱かれた幼女はそのパラドックスを知っている。

啓蒙の光によってすべてを白日のもとにさらすか、暗闇に耐えることによって、恐ろしくはあるが、シンボルの生きた姿に接しようとするのか。彼女はこの二者択一に際して、後者を選ぶことを決意したのである。

この夢は夢の世界へ踏みこんでゆくことの特徴と、その決意とを見事に示しているものと言える。このような実例によって、夢の意義がすこしは明らかにされたことであろう。

夢の劇的構成

ショーペンハウエルは、「夢においては、だれもが自分自身のシェークスピアである」と言ったという。たしかに夢は自分自身によって演出され、演じられたドラマであると見ることができる。夢は劇と同じような構成をもち、次のような四段階に分けられることがわかる。

(1) 場面の提示
(2) 発展
(3) クライマックス
(4) 結末

先にあげた夢も、このような劇的構成をもっている。すなわち、最初に、道具立てや登場人物が明らかにされ、幼女が暗闇におびえるところが発展の段階であり、明るくしようとする男性の意見と、幼女がそれを拒むところがクライマックスであり、最後に、彼女が暗闇に耐えることを決意するところで結末を迎えている。

もっともすべての夢がこのように劇的構成をもっているとは限らない。夢といっても、それはわれわれが覚醒したときに記憶しえているものが素材となるわけであるから、せっかく劇的な体験をしても、その一部しか覚えていないということもあろう。あるいは、夢の結末を受け入れるのが、意識にとってあまりにも辛いものであるときは、そこで目が覚めてしまうこともあろう。あやうい危険にさらされたところで目が覚めて、「ああ夢でよかった」と思ったような体験は誰しも持っていることであろう。

夢の構成力が非常に強いときは、夢の途中で目覚めて便所に行ったのち、ふたたび就寝して夢の続きを見ることもある。あるいは、夢の結末を受け入れるのが辛いときは、それを映画やテレビのことに変えて、自分は観客であったことにするという巧妙なことも、夢では案外よく生じるものである。たとえば、次に示すのは学校恐怖症の高校三年生男子の夢である。

夢　小学校の同級生だった女の子の父親が幽閉されているので、それを自分が救出にゆく。それは城のようで、城が燃え落城のようだった。そして、その父親は焼死した。……(テレビのスイッチを切りかえた感じ)日本シリーズで巨人と阪急が戦うところ。

この夢も劇的構成をもっているが、その結末である、女の子の父親の死ということは、直接受け入れるのが苦しかったのだろう。テレビのシーンのようになって、彼は「スイッチを切りかえて」、そこから逃れようとする。それにしても、夢の前半に示された戦いというテーマは、スイッチ切りかえ後も継承されているところが興味深い。もっともそれは野球の日本シリーズという、はるかに受け入れやすい形態に変わってはいるが。

夢の機能

夢は意識と無意識の相互作用によって生じるものである。ユングは無意識の意識に対する補償性を常に強調しているが、夢は意識に対する補償機能を有していることが多い。次に例として、ひとつの夢を示す。

夢　先生（分析家）の助手という人に出会った。私はその人に、「先生はいつもきちんきちんとした方でしょう」と言うと、「いや、ずいぶんサボリのところもありますよ」と答えたので、驚いてしまった。

この夢は、分析家の助手に会って、分析家が案に相違してサボリであることを知ったという夢である。この人は分析家がなんでもきっちりとしている人と信じていたので、夢でまったく逆のことを知り、驚いてしまったのである。

分析を受けはじめると、分析家が極端に素晴らしい人に思えることはよくある。この人はとくに怠けることが嫌いで勤勉な人だったので、自分の理想像を分析家に投影し、現実以上に勤勉な人と思いこんでいたのであろう。そこで、夢は分析家がそれほどの人でないことを示すために、むしろ「サボリ」の人としての姿を見せたのであろう。

このように意識の過大評価を現実へと引きもどす類の補償は夢によく生じる。しかし、これとは逆に、過小評価を引きあげる類の夢もある。学校の成績の悪い中学生に治療を始めたとき、その子が次の学期の成績表をもらってきた夢を見たことがある。それは彼のいままでの評価、および自己評価よりも相当高いものであった。次の学期には夢のとおりには達しなかったが、だいぶ成績はよくなったのである。おそらく、夢はこの中学生の自己に対する過小評価を補償するものであったのだろう。このようなことが、もうすこし遠い将来への見とおしにつながってゆくときは、展望的な夢ということができる。

たとえば、二〇八ページにあげた夢でも、自分の抱いている女の子はそのうち、自分の右手に腰かけるはずだと述べられている。それは、この「暗闇に耐える」可能性を背負った幼女が、そのうち一人前に育ってゆくことを展望的に語っているとも受けとることができる。

ところで、サボリの分析家の夢は次のようにも考えることができる。この夢を見た人は怠けは悪であると信じていた。一般に、人は善悪の軸に重ね合わせて、多くのことを二分している場合が多い。つまり、この例であれば、勤勉—怠惰の軸は、善—悪の軸とまったく重なっている。そして、この人にとって、分析家は善なる人、勤勉な人であるとして信じこまれていた。そこへ夢の中では、サボリの分析家というイメージが出現したのである。ここで、この人は、分析家も悪でありうるとするか、サボリでも善でありうるとするか、いずれにせよ、善—悪の軸と勤勉—怠惰の軸の重なりをなんらかの意味で変更せねばならないのである。

何事によらず、善悪の判断によって簡単に分類してしまうことは、ある意味では楽であるが、そこに豊かさが欠けることは否定できない。しかしながら、よく考えてみるとわれわれは、案外単純な同定を心の中で多く行っていることも事実である。そのときに、簡単に同定されている、勤勉＝善、怠惰＝悪、といった類のことを、すこしずつ分析して、ニュアンスに富んだ分類へと変化せしめてゆくことが、心理療法の狙いのひとつであり、精神分析などという用語も、このような点から生じてきたものと考えられる。このような類の補償機能をもった夢は実に多い。

夢において無意識の作用が強くなるにつれて、その補償性は薄くなると思われる。次に示すのは、ある強迫神経症の人の夢である。

夢　月のクレータに宇宙飛行士が落ちこんで、月での最初の犠牲者がでたと、ニュースが報じている。

この夢では、夢を見た人はただニュースを聞いている役割である。むしろ行為者は宇宙飛行士であるが、それはクレータに落ちて死んだという。このような夢は夢を見た人の自我から遠い無意識内のある状態を示していて、意識に対する補償という機能は弱い。無意識の心的過程を描写しているような夢では、夢の中に夢を見ている本人が全然登場しないこともある。

夢の中で非常に不可解に感じられるものに「予知夢」という現象がある。これは人の死や病気などを夢によって予知するときや、あるいは、自分自身の死を予知するときなどもあるが、未来に起こる事がらを細部にわたるまで夢にみるときがある。ユングもそのような例を発表しているし、ボスやハドフィールドなども多くの印象的な例を発表している(巻末の文献参照)。

たとえば、ボスは司教ジョセフ・ラニイが彼のかつての弟子であったフランツ・フェルディナント大公の暗殺を予知した夢を報告している。詳細は略するが、ラニイ司教は夢の中で次のような手紙をフェルディナント大公から受けとる。

「わたしと妻が今日サラエボで暗殺されることを伝える。あなたが敬けんなる祈りをささげて下さるよう……。」

この手紙にはその日の日付が記され、午前三時十五分と時間も書いてあった。司教は驚いて目覚め、時計をみると、まさに三時十五分だった。そして、その日の午後三時半頃に、彼は大公暗殺を報じる電報を受けとったのであった。

このような予知夢に対して、ユングは共時性の原理(principle of synchronicity)ということを主張するが、この点については、後に取りあげることにしよう。

夢の分析

いままで簡単に述べてきたことからも解るように、夢は無意識の状態を知るのに、まことに強力な武器であるということができる。それで、ユング派の心理療法においては、夢分析をきわめて重要視する。患者さんに夢を記録して持ってきていただき、それを素材として話し合ってゆくのである。しかし、それはいわゆる夢占い式に、歯が抜けた夢を見ると人が死ぬというように、きまった公式があるわけではない。一番大切なことは、夢を見た本人が、それをどのように感じ、どのように考えるかということである。

夢分析にあたって、夢を見た人の意識の状態を知ることが、まず大切である。患者さんに日常の現実の状態をお聞きして、そのあとで夢を聞くと、両者のあいだにそっくりそのままの表現が共通して生じてくるので、夢の意味が非常に解りやすいときがある。たとえば、現実に何かを決定しかねて、「どちらにしようか迷っています」と語った人が、夢の中では別れ道にきて、「どちらに行こうか迷ってしまう」と表現したりする。このようなパターンや主題の重なりは、夢と夢とのあいだにもよく生じるもので、一週間のあいだにみたいくつかの夢に、同一主題がくりかえされることもある。われわれ分析家は、そのような点を指摘することが大切で、それによって患者さん自身が大切なことに気づくことが多い。

連想ということも大切である。たとえば、友人Aにりんごを貰った夢を見たとする。そのときは、りんごに対して連想してみる。子どものとき弟がおいしそうに食べているのを見て欲しかったが、貰えなかった記憶がすぐ浮かんできたとする。そのときは、Aは「欲しいけれど得られなかったなにか」を与えてくれるのではないかと考えてみる。それが心にぴたっと来ないときは、りんごについて他の連想をしてみて、言いかえてみる。あるいは、友人Aについて連想してみる。このような努力を重ねているうちに、自分にもぴたっとくるものが見つかるとよいわけである。

個人的な連想が意味をもたないときは、分析家がいろいろと神話や昔話などの内容と関連づけて、夢の内容の意味を豊かにしてくれることもある。たとえば、りんごの実が大切な決め手となる神話や昔話を教えてくれるときもある。このようなことをユングは夢分析における「拡充法」と呼んでいる。

夢分析において、ユングは主体的水準と客体的水準の、二様の解釈があることを指摘している。たとえば、先に示した宇宙飛行士の夢で、宇宙飛行士が実際に事故死する、あるいはなにか危険に出会うなどと解釈するのが、客体水準の解釈である。前述のラニイ司教の夢は客体水準で正しかったわけである。それに対して、宇宙飛行士を自分の心の中のそれによって示されるなにか、という考え方をすると、それは主体水準の解釈となる。

二一二ページにあげた夢で、分析家は思ったよりも怠け者だという解釈は、客体水準の解釈であり、自分の中の理想像の改変として見るときは、主体水準の考え方になる。それら両者は、共に正しいときがあるのも当然である。常にひとつの夢に対して両面から考えてみることが必要である。

夢を主体水準で解釈するとき、登場人物の中で、自分自身は自我あるいは自我の発展可能性を示し、その他の人物は自分に近い人から遠い人にいたるまで、離れてゆくほど自我に遠い存在を示していると思われる。

以上のような点を考慮しながら、分析するものとされるものが、まったくの協同作業として、お互いの考えや連想を話し合いながら、なんらかの意味をまさぐってゆくのが、夢分析である。夢が補償的であるということは、言いかえるならば、意識の盲点をついているとも言えるわけで、実際にやってみると、なかなか解釈がつかない場合が多いものである。

どれだけ夢を見るか

夢の分析の話をすると、自分はほとんど夢を見ないのだが、という人がかならずいるものである。生まれてから一度も見たことがないと言う人さえあった。しかし、夢分析をはじめると、ほとんどの人が夢を見るものである。一般に夢というものは記憶しがたいものなので、夢分析という動機づけのないかぎり、あまり覚えられないのが普通だろう。たしかに、分析家と被分析者の人間関係が、夢の分析を進ませていることは事実である、と思われる。

すると、人はいったいどのくらい夢を見ているのか、ということになるが、この点について、最近は夢の生理学的研究が盛んになっているので、そのことをすこし紹介しておこう。

アメリカのデメントとクレイトマンという学者が、一九五七年に、夢に関する画期的な研究を発表した。彼らは人間の睡眠中に、眼球がくりくりと動き、脳波は覚醒時と同様に動き、筋肉のほうは緊張がなくなるという時期があることを見いだした。筋肉の緊張がなく、よく眠っているのに、脳波が覚醒状態を示しているので、そのような眠りを彼らは逆説睡眠と名づけ、あるいは、眼球が早く動くので、ＲＥＭ期(これは rapid eye movement の略である)とも言っている。ところで睡眠中の人に、この逆説睡眠の時期がおとずれたとき、すぐに起こして夢を見ていたかどうかを尋ねると、夢を見ていたと報告する人が圧倒的に多いことが解ったのである。これは研究者によってすこし異なる値が出ているが、八〇パーセント程度の人が夢を報告したとされている。ところで、この逆説睡眠の時期が、一般には一晩に五度くらいあるので、人間は一晩に五個くらいの夢を見ているのではないか、と言われているのである。

もっとも最近は逆説睡眠期以外でも、起こすと夢を報告する人が、ある程度あるので、前記の点はそれほど確定的なことではない。それにしても、自分は夢を見ないと言っている人でも、前記のような方法によると、夢を見ていることが明らかにされることが多いわけで、人間が相当に夢を見ていることはたしかになった、と言うことができる。

デメントは一九六〇年に、「断夢」の実験という興味深いことを行っている。それは逆説睡眠が起こりかけると、すぐにその人を覚醒させ、夢を見させないようにするのである。このようにして五日間の断夢をつづけたあと、自由に眠らせると、逆説睡眠が増加することが解った。これを「はね返り」現象と呼んでいるが、デメントはこれを人間が夢を必要としており、断夢による欠損をあとで埋め合わせようとしているのだと考えた。もっとも、この点は、逆説睡眠期以外に夢をどの程度見るのか、などのことに関連してくるので、軽々しい断定は下せないと思われる。

夢は五臓六腑の疲れなどと言われるが、夢はそれほど一般的な疲労とは関係していないように思われる。疲れたときに色つきの夢を見るという点も信じがたい。夢には色がついているときと、色つきでないときがある。夢の中でとくに感情的な重みを強くもった事物のみに色がついて見られることもある。

夢で味覚や嗅覚がはたらくことは稀であるが、ときには存在する。イメージがなくて声だけが聞こえるときもあるし、映画のナレーションのような形で、「声」が聞こえることもある。全盲の人には触覚や聴覚による夢体験が存在する。

Ⅲ　無意識の深層

1　グレートマザー

既にⅠ章の終りに述べたように、人間の無意識の深層には、普遍的無意識と呼ばれる領域が存在することをユングは主張する。この考えは広く文学、宗教学、歴史学、などの分野において歓迎されている一方、多くの誤解や反対をまきおこしたものである。普遍的無意識と元型ということを説明するうえで、比較的解りやすいと思われる、グレートマザー（太母と訳すこともある）について、まず述べることにしよう。

呑みこむもの

最近、わが国においては学校恐怖症が増加してきている。はっきりとした理由がないのに、どうしても学校へ行けないという症状である。次に示すのは、中学二年生男子の学校恐怖症児の見た夢である。

夢　自分の背の高さよりも高いクローバーが茂っている中を歩いて行く。すると、大きい肉の渦があり、それに巻き込まれそうになり、恐ろしくなって目が覚める。

このような夢の場合、本人はこれについてまったく思いがけないものという以外に連想がない。これはこの夢の内容がこの少年の意識からはるかに遠い、深い層から浮かび上がってきたものと考えられる。このときは夢分析の節にのべた拡充法が有効となってくる。渦の象徴性について考えるうえにおいて、たとえば、図10を見ていただきたい。これはわが国の土偶であり、地母神の像であろうが、これには渦の紋がついている。他の国の地母神の像にも渦巻の模様があることが認められるが、いったいこれはなにを意味しているのであろうか。

図10　渦の紋を持った土偶

この夢の渦はなにものも吸いこみ、呑みこんでしまう深淵としての意味が大きいが、このような深淵は地なる母の子宮の入口としての意味をもっている。原始の時代において、とくに農耕民族にとっては、地面から生まれ出た植物が枯れて死にながら、春になると土から再生してくる事実は、まったく神秘以外のなにものでもなかったであろう。この驚きの感情は宗教的体験として、地なる母の神の信仰へと発展していったと思われる。

地母神の生み出す力も強いが、呑みこむ力も強い。この少年は言うなれば、地母神の子宮である渦に足をとられているのだから、学校へ行けないのももっとものことと思われる。現在は学校恐怖症が増加すると共に、いろいろなタイプのものがあるようになったので、一概に言うことはできないが、その中核となるものとして、この例のようなものがあると考えられる。これはわが国の文化における母性の強調と相まって、母性の呑みこむ機能が非常に強くはたらき、かつ、この例の場合もそうであったが、その父親像がきわめて弱いために生じるものと思われる。

この少年が登校せずにいるあいだ、壺を焼くのを趣味にしていたのも興味深い事実であった。というのは、壺はその中になんでも入れこみ、そこからなんでも生まれでてくるものとして、もっとも普遍的な地母神の象徴となっているものだからである。図11に示したのはトロイで発見された、壺を形どった地母神像である。(この少年は登校しはじめてから、壺を焼くことを止めてしまい、三年後に会ったときは、そんなことをしていたことさえ忘れていた。)

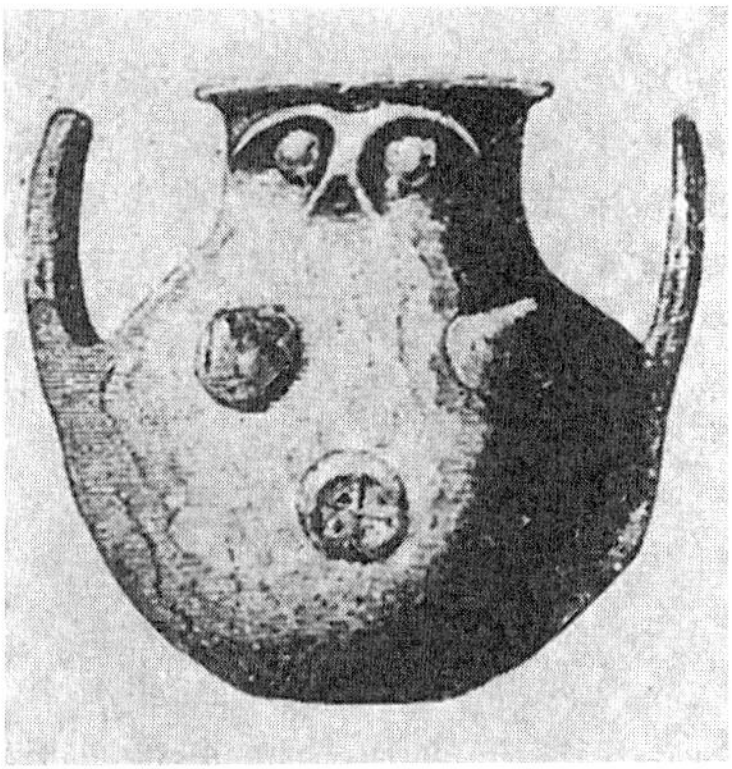

図11　地母神像

母なるもの

先の例において、肉の渦の夢を見た少年が、登校できなくなっている状態を示した。そのときに、その少年と母親との関係がもちろん問題ではあるが、夢に示されているように、個人としての母親を超えて、「母なるもの」と呼ぶべきような普遍的な存在とのかかわりが重要となっていることに注目したい。

われわれ人間は、その無意識の深層に、自分自身の母親の像を超えた、絶対的な優しさと安全感を与えてくれる、母なるもののイメージをもっている。それらは外界に投影され、各民族がもっている神話の女神や、崇拝の対象となったいろいろな像として、われわれに受けつ

図12　ヴィレンドルフのビーナス

がれている。ユングはそれらが人類に共通のパターンをもつことに注目し、母なるものの元型が人間の無意識の深層に存在すると考えた。

母なるものの特性のもっとも基本的なものは、その「包含する」はたらきである。それはなにものをも包みこみ、自らと一体となる。そこには分離、分割ということがない。生み出されたものは、死んでもそこに還り、また再生してくるのみで、そこには本質的に変化というものがない。このような基本的なグレートマザー像としては、図12に示したような姿がぴったりであろう。生み出すものとして、生殖に関係する部分は強調されるが、頭部や顔は軽視されてしまう。これは旧石器時代の土偶で、ヴィレンドルフのビーナスと呼ばれているものである。

母なるものは、すべてを一体として包含することを基本にしているが、そこに、生み育てるということがはいってくると、自分と分離した子どもを——一体感を保持しているが——変化、発達せしめるというはたらきがはいってくる。つまり、人間の母性は、傷ついた人を癒すとか、ある人が仕事の成果をあげるための支えとして存在するとか、そこに、ものごとを変化せしめる力をもっているのである。実際、われわれは心理療法において、このような意味での母性が重要な役割を果たすことをよく知っている。

次に中年の女性の夢を示す。

夢　なだらかな坂を下りてゆくと白豚の群に出会った。老婆が一人その群の世話をしていた。手入れが非常によく行き届いていて、どの豚もふさふさした毛が真白であった。私は何匹かさわってみた。一本も毛が抜け落ちることなく、さわってもさわっても手になにもつかなかった。その群の横を通って、もう少し下に行くと、黒いそれこそ真黒な小さな動物たちに出会った。なんの動物かはっきりしないが、貝ともしじみともつかない格好でありながら、しかも、かなり恐ろしい動物たちであることがわかった。……この黒い動物も、あの老婆が世話をしているということがわかった。坂道の下はなだらかなポプラ並木の散歩道であった。多くの学生たちや、青年たちがベンチに腰かけたり、歩いたり、しゃべったりしていた。このような平和は、あの白豚と黒い動物の侵入で、ひとたまりもなく壊されるのだ、ということがその場の雰囲気でわかった。一人の青年が「あの老婆が死んだら、どういうことになるのだろう。あんなに多くの動物の世話は誰もできやしないよ。そうすると動物は皆汚れてしまって、くさくってやり切れなくなるぜ」と言った。本当にそうだな、あの老婆の後継ぎを作っておかなくては大変なことになる、と思った。――以下略――

この夢に現われた老婆は明らかにグレートマザーの属性を担っている。彼女は豚と、なにか恐ろしい貝のような動物を飼っている。この姿は、昔話や神話などに登場する魔法使いの老婆が、人間を動物に変えて飼っているのを連想させる。彼女の飼っている動物たちが平和な世界に侵入してくるとき、それはひとたまりもなく壊されるという。実際、このような深い層に貯留されている心的エネルギーが、そのまま自我に侵入してくると、その人は狂ってしまうより仕方のないことであろう。

夢の中で、一人の青年が、老婆が死ぬと大変だといい、この夢を見た女性は「老婆の後継ぎを作っておかなく

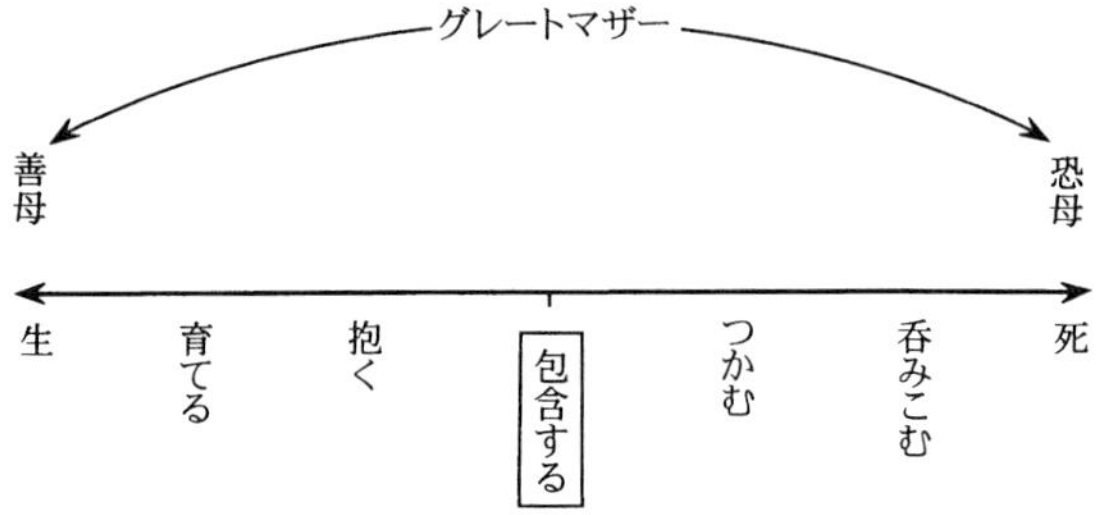

図13　母性の両面性

ては」と思うところが興味深い。この老婆の育てている動物は、そのまま大挙して侵入してくるときは恐ろしいが、実は、この人のエネルギーの供給源でもあるのだ。老婆の死は水の枯れたダムと同様である。ここで、「後継ぎを作る」ことは、このような深い次元における母性性の改変を暗示している。われわれ人間の心の深層には、すべてこのような老婆が住んでいるのだが、その姿を見る人は少ない。この老婆の後継ぎを見いだす仕事がどれほど大変な仕事であるかは想像にかたくない。

母性の両面性

先の夢に現われた老婆は、白い豚と、黒い動物を飼っており、そこに白と黒の対比が著しく示されている。グレートマザーの特性は、すべてを包みこむことにあるが、それは見方によって肯定的な面と否定的な面とをもっている。

図13に示したように、包含するということから派生するものとしての、養い育てるという機能は、母性の肯定的な面を示している。そのような像が神話的なイメージとして把握されたものとしては、ギリシャ神話における豊穣の女神デーメーテルなどをあげることができる。これがすべてを包みこむ愛としての救いにまでつながっているものとしては、キリスト教におけるマリア、仏教における観音菩薩などの像をあげることができる。もっとも、マリアは母であると同時に処女であるし、観音菩薩もはっきりと女性であると言われているわけではない。これらの点については、あとで触れることにしよ

う。図14は、有名な法華寺の観音像であるが、これは明らかに女性像を形どっているものと思われる。

否定的なグレートマザーとしては、ギリシャ神話のヘカテのように、死の女神であらわされる。図15に示したインドの女神カーリーの姿は凄まじい。彼女の一本の手は剣を、二本目は切りおとした巨人の首をもち、三本目と四本目の手は彼女の崇拝者を励ましている。耳飾りは二つの死骸であり、首飾りは人間の頭蓋骨でできている。彼女の衣服は切断した手を二列に並べてつくったもの。舌はたれさがり、目は酩酊しているように充血し、顔と胸は血に汚れている。そして、彼女はつき倒した夫シヴァの上に立っているのである。

母性の肯定的な面は、どうしても「公的」なものとして一般にほめたたえられるので、昔話や伝説などが、それを補償する存在として、否定的なグレートマザー像を多く保存しているのは、むしろ当然のことである。ヨーロッパの昔話によく出てくる人喰い老婆や魔女、わが国の山姥などがそれである。

一人の女神が否定・肯定の両面を兼ねそなえることもある。もっとも典型的なものとしては、仏教の鬼子母神をあげることができる。鬼子母神ははじめ幼児をとって食べていたが、仏の教えを受けて、幼児の守り神である訶梨帝母《かりていも》となったのである。

図14　法華寺の観音菩薩

母と子

グレートマザーが両面性を有する事実は、子どもにとって母親というものが肯定・否定の両面をもつものとして体験されることを意味している。ここに

図15 カーリー

母子関係のむずかしさがある。次に示すのは三十歳代の男性の夢である。

夢 ある女の人を沼か川のようなところから網でもって救いあげようとしていた。彼女はその網にすがっている。ところがいつのまにか、フカかサメのような魚が網をひっぱっている。どうやら女の人はフカに呑みこまれてしまったらしいのだ。フカの歯のむき出された口もとには血がついている。それは女の人の血か、それとも私たち——網をひっぱっているのは、そのときには私ともう一人の男になっていた——にひっぱられて傷ついたフカのそれであるかもしれないと思った。フカはずいぶん手強くて、下手をすれば私たちは逆に水にひきこまれるかもしれない。あるいは、それを手もとへひきよせすぎたら、そのするどい歯をもった、大きくあいた口のなかにくわえこまれるかもしれない。しかし、私たちはとうとう陸へひきあげることに成功する。するとフカがあくびをしたようである。のんびりと口をあける様子なのだ。あるいは、私が口をあけてみせると、それの真似をして、彼も口をあく。その様子はいささか、かわいくさえあった。

この夢では凄まじい「呑みこむ」力をもっていたフカのイメージが印象的である。次の章に述べるように、男性はその心の中にある異性像としての、アニマとの関連をもつことが、人生における重要な課題である。この夢の中で、夢を見た男性は彼のアニマ像を救出しようとしている。このテーマは非常によく出現するテーマであるが、そこに現われた妨害者としてのフカは、明らかに否定的なグレートマザー像である。口もとに血をつけて歯をむきだしている姿は、なんとも恐ろしい。ここで誰かもう一人の男に助けられるが、これは分析家のイメージが重なっているのかもしれない。

それにしても、やっとフカを陸へ引きあげたのちの結末は、いったいどういうことなのだろう。西洋人がその自我を確立してゆく過程には、母性との対決があり、内面的な母親殺しが行われる。しかし、この夢では、フカを殺して、呑みこまれた若い女性を救出するのではなく、フカがあくびをしたりして、にわかにのんびりムードに変わってゆく。すでに発表したので(『母性社会日本の病理』)、ここにふたたびあげることをしないが、母親殺しを避けての自立——自立と言えるかどうか——を試みる傾向の夢は、どうも日本人に多いように思われる。日本人の心性を反映しているものであろう。

母親殺しということは、もちろん個人の内面において行われるべきことである。しかし、内界のグレートマザー像は、大なり小なり現実の母親に投影されるので、母と子のあいだにはなんらかの摩擦が生じて当然である。この時期を乗り越えた母子は、投影にまどわされることなく、人間としてお互いに深い関係をもつことができる。内面の戦いをやり抜く力のない子どもほど、実際に母親を直接攻撃することが多い。母親からの自立を課題とする学校恐怖症の子どもが、母親をなぐったり、けったりすることが多いのもこのためであると思われる。規制者としての父親像の弱さと相まって、このような家では子どもの暴力がエスカレートし、母親の骨を折ったりするケースまででてきている。

女性の場合も、母性に対して強い反撥を感じる時期がある。このことは次章でアニムスのことを述べる際に、もうすこし詳細にとりあげることになろうが、そのような母性への反撥が長くつづき、女性としての発達が遅滞する場合が考えられる。現代女性にとって、自分が女であることを受け入れることは、なかなか困難である。

ある二十代後半の女性は、ボーイフレンドと同棲したりはするのだが、結婚の意志はなかったし、子どもを産む気もなかった。母性を否定する女性は、しばしばエロスの力に圧倒される。彼女は結婚・出産を否定しつつ、次々と異なる男性と肉体関係をもつ。ところで、次に示すのは彼女の見た夢である。

夢　私には赤ちゃん(女)があった。夜寝ようとして、今日一日中、赤ちゃんになにも食べさせていないし、おむつも替えていないことに気づいた。私は起きて、赤ちゃんにミルクを与えたがあまり飲まなかった。赤ちゃんは腹がへっているのに全然泣かず、こんなに世話をして来なかったのに生きつづけていることに、私は心をうたれた。

この夢を見て、この女性は自分がまったくうち棄てておいた赤ちゃんの生命力の強さに感動する。彼女が世話をしなかった女の子は、彼女の未発達の母性性を示しているものではないだろうか。彼女は赤ちゃんにミルクを与えながら、夢の中で母の体験をしている。もっともそれはあまり上手ではなく、赤ちゃんは腹がへっているはずなのに、あまり飲まない。彼女はその後、これにつづく夢の中で、赤ちゃんに熱すぎるミルクを飲ませて失敗したりしながら、だんだんと母性を発展せしめてゆくのである。彼女の意識がいかに母性を否定しようとしても、それは生命を絶やすことなく、無意識の中に育ち、だんだんと実際に開花してくるのである。彼女はその後、結婚し、いまは二児の母として、仕事と家庭とを両立せしめて生活している。

死と再生

先に示した例においては、母性を拒否していた女性が、その夢の中で、「うち棄てておいても生きのびてきた赤ちゃん」というイメージによって、その回復へと志向することを示した。死んでいるかとも思った赤ちゃんが生きていたことに、この女性は感動するのであるが、ここに示された心の動きを、もっと劇的に表わすならば、それは死と再生のプロセスということになるだろう。

グレートマザー像の典型として、地母神を最初にあげたが、それが崇拝の対象となるもっとも大きい要素は、それが持つ死と再生の秘密にあった。グレートマザーこそは、死と再生の密儀が行われる母胎なのである。そして、ある一人の女性が母性の体験をもつことの底には、この密儀が常に存在しているのである。ユングの高弟の一人ノイマンは、『グレートマザー』という大著の中で、女性の神秘が、初潮、出産、授乳を通じて体験されることを明らかにしている。その最初に存在する初潮ということは、まず自然に生じ、女性はそれを受け入れることによって体験される。それは、いつとなく、「やってくる」ものであって、自ら決意して行うものではない。

すこし話が横道にはいるが、著者は女性の患者さんに会うとき、初潮のときの体験について尋ねることがよくある。誰にも教えて貰っていなくて驚いてしまった人。そのことを告げたときの母親のいまわしい目を忘れがたいとする人。あるいは、家族で赤飯を炊いて祝ってもらったという人。それらのエピソードは、彼女が、そして彼女を取りまく人たちが、いかに彼女の母性のあらわれを受けとめようとしたかを如実に示していて、実に多くのことを集約的に告げてくれるものである。

自然に生じたものをそのまま受けとめることは、本質において死の受容につながっており、それは次の出産、すなわち再生へと発展してゆくものなのである。このような偉大な受容性が母性の本質の中に存在している。人格の急激な変革はイメージの世界において、死と再生のプロセスとして把握されることが多い。心理療法を受けて人格の改変を遂げる人たちが、死と再生の体験をすることが多いのもこのためである。ときにそのプロセスは外在化され自殺の危険をさえ伴うことすらある。内面に経験される死が治療者に投影され、治療者の死を夢みる人もある。

ある学校恐怖症の学生は、治療も終結に近いころ、治療者の死の夢を見た。夢の中で、彼はいつものように面接を受けに来たが、返事がないので裏庭にまわってみた。すると、裏庭には人が半円形に集っており、その中心に治療者が横たわっていた。暗くてよく解らなかったが、あけはなたれた座敷にも人がおり、そこにも人が半円形に集っていた。明と暗の円形の中心に横たわっている治療者の死の姿は、涅槃図を見るようであった。

明と暗の対比される円陣の中での治療者の死の姿は、きわめて象徴的である。彼はそれを涅槃図のようであったとさえ言っている。この人の心の中で再生へと向かうなんらかの死の体験が生じたのであろうし、これはまた彼にとって治療者のイメージも変化し、彼がそこから別れてゆく決意をもちえたことも明らかにしているのであろう。治療の終結の近いことを、この夢は予告しているようにも思われる。

死と再生のプロセスが、創造性ということにつながることも、すぐ了解できるであろう。それは新しいものを「生み出す」のである。ここで、第Ⅱ章に述べた、退行と創造性の結びつきについて考えてみよう。フロイトが退行を病的とする考えの背後には、それが母親との近親相姦的な結合であるというイメージが存在している。ここで、ユングが強調するような創造的な退行を考えるとき、それは個人的な母との近親相姦としてではなく、普遍的な母なるものとの合体としてみられる。そのとき、それは再生へと志向する死の体験として了解されるのではないだろうか。

フロイトが個人的な親子関係を基にして、エディプス・コンプレックスを強調するのに対して、ユングが普遍的な母なるものの存在を主張し、フロイトから離別していった基に、このような考えの相異が存在しているのである。

2 元型

前節においては、グレートマザーを取りあげて、このようなイメージがいかに人類共通のこととして認められるかを明らかにした。あるいは、最後に述べたように、個人的な家族関係としての母子関係ということを超えて、普遍的な母なるものという考えを導入することによって、退行のもつ創造性ということが、より生き生きと説明しうるかを示した。このような考えを基にして、ユングの元型(Archetypus, archetype)の概念が生じてくるのである。これはユング心理学の核心と言ってよいと思うが、それについてすこし説明してみよう。

原始心像

すでに第I章の終りに述べたように、ユングは精神分裂症者の幻覚や妄想を研究するうちに、それらが世界中の神話や昔話などと、共通のパターンや主題を有することに気がついた。それらのイメージはきわめて印象的で、人をひきつける力をもっている。たとえば、二二一ページに示した地母神の像は、現代人のわれわれの心を打つものがあり、実際、現代の芸術作品の中に、これら太古の像と似通ったものを見いだすのも珍しいことではない。

ユングはこれらの典型的なイメージを、最初のうちは、ヤーコプ・ブルクハルトの用語を用いて、原始心像(urtümliches Bild, primordial image)と呼んでいた。ユングは高等学校、大学の時代をスイスのバーゼルの町ですごしたので、同じバーゼルの住人であるブルクハルトに対して、特別な親近感をもっていたように感じられる。ブルクハルトと同じく、バッホーフェンも、バーゼルの住人であるが、この二人から大きい影響を受けたことをユングも認めている。バッホーフェンの死が一八八七年、ブルクハルトは一八九七年であるから、高校生のユングはこれら二人の偉大な人物とバーゼルの町のどこかですれちがったかもしれない。彼は『自伝』の中に次のように書いている。「バーゼルに対しては、もはやそれはむかしのままでないことを知っていながらも、私は今日までノスタルジックな弱さをもっている。私はまだバッホーフェンやブルクハルトが通りを歩き、大聖堂の後に古い参事会の建物とライン川にかかっている半分木製の古い橋があったころのことを覚えている。」

バッホーフェンは宗教や神話の研究に専念し、なかでも母性に関する論文も多く、あきらかにユングに対して強い影響を与えている。これら三人の共通点として、いずれもイメージの世界への強い関心があげられる。彼らは概念を明確にして、それを組み立ててゆくことよりも、その背後に存在するイメージの生命のほうに心をひかれた人である、ということができる。

原始心像という用語によって、これらのイメージをとらえ、研究してきたユングは、それらのイメージのもとなる型が無意識内に存在すると考え、それを元型と呼んだ。彼が元型という用語をはじめて用いたのは、一九一九年、「本能と無意識」という論文の中においてである。原始心像はすなわち元型的なイメージであり、そのようなイメージを通じて、人間の無意識内に存在するいろいろな元型を探ることが、彼の心理学における重要な課題となったのである。

元型そのもの

元型は無意識内に存在するものとして、あくまで人間の意識によって把握しえない仮説的概念であり、これの意識内におけるはたらきを自我がイメージとして把握したものが元型的イメージ(原始心像)なのである。ユングは初期のころ、元型そのものと元型的イメージとを混同して述べていたようなところもあって、いろいろと誤解を招いたのであった。このあたりのことをユングの言葉によって説明すると次のようになる。

「何度も何度も私は、元型のその内容に関して決定されている、つまり、それは一種の無意識的な観念であるという誤解に会っている。元型はその内容に関して決定されるものではなく、その形態に関してのみであり、それも非常に限られた程度においてのみそうであることを、ここにふたたび指摘しておくことが必要である。

原始心像は、その内容に関して、それが意識化されるとき、従って意識的経験の素材によって満たされるときにのみ決定される。しかしながら、その形態は……結晶の軸構造と比較しうるものであろう。それはそれ自身物質的な存在ではないが、母液のなかの結晶構造をつくりあげるかのようなものである。……元型はそれ自身空で形態的であり、先在的可能性にすぎない。それは先験的に与えられている表象可能性なのである。」(『元型と普遍的無意識』

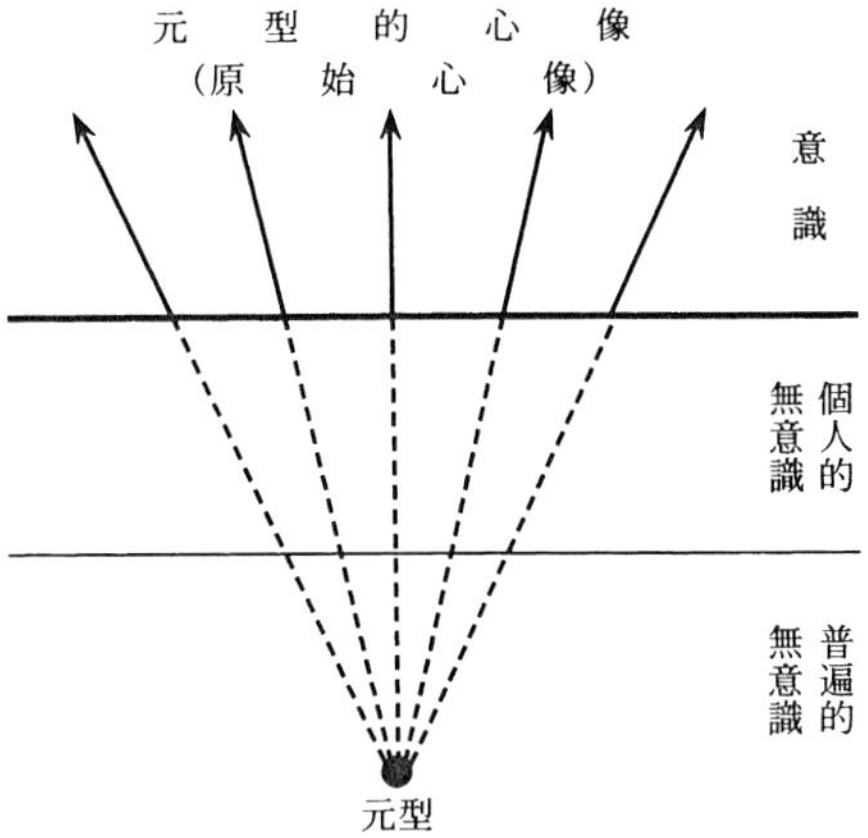

図 16　元型と元型的心像

より）

ここで、ユングが元型を結晶の軸構造のようだと言っているのは興味深い。元型そのものは「先験的に与えられている表象可能性」なのであり、表象ではないのである。結晶の軸そのものは存在しないのであるが、結晶ができあがると、そこに軸構造は存在していることになる。これらの点がやや不明確なまま、ユングは元型は人間に生得的に存在していると述べたので、後天的に獲得したイメージが遺伝されるのは不可能であるという非難を受けたのである。しかし、この点は元型そのものと元型的イメージを区別して考えることによって非難を免れることができると思われる。

ユングはいろいろな元型の研究をしたが、すでに述べたグレートマザーがその一例であり、のちに述べるような「影」、「アニマ（アニムス）」、「自己」などが重要なものである。その他、木、火、水、などについても、その元型を考えだすことができるであろう。「始源児」、「老賢者」、「英雄」、「トリックスター」なども重要な元型であり、それらについてもあとで少し触れることになろう。

元型は明確な概念規定によって把握できるものではなく、あくまで隠喩《メタフォル》によってのみ、その意味を知ることができるものである。われわれは元型そのものに接近することはできないので、そのまわりを巡回し、それを繰り返しつつその輪をだんだんと小さくしてゆき、自分の心の中にその中心点が浮かびあがってくるように努力するのである。

元型的なイメージは個人のコンプレックスによっても色づけされる。それは普遍的無意識の層から個人的無意識の層を経て自我に達するのだから、当然のことである。このことは、コンプレックスが元型的な心的内容の自我に対する直接的な侵入を防いでいるのだということもできる。つまり、コンプレックスの弱い人は、元型的なものの侵入を受ける危険が高いのである。

文化差

元型は人類に共通なものと仮定されるが、それが元型的なイメージとして把握されるとき、その個人の意識のあり方、ひいては、その個人をとりまく地域的、時代的な文化の差によって影響を受けることは当然である。このような点から、とくに文化的無意識という概念をたてる人もあることは、第I章の終りに述べたとおりである。われわれとしては、元型的なイメージの中に、人類に共通なものとしての元型を見いだす努力をすると同時に、文化の差によってそれのあらわれ方に微妙な差があることにも注目してゆきたいものである。

グレートマザーの肯定的なイメージとしての、マリアと観音とでは、共通の部分もあるが異なる部分もある。とくにマリアが母であると同時に処女であるとする点は、観音と明白に異なる点であろう。日本人のクリスチャンでマリアを信仰する人も、それは容易にマリア観音のイメージとなり、母であると共に処女であることの意味は、心の中で薄らいでしまう人が多いように感じられる。

ある時代、ある文化において、ある特定の元型がとくに強烈な力をもつ場合も考えられる。ある元型的なイメージがひとつの文化や社会を先導する象徴となり、その集団の成員のエネルギーを結集せしめるときもある。神話や昔話には、世界中に共通するパターンが存在すると述べたが、やはり以上の点とからみ合って、国や地方による差が生じてくるようである。たとえば、小沢俊夫編『日本人と民話』には、いろいろと日本の民話の興味深い特徴が述べられている。

その中で、ソ連の学者チストフが日本の「浦島太郎」の物語を、自分の孫に話してやった体験を述べているところが面白い。チストフが竜宮城の美しさを描写したところを話しても、孫は全然興味を示さず、なにか別のことを期待している様子であった。そこで彼は孫になにを考えているかを尋ねた。

「いつ、そいつと戦うの?」

というのが孫の答だった。彼は竜宮城にいる竜と主人公の浦島の戦いが始まるのを、いまかいまかと楽しみに待っていたのである。

英雄が竜を退治し、そこに捕われていた乙女と結婚する。このパターンは西洋の場合、よほど小さい子どもの心にも定着しているのである。「浦島太郎」では、竜との戦いがないばかりか、浦島と乙姫が結婚したのかどうかさえ定かではないのである。もっとも、初期の浦島伝説においては、浦島は亀姫(乙姫の前身)と結婚しているのだが、これらのことはすでに他に論じたので(『母性社会日本の病理』)、ここでは触れない。

ともかく、このような昔話が存在していること自体、ソ連の子どもにとっては不思議で仕方ないことであるだろう。しかしながら、「浦島太郎」の物語を個々の要素に分解してゆくと、それはそれでまったく全世界に共通の、普遍的な側面をもっていることも事実である。

二二六ページに示した夢で、呑みこむ力の強いフカのイメージを、グレートマザーのイメージとしながらも、その結末の特異性を指摘したが、これは「浦島太郎」において、戦いが生じないことと軌を一にしている。わが国においては、グレートマザーの力はきわめて強く、それと対決し、あるいは殺すことは、ほとんど不可能に近いことなのであろう。

元型についていろいろと説明してきたが、次からは、元型の中で重要なものを取りあげ、それについて説明してゆこう。既に述べたグレートマザーは、日本人の心性と結びついているので了解しやすいが、次に示す「影」

というのも比較的解りやすいものである。

3　影

ユングの元型の概念は思弁的にたてられたものではなく、彼の長い臨床体験――とくに夢分析――から生じてきたものである。「影」は夢分析の初期に登場することが多く、比較的理解しやすいものである。次にそのような夢の典型的なものをひとつあげる。三十歳に近い男性の見た夢である。

夢　私はなにか商売をしている。店員はA（男性）で、会計はB（女性）がやっている。私は自分が商売をしていること、しかもAと一緒にやっていることを不思議に思っているが、なかなかよく繁盛している。しかし、Bが私のところへ来て、Aと一緒に仕事はしたくないと言いだしたので、私は困ってしまう。

この夢はどのようなことを意味しているのか。それを知るためには、夢に出てきたA、Bという人物についての連想を聞かねばならない。

生きられなかった半面

この夢を見た人は真面目な研究者であって、商売などとは縁遠い人である。この人は夢の中でさえ商売をしていることを不思議がっているほどだが、それはうまく繁盛しているらしい。夢の中のAは、夢を見た人と同じ研究者である。「攻撃的で、出しゃばりで、知ったかぶりをするところがあり、あまり好きでない」人であるという。このように、夢分析の初期に、自分と同性で、あまり好ましく思っていない人物というのがしばしば現われるものである。しかも、この夢のように、その人と協力しているとか、その人からなにかものを貰ったとか、などということがよく出てくる。

ユングは影について、「影はその主体が自分自身について認めることを拒否しているが、それでも直接または間接に自分の上に押しつけられてくるすべてのこと——たとえば、性格の劣等な傾向やその他の両立しがたい傾向——を人格化したものである」と述べている。どんな人でも、その人なりに統合された人格として生きてくるとき、そこにかならず「生きられなかった半面」が存在するはずである。この夢を見た人は、慎重で控え目なタイプの人なので、Aのような生き方はいままでできなかったのである。つまり、Aはこの人の影のイメージとして出現している。

この夢の告げているところは明瞭で、「あなたは影のAの協力を得て、思いがけない仕事ができる」ということである。そこで、うまくゆきそうに思えるところで、BとAの不和という問題が生じる。Bという女性は、これも同じく研究者仲間で、夢を見た人にとっては好ましい人であり、うっすらと、好意を越えた感情をさえ抱いているという。ここで、Bという女性は、たしかに夢を見た人が男性である点から考えて、彼の「生きてこなかった」面を多くもっているのは当然であるが、ユングはこのような異性像は、影と区別して考えている。夢の中の異性像については、次章に詳しくとりあげるが、個人のより深い無意識の層に関連していると思われる。

ここで、彼女が会計をしているのは興味深い。お金が夢の中で心的エネルギーをあらわすことはよくあるが、彼女は心的エネルギーの出入の要点に存在していると考えられるからである。主人公は影のAと協同することによってうまくゆくと思いはじめたときに、Bが反対をする。これもよく夢に生じるテーマである。「夢の劇的構成」ということを二一〇ページに述べたが、その点からみると、この夢は結末を欠いた夢ということができる。あるいは、主人公が「困ってしまう」ところが結末といえば結末である。

この人は影と協同しようとするが、彼の心の深層に存在する女性は不協力を申し出る。その中で、この人たち(心全体)をどのようにまとめてゆくかは、本人の決断と今後の生き方にかかっているのである。影と協同することは思いがけない成功をもたらすものであるが、それほど簡単ではないのである。

影の種々相

われわれ人間は誰しも影をもっているが、それを認めることをできるだけ避けようとしている。影には個人的影と普遍的影とがある。前者はある個人にとって特有のもので、先の例で言えば、控え目な人にとって、攻撃的なところはその人の影になっている。しかし、攻撃的な生き方をしている人にとっては、控え目なことがその人の影になるわけである。

個人的影は人によって異なるが、普遍的影は、たとえば殺人などのように、人類共通に有しているもので、悪の概念に近いものである。個人的影の存在を認め、それを自我に統合してゆくこともなかなかのことであるが、普遍的影となると、ほとんど不可能に近い。

自分の影の存在を認めないようにするため、人はいろいろな方策を用いるが、投影の機制は非常によく用いられるものである。これは文字どおり自分の影を他人に投げかけるのである。先の例で言えば、Aがでしゃばりすぎるなどと悪口を言っている本人が、実はそのような影をもっているのである。いままで控え目すぎるほどに生きてきた彼も、三十歳近くなって、学者として立つ時期がきつつあるとき、以前よりは積極的に行動する必要性を、うすうす感じながら、それをいままでの人生観に照らしてみて、受け入れがたいと感じ、その影をAに投影して憤慨していた。

彼のいましなくてはならないことは、Aの生き方を攻撃したりすることではなく、Aに投げかけた自分の影を自分のほうに引きもどして、自分の無意識にある傾向を、どのように生きるかを考えるべきである。このようなことを、「投影のひきもどし」というが、人格の発展にはぜひ必要なことであり、勇気を要することである。

「影の肩代り」という現象もある。ある素晴らしい教育者の子どもが非行少年になった。父親は皆からホトケのような人だと言われるほどで、まったく影をもたない人のようにさえ感じられた。ところが、子どもは数々の悪行を重ねるのである。親子でありながらどうしてこのように違うのだろうと思う人もあるし、息子の親不孝ぶりをなじったりする人もある。このような親子に会って、われわれが理解するのは、親の影を子どもが肩代りさせられているということである。親のあまりにも「影のない」生き方が、子どもに肩代りを要請するのである。大体、生きているときからホトケになろうとするのは、すこし虫がよすぎるのであろう。

影は自分の両親や兄弟にもわりに投影される。とくに、思春期において親から自立しようとする傾向が生じてくるときは、親の否定的な面が見えてくるために、親の像と影はしばしば融合してしまって、自分の親が途方もない悪者のように意識されることが多い。高校生のカウンセリングをすると、両親の悪口を散々に述べたてて、そのうち親に投げかけた影を自分のほうに引きもどして、影の自覚と共に自立的に動きはじめることがよくある。

影の力が強くなってきて、自我が影の侵入を受けるときがある。次に示すのは、対人恐怖症の男性の夢である。

夢　私の家に向かって敵が攻めてくる。敵は砲撃や爆撃を加えてくるので、私は地下に身を隠して攻撃を逃れようとした。「相手を殺すか、自分が死ぬかどちらかだ」と、私はどなり、戦おうとするが、味方は武器らしい武器をもっていない。私は不安になってきた。

これは影の侵入を受けながら、自我は防衛の術もなく不安におののいていることを示している夢である。この人が対人恐怖症という症状に悩まされているのも、それと関係していることと思われる。こんなとき、治療者としては、この正体不明の敵がどんなであったか、その中に誰か知った人はいなかったかなどと聞くことによって、影の性質を知り、対応策を考え出そうとする。この夢のときは、夢を見た人は治療者の質問に対して、敵の中に「父親らしい人」がいたことを思い出す。そして、それがこの人の父親に対する態度を考えてゆくきっかけとなったのである。

影の侵入が思いがけぬときに、強力に行われるとき、その人は発作的な犯罪を犯したり、自殺に追いこまれたりするときがある。

影の病い

江戸時代に「影のわずらい」とか「影の病い」と呼ばれていたものがある。これは「離魂病」とも言われ、人間の魂がその身体を離れて漂泊するという考えによっている。これは言うなれば、影の遊離現象である。

ドイツの民間伝承に、ドッペルゲンガー(Doppelgänger)というのがある。自分自身とまったくそっくりの人物に出会うという体験を指している。これは、わが国の「影の病い」と同様のことと考えられる。次にあげるのは

ハイネの有名な詩である。シューベルトがこれに作曲したので、非常によく知られている。（遠山一行の訳による）

ドッペルゲンガー

静けき夜　巷は眠る
この家に　我が恋人は　かつて
住み居たりし
彼の人はこの街すでに去りませど
そが家はいまもここに残りたり
一人の男　そこに立ち
高きを見やり
手は大いなる苦悩と闘うと見ゆ
その姿見て　我が心おののきたり
月影の照らすは
我が　己の姿
汝　我が分身よ　青ざめし男よ
などて　汝　去りし日の
幾夜をここに　悩み過せし
わが悩み　まねびかえすや

この詩の中で、ハイネはドッペルゲンガー体験の不気味さを巧みに描き出している。かつての恋人の家の前に立って苦悩している男、その姿を月影の中に見たとき、実はそれは自分自身、もう一人の自分であったという驚きと恐れ。自分は恋人をあきらめて、決心してそこを立ち去ったつもりだった。しかし、もう一人の自分は、ずっとそこに立ちつくしていたのだ。影は本体から遊離してまでも、自分のしたいことをしていたのである。

ハイネの詩にも見られるように、二重身(ドッペルゲンガー)の現象は、多くの芸術家の心をとらえ、二重身を素材とした多くの文学作品が残されている。ドイツ浪漫派のE・T・A・ホフマンは、自分自身も二重身の体験をもったようだが、それを素材とする小説を書いている。なかでも『悪魔の美酒』は傑作で、影の問題を深く考えさせる内容をもっている。ドストエフスキーの二重身(邦訳『二重人格』)も、素晴らしい作品である。

われわれ心理療法家のもとへも、ときどき二重身体験に悩む人が相談に来られる。「先生の前にいる私は分身のほうで、本当の私はいま、下宿で寝ています」という人さえあるが、このような人の治療はなかなか困難である。

二重身に対して、二重人格というのは、同一人物の中で、二つの人格が交互に現われる現象である。有名なスチヴンソンの小説『ジーキル博士とハイド氏』がこれにあたると思って貰えばよいだろう。ともかく、自我と影とがときどき入れ代わって――外見は同一人物として――行動しているのだから、まったく大変なことである。

ウィリアム・ジェームズの発表した有名な例では、アンセル・ブアンという牧師が、あるとき出奔して、まったく異なる人格となり、自らブラウンと名のって商店主になっていた。二カ月後にブラウンはもとの人格にかえってびっくりし、またもとの牧師の地位にかえっていったという。二重人格が心理学的に研究され始めたのは十九世紀後半のことであり、いままで報告された例は百例ほどある。非常に珍しい現象である。これらの例をみると、第二人格は第一人格の性格とまったく対照的で、第一人格の影であることが解る。このような二重人格の例は最近になるほど少なくなってきているようである。もっとも、一九七三年に発表された「シビル」と名づけられる症例は、十六重人格だというのだから、まったく驚嘆させられる。

二重人格は不思議な現象だが、考えてみると、普通人も夢の世界では、日常とまったく異なる自分として行為しているわけである。二重人格の恐ろしいところは、第一人格は第二人格の出現しているあいだ、まったくの健忘状態にあり、自分がなにをしたか記憶がないことである。その人にとって解ることは、ふと気がつくと何日間か何カ月のあいだのことが、まったく空白として——実は第二人格が生きているのだが——意識されることだけである。しかし、われわれも毎夜いくつかの夢を見ながら、ほとんどそれを忘れているのだから、二重人格を笑ってばかりもいられないかもしれない。

トリックスター

影はたしかに暗い存在である。しかし、それのもつ逆説的な性質をもっとも端的に示すものとして、トリックスターがある。トリックスターとは、世界中の神話や伝説の中で活躍する一種のいたずらもので、わが国の民話に登場する「吉ちょむ」とか「彦一」などがその例である。次にそのような話を一つ示すことにしよう。

あるとき、大作さん（高知県の民話のトリックスター）が、山で仏法僧の鳴くのが聞こえると言いふらした。殿さまが仏法僧の声を聞きたいというので、山まで立派な道をつくり、やって来たが、クククククという声ばかりで仏法僧の声がしない。大作を呼び出して尋ねると、仏法僧がクククククと鳴いていると言った。そこで、それは山鳩ではないかとえらく叱られたが、おかげで立派な山道ができたということである。

この話はトリックスターの特性をなかなかよく描き出している。殿さまをだます策略のうまさ、計画をすぐに実行する行動力、そして仏法僧がククククと鳴くと思っていたととぼけてみせる変化の自在性などによくそれが表わされている。下手をすれば打首にでもなりそうな危険を犯して、最後は山道の建設ということをもたらす創造性も、そのもっとも高い機能としてあげておかねばならない。大作の力によって、町と山とを結ぶ道ができるのは、ひいては殿さまと民衆とを結びつけることにもなろうし、中心部と周辺部を結びつける役割を担っているともいうことができる。

トリックスターはこのように、策略にとみ、変幻自在であり、破壊と建設の両面を有している。アフリカの神話に活躍するトリックスターが案外、創造神話と結びついたりするのもこのためで、破壊によって古いものが崩れ、そこに思いがけない結びつきが生じることによって、新しい創造が成立するのである。トリックスター的存在はどのようなところにもいるものである。敵対するグループの両方に属していて、片方の秘密を片方に流したりするので、大騒ぎが起こったりするが、そのような騒ぎを通じて案外、二つのグループが仲良くなったりするときもある。トリックスターは二つの世界の中間地帯を跳びまわり、そこに波瀾を巻きおこす。失敗したときは人騒がせないたずら者であり、成功したときは新しい統合をもたらす英雄となるのである。

トリックスターは影のもつ逆説性を如実に示すものである。その存在は現存する組織をおびやかすものではあるが、それは常に新しい思いがけない結合を呼びおこし、既存の組織のもつ単層性に対して、多くの可能性を示唆し、その重層性を明らかにする。ある体制が、どの程度にトリックスターの存在を許容しうるかによって、それがどの程度に自ら改革し、進歩してゆけるかを測ることができる、とも言うことができる。自らの許容度を越えてトリックスターが活躍するとき、そこには収拾不能な混乱が生じることになろう。

Ⅳ　無意識界の異性像

1　ペルソナと心

前章においては、影について述べ、夢分析の初期には影のイメージが出現することが多いと述べた。一般に言って、影の自覚と統合がすすんだ段階で、夢の中に異性像が登場してくる。影は個人的無意識との関連も深く、比較的理解しやすいが、本章で取り扱う無意識界の異性像は、無意識のより深い層にあって、把握することが困難なものである。著者のいままでの経験では、西洋人に比して、日本人には、はるかに統合の困難なもののように思われる。ユングは夢の中に現われる異性像の元型を、アニマ（男性の心の中の女性）、アニムス（女性の心の中の男性）と名づけている。アニマ・アニムスについて述べる前に、まずペルソナということを説明しておかねばならない。

ペルソナ

ペルソナというのは、古典劇において役者が用いた仮面のことである。人間がこの世に生きてゆくためには、外界と調和してゆくための、その人の役割にふさわしい在り方を身につけていなくてはならない。外的環境は個人に対して、いろいろな期待や要請をなし、その人はそれに応じて行動しなくてはならない。教師は教師らしく、あるいは、父親は父親らしく行動することが期待されている。いわば、人間は外界に向けて見せるべき自分の仮面を必要とするわけであり、それが、ユングの言うペルソナなのである。

各人が適切なペルソナを身につけていることによって社会は円滑に動いている。ペルソナは、夢では衣服によって表わされることがよくあるが、実際に、日常生活の中で個人的感情よりもペルソナの役割を優先させなければならぬ人は、多く「制服」を着ている。電車の車掌とか、警察官とかは制服を着ることによって、その社会的機能をスムースに行いやすくしているのである。

ところが、ペルソナがあまりにも硬化してくると、その人は人間としての味を失って非個性的な存在になってくる。それは、たとえば家庭に帰ったときも、友人と遊びにゆくときでも、いつも制服を着ている人を想像すれば、すぐ感じがつかめるだろう。家へ帰っても教師であることをやめない両親をもった子どもは不幸だろうし、恋を語るときも放送調でやるアナウンサーがあれば、恋人はしらけた感じを抱くことだろう。

これほどばかげていないにしても、外への適応がよすぎるために、内的適応が悪い人も存在する。そのような人は他人とのつき合いに専念しすぎて、自分の「心」を忘れてしまっているのである。自我は外界とのつき合いだけではなく、自分の内界とのつき合いも考えねばならない。ところが、人間の内界——無意識界の深層——には思いがけないものが存在している。それが人格化されるとき、アニマ・アニムスの像となって顕現するのである。

ペルソナと心の関係について考えさせられる夢を次に示す。二十歳に近い赤面恐怖症に悩む男性の見た夢である。

夢　江戸時代、裕福な商店の娘（二十歳ぐらい）のような人が二人、処刑場にいる。周囲の竹の囲いごしに大勢の人びとが見ている。一人の娘さんは顔にぴったりと仮面がひっついていて離れず、もう一人の娘さんは左手の甲に仮面がぴったりとひっついてこれも離れない。役人はまず、顔に面のついている娘さんのほうから始め、鋭いカミソリで頭のほうから真っぷたつにさいてゆく。役人は娘さんの仮面をはがしてやるつもりなのかな？　とも思ったけれども違った。顔から離れ落ちたけれども、娘さんの顔もカミソリで仮面と一緒にザクロのように深く切りさかれ、まっ赤な血がドクドクとふき出している。次は左手の甲に仮面のついた娘さんの番だ。これもカミソリで仮面を指先のほうから真っぷたつに切りさいていく。こっちは仮面を切りはがすだけなのかもしれない。仮面の半分ぐらい切りさいたころ、娘さんは「痛い！」と顔をしかめ、苦しそうな表情をした。血がふき出していた。娘さんは抵抗しようとはしない。仮面は真っぷたつになって離れ落ちた。手の甲を見ると、カミソリの傷は二本に別れていた。仮面が手の甲にへばりつくときに甲の肉がよじれたのだろう。

これは硬化したペルソナの悲劇の凄まじさを感じさせる夢である。実際この青年は小さいときから、いつも「よい子」であろうとして努力してきた人である。彼のペルソナは人格に密着しすぎて、簡単な方法ではとれなくなってしまったのであろう。それを取りはずためにはカミソリで切りさくより仕方がなく、結局それは肉体を傷つけることになってしまう。

ザクロのような切り口とか、ドクドク流れる血などによって、それは生ま生ましく表現されているが、ここに傷つけられる女性こそ、彼の心を示しているものであろう。ちなみに、仮面をはごうとして仮面が赤く血ぬられることは、彼の赤面恐怖症という症状発生のメカニズムを明らかにしてくれているようにも思われる。

ここで、この人の「心」が傷つくと言ったが、いったいこの人自身はどこにいるのだろうか。この夢は夢を見た本人が登場していないところが特徴的である。夢の中に本人が登場しない夢を見た人に、「あなたはいったいどうしていたのですか」と尋ねると、「私はこの夢を見ておりました」と悠然と答えられて参ったことがある。夢の中の本人は、自我あるいはそれに近い存在を表わしていると思われるが、この夢では、自我は「見る」役にまわってしまって、ペルソナとアニマが直結し、そこに悲劇が生じている。つまり、ペルソナつくりに専念しすぎて、この人は自分の自我が確立できず、彼の心は従って、非常に傷つきやすい、赤面しやすいものになっているのである。

自我がこれほど弱くないときは、自我、影、アニマ(アニムス)などの関係はどのようになっているのだろうか。この点を次に考えてみることにしよう。

磯　崎

『お伽草子』の話の中の「磯崎」は、女性にとっての自我、影、アニムス、の関連を考えるのに好適な例のように思われる。

下野国に磯崎殿という侍がいた。本領安堵の件で鎌倉に出かけ、一年滞在した。女房は留守を守って働き、神仏に本領安堵を祈ったりした甲斐あってか、話はうまくつき、磯崎は下野に帰国する。しかし、彼は鎌倉で別の女房をつくって伴い帰り、自分の屋敷の外に新殿《あたらしどの》という家をつくり、そこに住まわせる。女房は嫉妬に身をこがし、主人の留守の夜、彼の女の姿を見ようと思い立つ。ちょうどそのときに来た猿楽の役者に頼み、鬼の面を借り受け、それをつけて女の所にしのび入り、覗き見をした。油火に照らされて見えた女は、十七、八歳、絶世の美人であった。「物によくよく譬ふれば、漢の武帝の后、又は楊貴妃李夫人も、これにはいかで優るべき。如何なる心なき人なりとも、この姿を見るに、静心なき恋とも憧《あくが》れつべき人なり。それに我が身を比ぶれば、齢は半ばもふけ過ぎ、色黒く髪赫《あか》く、子持の母の恥づかしさよ。」というわけで、女房の嫉妬心は燃えあがり、部屋に押し入り、驚く女に馬乗りになって殺してしまう。

ところで、家に帰った女房は面を取ろうとするが、どうしても取ることができない。よもすがら泣き明かすが、とうとう姿が鬼になったためか、心まで鬼になってしまう。結局は奥山に隠れ、人をとって喰うようにさえなる。これを聞いた女房の子は、日光山の稚児学生《ちごがくしょう》となっていたが、急いで下山して母に会いにくる。この子の説法によって母は発心し、面もとりはずすことができる。彼女は元結を切って尼となり、殺された女の弔いのため、日本中を行脚してまわる。磯崎もこのことを聞いて出家する。

最後はきわめて仏教的な解決に終るこの話も、その前半のところは、きわめて近代的な解釈を許す部分をもっている。ここで、鬼になった女房を主人公として考えてみると、どうなるであろうか。彼女は夫によく仕える、典型的な主婦であった。しかし、彼女の献身は夫に裏切られる。ここで、彼女の外面に向かって、ひたすら当時の規範としての三従の美徳に生きていた彼女の目は内面に向かって開かれる。彼女は夫の女の姿を「覗き見」ようとする。「覗き見」は隠された内面の真実に触れるひとつの典型的な姿として、しばしば物語に生じるモチーフである。しかし、彼女は、覗き見をするために鬼の面をつけねばならなかったのである。女を驚かすためとそれは説明されるだろうが、果してそうであろうか。

彼女の生き方はペルソナと自我が一致するような生き方であった。そのため、彼女が夫の浮気を契機として内面に向かうことを決意したとき、彼女は内面に向かうのに、むしろ仮面を必要としたのであった。そのため、その仮面は外界向けのペルソナなどではなく、鬼の面であることを必要とした。ここに、この物語における仮面のパラドックスが存在していると思われる。彼女のつけた仮面は対人関係をスムースにさせるペルソナなどではなかったのである。

ここで、鬼について言及しなければならぬが、これはこれで、折口信夫以来多くの先達が数巻の書をもって述べてきた深さとひろがりをもつ存在であるので、それらをすべて省略して、この話に関連して次の点だけに絞ってしまうことにしよう。つまり、鬼はこの世とあの世の境に出没する存在であることと、その表情の恐ろしさ、破壊性という点とである。

影とアニムス(アニマ)

鬼がこの世とあの世の境に存在するという意味は、この物語において、女房が覗き見ようとしたのは、ほかならぬあの世の世界であることを意味している。あくまで、現世的・ペルソナ優位に生きてきた彼女にとって、内界はすなわちあの世であったのだ。そして、当時の女性にとって内面に向かうことを決意することはすなわち、破滅へと向かう恐ろしいことであった。それを鬼の表情は反映している。

彼女の覗き見た絶世の美人、誰からも恋されるほどの女こそは彼女の影であった。影を常に醜悪と考えるのは速断である。このあまりにも日常的な女性にとって、その影はこの世ならぬ美しさを持つ存在であった。

ところで、彼女の夫はここで、二重の役割をもって登場している。彼女の日常的に接する夫は外界の代表そのものであり、彼女の影である美人が待ちこがれている男、すなわち夫は、非日常的な空間に存在する測りがたいなにものか、つまり、彼女の心の深層に存在するアニムスである。

人は影を通じてアニマ(アニムス)と接触できる。ここで、女房がなすべきことは、自分の影の統合によって、いかにアニムスと接触をはかるかということであった。しかし、それは彼女にとってあまりにもむずかしいことであり、彼女は影を殺して自ら鬼となるより仕方がなかったのである。

このあとに述べられている仏教的救いについてはここでは触れないが、彼女を救う人が夫ではなく、子どもであることも日本的な特性を反映していると感じられる。それにしても、この物語は、ペルソナ、自我、影、アニマ(アニムス)の関係を見事に示してくれるものということができる。アニマ(アニムス)は、ある男性(女性)の不可解で捉えがたい「心」を表わしており、われわれはそれに到達するためには、影の世界を通らねばならず、ここで影の力が強いときは自我は破滅へと向かうことになるのである。

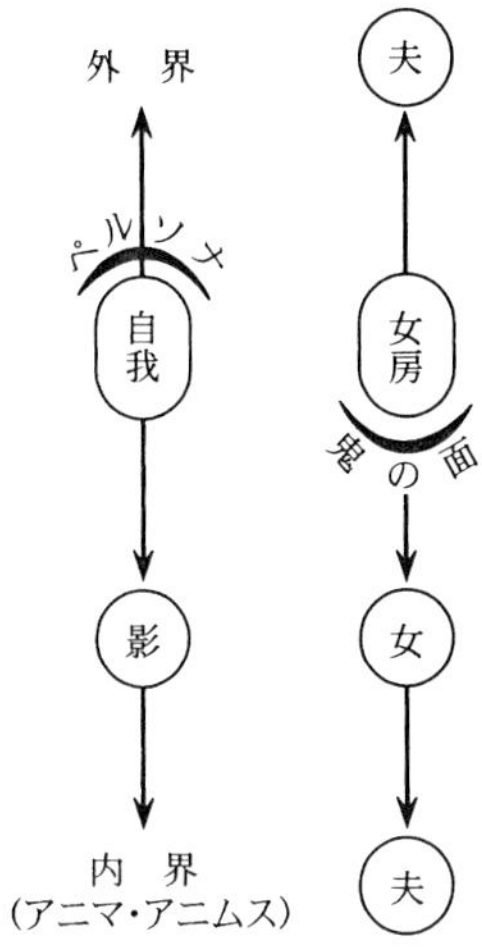

図17　影と心

2　アニマ

男性は一般に男らしいと言われているような属性をもったペルソナを身につけねばならない。彼は社会の期待に沿って、強くたくましく生きねばならない。そのとき、彼の女性的な面は無意識界に沈み、その内容が、アニマ像として人格化され、夢に出現してくると、ユングは考える。女性の場合はこの逆で、女らしいペルソナをもつために、男性的な面はアニムスとして無意識界に存在するという。このように、男性であれ女性であれ、潜在的可能性としては両性具有的であると考えるところが、ユングの特徴である。

アニマ像

それでは、アニマ像は夢の中にどのように登場するであろうか。次に示すのは、ある二十歳代の独身の男性の夢である。

夢　私は誰かと海水浴にゆくところであった。行きたくはなかったが、私はどうしても行かねばならないことを知っていた。海岸では、中学時代の先生が水泳を教えてくれた。ほかのひとたちが皆泳いでいるとき、私は一人離れて海岸にいた。すると突然、海底から裸の少女の体が浮き上がってきた。私はあわてて人工呼吸をする。私は彼女のかすかな息を感じてほっとする。彼女のために暖かい着物を探すため帰宅するが、たくさんの衣類はどれも小さすぎてだめ、衣類を探しまわっているうちに目が覚める。

これは、二二六ページに示した夢と同様に、アニマの救済のテーマをもった夢である。前の夢では、アニマを呑みこむものとして、フカという形象化された姿があったが、ここでは呑みこむものは海そのものと言っていいのだろう。一般に男性はペルソナつくりに忙しくて、アニマを抑圧している人が多いので、アニマの救済のテーマはわりに夢に現われやすいものである。

この人が他の人たちと離れて孤独になったとき、アニマが出現する。孤独は人格変化のいとぐちとなることが多い。昔話の主人公たちが道に迷ったり、一人旅に出たりすることが多いのも、これに関連している。そして、多くの男性の主人公たちは、いろいろな形態のアニマ像に出会うのである。この夢では、アニマは水死体に近い姿をとっている。ここで、この男性は女性を救い人工呼吸をする。

ラテン語のアニマ・アニムスは、ギリシャ語の anemos(風)と同じ言葉で、心、あるいはたましいは、「息《いき》」や風の表象と深い関連を有している。

息を吹き返した女性に適当な衣服がみつからぬことは、アニマとペルソナのあいだの葛藤をそのまま表わしている。実際、われわれはアニマとの接触をはじめると、自分のペルソナが危機に陥りやすいことを体験する。逆に、ペルソナの強すぎる人の心の中では、アニマが息絶えかかっている。社会的に高い地位を築いている人で、家族からは「この人は感情というものをもっているのだろうか」といった目で見られているような人もある。

アニマは男性にとって、感情やムード、それに非合理的なものへの感受性、人や事物に対する愛や関係性、無意識に対する開かれた関係などをもたらすものである。男性はアニマによってインスピレーションを得、それは多くの創造的活動へと結びつく。アニマは規律を嫌う。皆がルールに従って行動しているとき、それに従わずに怠けていたいムードや、それに反抗してルールを破る強い感情などをアニマは起こさせる。あるいは、ほとんどの人がかえりみないばかげたことに、強い興味や関心を起こさせたりする。

アニマが肯定的にはたらくとき、それは、生命力や創造性の根源となる。多くの芸術家が、その内に存在する「永遠の女性」を求めて努力するのも当然である。否定的にアニマが働くとき、それはペルソナをまったく破壊する。多くの人がアニマの魅力のため、社会的地位のみか、命さえ失うこともあるのである。

エロス

男性とアニマの関係において、エロスということが大きい役割を占めることも当然であろう。男性は自分のアニマ像をある特定の女性に投影し、そこにエロスの感情の生じることを感じることがある。

ある会社の部長は、最近入社してきた女性に対して、エロチックな空想にとらわれて悩まされる。堅く真面目に生きてきた彼にとって、彼女が好きとか、素晴らしいという感じはそれほど湧かないのに、彼女の体が彼の空想をかきたてるのである。このとき、彼の心をとらえているのは、彼の未成熟なアニマなのである。彼の生真面目な生き方は、枠組にとらわれて柔軟性に欠け、他人との暖かい接触にも欠けている。彼にとって欠如している肉体性や関係性のシンボルとして、彼女は彼の前に立ち現われているのである。その意味が解らないかぎり、彼は自分のみだらさを恥じるか、あるいは、皮相な逆転によって、未熟なアニマとの関係に埋没するより仕方がない。

アニマのもつエロス的な要素には、四つの発展段階があるとユングは言っている。第一段階は生物的な段階、第二はロマンチックな段階、第三は霊的な段階、最後は叡智の段階である。

最初の生物的な段階は、ともかく女であり、子どもを産めることが大切である。性ということが強調され、先に示したように、肉体性が強い吸引力をもつ女性像として現われる。これは娼婦のイメージとして夢に出現することが多く、いかに道徳的な人でも、分析の初期にはこのような女性像が自分の心の内部に存在していることを知って、驚かされるものである。日本人のアニマ像はこの段階にとどまっていることが実に多い。

次の段階はロマンチックなアニマ像である。生物的アニマは女であれば誰でもよかったが、この段階では、一個の人格をもった女性に対する愛が生じてくる。ここでは、女性を人格として認め、それに対する選択ときびしい決断が必要となる。この段階は美的で、しかし性的な要素によっても特性づけられている。このような女性像は西洋の近代の文学や芸術が多大の努力を払って追い求めたものである。

日本においては、「家」を第一と考えるため、女性は家の跡継ぎを生み出す「土」としての役割にとどめておき、その人格を認めようとはしなかった。さりとて、このような段階に満足できぬ男性は、「別世界」において、他のアニマ像に接しようとした。このような生き方の妥協案として、男性は妻には一家の正夫人としての座を与え、アニマとしての女性は別世界に存在するものとして、あちらの世界とこちらの世界を混同しないことにした。日本における娼婦は美的洗練を受けるが、それは人格的なものとはならず、西洋におけるロマンチック・アニマとは異なる発展を遂げたものである。

アニマの第三の段階は霊的な段階で、聖母マリアによって典型的に示される。ここにおいて、エロスは神聖な献身にまで高められ、性的な色合いをもたない。マリアは母でありながら、同時に処女であり、母親としての至高の愛と、乙女の清純さをあわせもつ存在である。日本人にとってはきわめて把握しがたいイメージである。母としてのマリアは、日本人にとっても親しみやすいが、それが同時に処女であることをイメージすることは、日本人にとって不可能に近い。

貞潔という考えにしても、マリアのような宗教的元型をもつ欧米人と、日本人とでは根本的に異なると思われる。これに反逆してフリーセックスを主張するにしろ、その有様は随分と異質のものとなる。

最後の段階は叡智のアニマである。このアニマ像はパラドックスに満ちている。もっとも聖なる、そしてもっとも清らかな第三段階の上に、このようなアニマ像が存在すること自体が、ひとつのパラドックスである。ユングはこれを、「ときとして、足らないものは過ぎたるものにまさるという真実によるものであろう」と述べている。叡智のアニマのイメージとしては、ゼウスの頭から鎧に身を固めて生まれでてきたというギリシャの女神アテネをあげることができる。あるいは同じく父親から生まれた太陽の女神、アマテラスをこれに匹敵するイメージとして考えてみるのも面白いのではなかろうか。

ヘルミーネ

西洋の文学は多くのアニマ像を描き出してきた。その中で、アニマの第四段階に迫るものとして、ヘルマン・ヘッセの『荒野の狼』に登場する女性ヘルミーネのイメージについて考察してみよう。ヘルミーネという名は、ヘルマンの女性形であり、ヘッセがこの女性の中に自分のアニマ像を描き出そうと意図していることは、その事実にも反映されていると思われる。

この小説は複雑な構成になっている。はじめに編集者の序というのがあり、そこで、「編集者」によって、自ら「荒野の狼」と名乗るハリー・ハラーという人物のことが語られ、ハリーがおそらく精神病者であるだろうことが示唆される。そのハラー氏がいなくなったのちに、ハリー・ハラーの手記が残されており、その手記の中に、彼が「荒野の狼論。尋常人読むべからず」という小冊子を手に入れる奇妙な体験が書かれてある。その「荒野の狼論」の中の主人公がハリー・ハラーその人であるという、まったく手のこんだ構成なのである。つまり、読者はヒロインのヘルミーネに接するまでに、いくつかの枠を通過してゆかねばならないのである。それは、まるでルオーの描くキリスト像のように何重にも囲まれた枠で守られているのだ。

われわれはこれを読みすすんでゆきながら、ヘルミーネという女性が実在したのか、それはすべて荒野の狼のハリー・ハラー氏の妄想の世界のことなのかさえ解らなくなってくる。しかも、最後にハリーがヘルミーネを小刀で刺し殺す「円形劇場」は、まったくこの世ならぬことが行われるところで、狂人のみが入場でき、「尋常の人は入場お断り」であることが、しばしば語られている。ヘルミーネというのは、つまり、狂人の妄想内容にしかすぎないのであろうか。この点について、『荒野の狼』の編集者の序には、注意深い言葉が書かれている(以下引用は、芳賀檀訳『荒野の狼』人文書院、による)。

「ハラー氏の精神病は、——決してただ個人の狂想ではなく、時代そのものの病気だったのです。ハラーが生きていたあの世紀の悩んでいた神経衰弱《ノイローゼ》でありました。そして、その病気に苦しめられたのは、決してただ薄弱な、つまらぬ人間だけではありませんでした。むしろ強大な、最も精神的な、最も天分豊かな人間こそ、その病気にわずらわされざるをえなかったのですから。」

たしかにわれわれ心理療法家は、ある種のノイローゼの人たちが、時代の病気を病んでいることを知っている。ハラー氏は弱いからではなく、強いがゆえに精神の病いを引き受けているのだ。そこに出現してくる女性のヘルミーネは従って、われわれの時代の病いの救済者として登場しているのだ。彼女はあの古きよき時代のように、主人公の男性と共に、数々の危険を乗り越え、最後はめでたく結ばれるような女性にはなれないのである。救済者としてのヘルミーネは娼婦である。しかも、ハラー氏は最後までヘルミーネと床を共にしたことはない。ハラー氏はむしろ、ヘルミーネのたくらみによって彼の寝室にもぐりこんできた素晴らしい女性と結ばれる。そして、その女性の名はマリアなのである！　まったく、この小説はあらゆる点で逆説に満ちて、すべて「尋常の人は入場お断り」であることが随所に示されるのである。

仲介者としてのアニマ

逆説に満ちた尋常ならざる世界、その世界への仲介者がアニマなのである。ユングは時に、普遍的無意識そのものとしてアニマを語ったり、その世界への仲介者としてアニマを語ったりする。要するに、われわれの把握しうるアニマ像はそのどちらかの意味を、そのときに応じて重く背負って出現するのであろう。

救済者としての叡智をそなえたヘルミーネが娼婦であることを、われわれはどう考えるべきか。ここに、グノーシス主義における叡智の女神ソフィアの「救済さるべき救済者」のイメージが重ね合わされてくる。

ユングはグノーシス的な世界観に大きい影響を受けている。彼はアニマの第四段階のイメージとして、グノーシスの女神ソフィアをよくあげている。グノーシスについては、わが国では荒井献氏による詳細な研究があり、関心のある方はその著書を参考にしていただくとして、ここにはとうてい詳しく紹介する紙数がないので、上記の点に関連することのみを述べておこう。グノーシスに関する伝承はいろいろとあるが、その中で、叡智の女神ソフィアが――ヘレーネと呼ばれているが――、彼女から生まれた諸権威によって、人間のからだに閉じこめられ、数世紀にわたって器から器へと移動するように、いろんな女のからだへと移っていったという伝承が存在している。彼女はついに娼家で売春をするまでにいたるが、人間として現われた彼女の父によって救われる。ここに救われることによって救う逆説をもったヘレーネ＝ソフィア像が描き出されるのである。

この点から考えると、ヘルミーネは明らかにソフィア像と重なっている。あるいは、この点は次のようにも考えられる。アニマの発展の第一段階に娼婦像をあげておいたことからも考えて、アニマそのものは、第一から第四にいたる段階としてあげたすべてを、全体としてひとつにかねそなえている存在なのである。ただ、われわれがその存在のある面をイメージとして把握するとき、そのうちのどれかが強調されて映るのであろう。ハリーが歓喜して床を共にしたマリアも、ヘルミーネの分身のひとつなのだ。それに、ヘルミーネは両性具有的ですらあるようにも描かれている。アニマはまったくもって逆説に満ち、あらゆる価値の転倒をもたらす存在なのである。

ヘルマン・ヘッセは実際に強度のノイローゼを病み、ユング派の分析家に分析治療を受けている。その時期は二度あって、第一期の終ったのちに『デミアン』が書かれ、この『荒野の狼』は第二期の分析が終ったのちに書かれたものと言われている。このころ、ヘッセは一人の売春婦と交際しており、彼女にダンスを習ったのも事実らしい。ユング研究所においてダンスパーティーが行われたとき、ヘッセも「さる女性」を伴ってそれに参加したという。

厳格なプロテスタントの家に育ったヘッセが、中年を越えてから、ダンスを習うことがどれほどの大きい意味をもったかは、『荒野の狼』の中に見事に描写されている。ヘルミーネという良き仲介者を得て、「棒を飲んだようにしゃちほこばっている」ヘッセは、音楽のリズムにのせて、フォックス・トロットを踊ることの意味を体験する。それまで、彼にとって、音楽といえば、モーツァルトであり、ブラームスであるよりほかはなかったのである。それは「聞く」ものであり、体全体で感じるものではなかったのである。

ヘッセの描く円形劇場のシーンの凄まじさは、アニマの世界に魅せられたものの陥る危険性も十分に示してくれる。ヘッセ自身の体験もおそらく精神病にまがうほどの体験であっただろう。強い者はそれを生かして、創造的行為をなし、弱いものは、その深淵に落ちこむことになる。もっとも、一般の人はこのような世界の存在すら知らないのが普通である。

アニマの投影

ヘッセほどの内面化されたアニマ体験をする人はあまりいない。一般には、アニマ像を外界の女性に投影し、その女性との関係の中で、なんらかのアニマ体験をすることになる。

アニマ像の発展の母胎となるものは母親像である。母親のもつ甘さや暖かさ、いつまでも子どもをひきつけておく力などは、アニマの性質にも引きつがれる。母親から離れてゆくときに、いわゆるシスター・アニマに惹きつけられることも多い。年上の女性で、母親とアニマとの中間的役割をもつものである。母親との結びつきが強く、それから離れようとする力と吸引力との葛藤の中で、次々と対象となる女性を変えてゆく、ドンファン型の生き方をする人も多い。多くの女性を征服しているかの如く見えながら、結局は、母の周りを回りつづけている人工衛星のような存在なのである。

ある男性はなかなか結婚の相手がなく、自分の劣等感と結びついて焦っていた。ところがまったく思いがけない美人と結婚することになった。彼は嬉しくてたまらなかったのに、新婚旅行に行き、自分が不能に陥っているのを知り驚いてしまう。彼はそれまでに女性関係があった人なので、それはまったく彼にとっても思いがけないことであった。これは言うなれば、生物的段階のアニマの発展段階にある人が、思いがけない美人を見て、まったく一足とびに無意識内にマリア・アニマがコンステレートされたためと思われる。彼はいままで土なる女に対する接し方ばかり知っていたので、突然に出現したマリアにどう接していいか解らなかったのである。もちろん、少し美しいからと言っても、この女性がマリアでないことは事実だから、案外簡単に問題は解決された。とかく、美人というのは人騒がせなことをするものである。

アニマ女性という女性が存在する。自我というものをほとんど持たないため、男性のアニマの投影をどのようなものでも引き受けやすいので、外見的には男性によく「もてる」ことになる。その自我のなさは同性から見ると、まったくつまらないので、どうしてあれほどつまらない人が男性にもてるのかと、同性からは不思議がられる。このようなタイプの極端な人は、ただ男性のアニマの鏡となるだけで、自分本来は生きていないと言ってもよいほどなので、不思議に年をとることがない。多くの男性と関係をもちながら、外見的な処女性をさえ保持している人もある。このため、彼女はますます男性の投影をかきたてるのである。

一般に男性はアニマ像を投影した女性と結婚し、それによってある程度のバランスを得て、男性として必要なペルソナを築きあげることに専念する。そのようなペルソナが堅固になった中年の頃になって、アニマの問題は内面のこととしてふたたび持ちあがってくる。といっても、しょせん、それは何かに投影されて顕在化してくることが多い。

アニマはペルソナと対立するものであるだけに、それは男性に対して、弱さやばかげたことを開発することを強いる面をもっている。中年になってから、他人から見るとばかげたことをやり始める人はわりにいるものである。アニマは女性にのみ投影されるとはかぎらないので、趣味や娯楽の世界に、アニマ体験が求められ、そこに転落してしまう人もある。これらの危険に満ちた体験を、自分のものとして統合しえた人は、より豊かな人生を生き、他人との暖かい関係を確立できるようになるのである。

3 アニムス

女性の場合は、その女らしい外的態度に対して、無意識内には男性的な面が集積されている。それは夢において男性のイメージをとって出現するが、それが彼女のアニムス像ということになる。アニマの場合と同様に、女性の内界に存在するアニムスは、その人の生き方に強い影響を与えるものである。まず、夢の中にアニムスがどのように現われるかを、見てみよう。

アニムス像

次に示すのは二十歳代の女性の夢である。

夢　最初の部分ははっきりとしなかった。私のボーイフレンドが誰かと協約をかわそうとしているというふうなことであった。私はその相手が魔法使いたちであることに気づいたので、彼にその協約をしないように言い、協約書を彼らに返すために会いに行った。私たちは町のなかの市場のようなところで会い、彼らのなかのひとりに協約書を手渡した。すると、その魔法使いがその書類に一種の白い粉のようなものをふりかけ出した。彼があざ笑うように私のほうを見ているときに、私は突然彼がなにか私をだまそうとしているのに気がついた。私は恐ろしくなって、ボーイフレンドと一緒に逃げ出そうとしたが、彼はどこにも見つからなかった。私は彼の上になにかがすでに起こったのではないかと思ったので、びくびくしながら彼を探し始めた。

そのうちに、魔法使いたちや周囲の人が立ち去り出した。魔法使いたちはまったくその外見を変えてしまったので、私はいったい誰が魔法使いで誰が普通の人か見分けられなくなってしまった。私は三人の人を追いかけ、追いついて彼らの顔を覗きこんだ。その人たちはまったく無表情にちらっと私を見たが、私はそれが誰か解らなかった。そこで、私は白い粉をふりかけた男が返した協約書を見てみたが、内容はまったく変わっていた。それはタイプライターで打った二枚の紙で、数個のパラグラフから成り立っていた。私は読み始めた。私はボーイフレンドをたずね、探し出さねばならぬことになっていた。

その紙になにが書いてあったか正確には思い出せないが、それは私がボーイフレンドを探し出す上で、してはならないいろいろなことを禁止していた。そのなかで私の受けるべきひとつの罰を思い出すことができるが、それは大きい黒犬が私を追いかけてきて足に嚙みついて引っぱるというのであった。その罰の絵がそこには描かれていて、大きい黒犬が逃げ出そうとしている人の足に嚙みついている絵があった。私は道を歩きながら、読みつづけた。私は自分の足を失うことなくボーイフレンドを救い出す方法があるはずであり、それこそは私が見いださねばならぬことだと考えていると、突然、一人の男が自分もその書類を読みたいと言った。

私はこれは秘密のことだからと断った。彼は固執した。私は注意深く彼の顔を見た。彼は青い目をしていて、赤みがかった顔で、陰気な表情をしていた。私は彼が悪魔であることに気づき、彼がボーイフレンドを見つけるのを助けてくれるかもしれないと思った。私は、彼がこのような「魔力」――私は紙の上を指し示した――を私に対して使うのではなく、魔法使いたちに向かって使用し、自分を援助してくれると約束するならば、その協約書を読んでもいいと彼に言った。

そのように言いながら、彼が「虚言の父親」として、約束したことを守るなどとは保証されないのだから、彼と取り引きすることなど賢明ではないだろうと思った。しかし彼こそは私を助けてくれる唯一の人間であると思われたので、私はトライをしようと決心し、私の申し込みを繰り返した。私が彼と話しているあいだに彼の大きさが変化しつづけ、あるときは――話の始まりの頃は――彼は私よりずっと小さく、私は彼を見下ろさねばならず、その次には、彼は私よりずっと高くなったので、彼の顔を見るために見上げねばならなかった。すると、彼はまた小さくなり始め、そんなことが繰り返されているうちに、目覚まし時計が鳴って目が覚めてしまった。

この夢の特徴は、ボーイフレンドを始めとして、実に多くの男性が登場することである。そのうちの一人は悪魔であるという。これらもアニムスの変形されたものとみることはできないであろうか。この夢について考察しながら、アニムスのはたらきということを明らかにしてゆくことにしよう。

アニムスのはたらき

この夢でも、ボーイフレンドをまずアニムスの像と考えるならば、それが魔法使いと変な協約を結ぶので、なんとかそれを救おうとする。つまり、これもアニムスの救済のテーマであるが二五四ページに示したアニマの救済と比較すると、よくその特徴がでている。アニマは無意識の海に呑みこまれようとしたが、アニムスは「協約」という言語を用いることによって危険に陥ろうとしている。

女性にとって、言語によって示される意見や思考などは魔法にも匹敵するほどの力をもっている。女性がアニムスに乗っとられるとき、彼女はなにについても一言「意見」をのべなくてはおれない人間になる。アニムスの特徴は一般的に正しいが、個々の例にあてはめるとむずかしいような杓子定規な意見が多い。

アニムスとの真の接触を回復するため、彼女はボーイフレンドを助けようとする。しかし、彼女は魔法使いと普通の人を弁別することができない。一方、彼女はタイプライターで書かれた、なにかしてはならない禁止条項を読む。ここに示された、弁別とか禁止とかいうこともアニムスの機能のひとつである。アニムスは女性に「――すべからず」と告げる。真の愛と偽の愛とを弁別すべきことも告げる。これらが建設的に作用するときは、女性は賢明な判断力と知性をそなえた人となるが、さもないときは、彼女は鋭い批判の剣によって、なにもかも切りすててしまうことになる。彼女は少しのごまかしも許さず、「そんなのはまったく――にすぎない」と言い切ってしまうのである。

夢の中では、禁止条項を破ったとき、黒犬に足を噛まれることになっている。「噛みつく」こともアニムスのはたらきのひとつである。アニムスにとりつかれた女性が「――すべからず」と断定しているとき、それを破るや否や、たちまちにして噛みつかれることは必定で、足一本くらいの損害なら、まだよしとしなくてはならぬときもある。

この夢には、いろいろな男性がでてくる。これらはすべてアニムスであろうか。ユング夫人であるエンマ・ユングは、アニムスというのは複数ではないかと言っている。男性にとって、その内的な永遠の女性はなにか一人という実感があるものだが、女性にとっての内面の男性は複数だと言うのである。

男性がそのアニマ像の母胎を母親とするように、女性はそのアニムス像の基礎に父親をもっている。ところが、母親の役割が一般に共通した比較的単一なものであるのに比して、父親のイメージはいろいろと複雑である。つまり、母親の場合は暖かくやさしく自分を育ててくれるという点が非常に強く、どの母親にも共通であるが、父親となると、その職業がいろいろあるようにイメージも多彩になってくる。このことが、アニムス像を複数にするのではないかと、ユング夫人は述べているが、なかなか興味深い説である。

この夢の中で、ボーイフレンドがおそらく、彼女のたましいとも言えるアニムス像なのであろう。その他の男性像はアニムスの否定的な側面や、日常性をはるかに超えた力などを表わしているのであろう。彼女はボーイフレンドを救うために、悪魔と取り引きすることさえしようとするが、相手は大きくなったり小さくなったりして、その大きさが決まらないうちに、目覚まし時計によって夢は中断される。ここで、相手の大きさが定まらぬことは、彼女はその存在を心の中に定位できぬことを示している。

アニムスはたしかに魔法使いか悪魔のように、すごい力をもっているが、それを心の中にしっかりと定位づけることは大変なことなのである。

発達段階

アニムスにも、アニマと同じく四段階の発達段階があると言われている。

アニムスは、力の段階、行為の段階、言葉の段階、意味の段階と四つに分けることができる。これは、ゲーテの『ファウスト』のなかにおいて、ファウスト博士が、新約聖書のギリシャ語を独訳しようとこころみて、「はじめに Logos ありき」の Logos を、言葉 (das Wort)、意味 (der Sinn)、力 (die Kraft)、そして行為 (die Tat) としてみるのとパラレルになっている。アニマがエロスの原理を強調するものであるのに対して、アニムスはロゴスの原理を強調するものである。

最初の力の段階は、男性の力強さ、とくに肉体的な強さを表わすもので、「低いアニムス」とでも言うべき存在である。聖女のような生き方をしている女性でも、分析をはじめると、このようなアニムス像が夢に出現して驚くものである。聖女といえども人間であるかぎり、自分が肉体というものをそなえた存在であることを自覚することはいいことである。

次の行為の段階は、強い意志に支えられた、勇ましい行為の担い手としての男性像によって表わされる、なんとも「頼もしい」男性である。男性の場合、アニマの問題が退行した状態で生じるときは、エロチックな空想として現われることが多いが、女性の場合は、エロチックな空想としてよりは、頼もしい男性の出現による未来の人生の展開などという、願望に満ちた考えとして生じてくる。

もっとも、そのようなアニムス像を自分の相手として考えるのではなく、女性がその段階のアニムスにとりつかれてしまうと、彼女は積極的で行動的になり、自分の女性性を無視してしまう。このようなとき、彼女の性愛は積極的で、攻撃的にさえなり、人格の全体と遊離して、性愛がそれ自体として機能する——つまり男性の性愛のパターンに近くなるのである。このような女性の相手としては、アニマにとりつかれてなよなよしている男性が選ばれる。人間関係はいろいろな点で相補的にはたらいているものである。

アニムスが現代の女性にとって、大きい意義をもつのは、言葉・意味の段階として示されるロゴスの原理においてであろう。このようなアニムス像は、彼女たちの師としての男性に投影されることが多い。学者とか教授とか言われる人、あるいは彼女たちの稽古ごとの師が、アニムス像の投影をうける。このようなアニムスの投影のひきもどしを行い、アニムスを内在化させることは、女性にとってなかなか困難な仕事である。

アニムスが心の中で動きはじめると、その「禁止」の力が強すぎて、女性がまったく無為の状態に陥ることがある。アニムスのもつ大きい意味と、その強い批判力の前では、すべてのものが存在価値を失って、なにもする気がしなくなってくるのである。このようなとき、この女性が沈黙を守っていると、外見的には控え目で慎ましい人に見えるときもある。これを思い違いをして、控え目で従順な女性を選んで結婚してみると、なんのことはない、頑固な無為の女であったというので、驚いてしまう男性もある。

アニムス像を夫に投影できぬとき――そのようになるのが普通であるが――アニムスに対する期待が子どもに向けられる。母親のアニムスを背負って生きる男の子は、常に優等生であり、天才であることさえ期待される。ここに「教育ママ」の誕生ということになるが、これには、彼女のアニムス像を担えなかった夫も一役買っているわけである。

アニムスと母性

女性にとっても、母性とアニムスとが心の中で葛藤を生じることは多い。アニムスを発展させることは母性を殺すことであり、母性を受け入れることはアニムスを殺すことのように感じられるからである。しかし、この両者を女性は共存せしめてゆかねばならない。

ある女子高校生は、母親が庖丁でなにかをきざんでいる音が聞こえてくると、なんだかいらいらしてたまらないと訴えた。彼女は以前は母親の暖かさに甘え、なにやかやと話しかけたりしていたのだが、青年期がおとずれ、アニムスが心の中でうごめき始め、母性に対する反撥を感じ出したのである。それは実のところ、母親個人に向けられるのではなく、彼女の心の中の母性の問題なのである。

ここで、彼女と母親の関係がよい場合は、母親に反撥しようとしながらも、彼女は現実に母の良さを認識しているので、アニムスを受け入れつつ、母性を否定することなく共存をはかる生き方を見いだしてゆく。そして、アニムスのほうはむしろ、若い男性に投影することによって結婚し、自分はそれによって、母親として生きてゆくことになる。

しかし、中年になったときに、アニムスの問題はふたたび活性化される。それを男性に投影するのではなく、自分の内面に存在するものとして明確に把握することが必要となるのである。次にある中年の女性の夢を示す。

夢　インドの賢者であり王子である若い青年が来日した。大勢の歓迎者の中に私もいた。皆はその王子を一目でもみたい、言葉をかけられたいと必死であった。王子は多くの人びとの前を通ってゆかれたが、私を見ると親しげに握手をもとめられた。私はまさかと、とまどったが固い握手をかわした。そのとき王子は「あなたの作ったお人形を私に下さい」とおっしゃった。見ると王子の手に私の作ったお人形が抱かれている。その人形は私が私の娘のために作ったもので、娘が毎日抱いていたので手あかで汚れて、きたなくなっている。しかし、これは真心こめて作った唯一の人形で、王子に差しあげるのにふさわしいものだ、と思ったので「喜んで差し上げます」と言った。王子はとても喜ばれた。しばらくして私がその感激から醒めはじめたとき、そこに娘がいて、私に悲しそうに文句を言った。「あの人形は、私が大事に大事にしていたのに、どうしてあげたの？」私は大変なことをしたと思った。娘の宝物をどうしてよその国の王子にあげたのだろう。

この子の悲しみの深さは、想像もつかないほどだろうと思った。私は王子にかわりに差し上げられそうなものを物色しはじめた。家の中にあるもの全部をとり出してみても、皆人工的で玩具のようにこわれやすく、お話にならなかった。差し上げたものは仕方がない。もうとりかえすわけにはいかない。しかし、娘の心にしみついた悲しみは、いかんともしがたく私の心を責めさいなんだ。

この夢では、アニムスはインドの王子として出現してくる。夢を見た女性は、王子と握手し、喜んで贈物を渡すが、そのあとで悔恨の情を味わうことになる。それは、母＝娘のきずなを切るものであろうか。それにしても、彼女は人形を王子に渡してしまったし、それに代えられるものはない。アニムスを受け入れることを決意した女性は、母としてのどうしようもない悲しみを味わわねばならないのであろう。それでこそ、アニムスも母性も失われることなく共存するのであろう。

ハデスの侵入

それにしても、この夢はギリシャ神話の、ハデスによるペルセフォネの強奪を思わせるものがある。大地母神デーメーテルの娘、ペルセフォネは野原で花を摘んでいた。そのとき突如として、地下の国の王であるハデスが四頭立ての馬車に乗り、地面を破って出現し、乙女を強奪して去るのである。

母＝娘のきずなが絶対的な強さをもつとき、女性の世界に登場する男性はすべてハデスの如く粗野に荒々しく感じられるであろう。あるいは、このような凄まじい男性の侵入を受けてこそ、娘は母と別れ、自ら母となれるのだと言っていいかもしれない。

母＝娘結合の強い文化に侵入してきたインドの王子は、ハデスほど荒々しくはなかった。彼によって娘が強奪されるのではなく、むしろ、母が贈物を彼に渡したのである。ペルセフォネの強奪を知って、デーメーテルが嘆き悲しんだように、この際も、娘が母の贈物を悲しんだ。しかし、これらすべてのことはペルセフォネ神話よりも、はるかにマイルドな表現をもって示されている。おそらく、この女性にとってアニムスを受け入れるときがすでにおとずれており、ハデスの侵入ほどの凄まじさを体験することもなかったからであろう。それにしても、女性にとってアニムスの破壊力というものは強いものがあることを思い知らされる。

4　男性と女性

いままで述べてきたことからも明らかなように、アニマ・アニムスの問題は現実の男性・女性の関係にはいりこんできて、それを多彩にしたり、もつれさせたりする。

ところで、いままで、男らしい、女らしいというような表現を一般的な意味で用いてきたが、これには異論のある人もあろう。これらの「――らしい」ということは社会・文化的につくられてきたもので、別に男女本来の性質に根ざしたものではないという反論もある。たしかに、現在は男性・女性の問題を簡単には考え切れない時代のようである。町をゆく人びとの服装をみるだけでも、すこし以前なら男のもの、女のものときまっていた衣服が、男女両方に通じて着られていることがわかる。男と女の区別は以前に比べてよほど少なくなっている。勇ましい女性や、弱々しい男性も多く登場している。これらのことを、アニマ・アニムスと関連させて、考えてみることにしよう。

自分が男である、あるいは、女である、ということはよほどのことがないかぎり、一生変わることがない。セクシャル・アイデンティティと言われていること、すなわち、自分は男(女)であるという自覚をもち、それによって生きてゆくことは、このため大切なことと考えられている。これが混乱している人は同性愛になったり、普通の社会生活をつづけてゆくのに困難を感じることが多い。

しかし、一般に考えられているほど、男は常に「男らしく」、女は常に「女らしい」とは限らない。ユングは、アニムスは意見を好み、アニマはムードを好むと言っている。アニムスに取りつかれた女性は、意見を開陳する。「いまの世のなかに生き残ってゆくためには、子どもの時から受験戦争を勝ち抜いてゆくことが必要である。」妻が子どもに対して教育を押しつけるのをみた夫は、アニマのムードに取りつかれ、「かわいそうじゃないか」というような情緒的な反応をする。母親は子どもを鍛えようとし、父は子どもをいたわろうとする。

このような夫婦の対話——対話といえるかどうか解らないが——は、日本中に満ちているように思われる。つまり、男女の役割は容易に交代するのである。ともかく、アニムスにとりつかれた女性と話合うと、その男性は必ずといってよいほどアニマにとりつかれることになっている。このような例を見ていると、男と女を、いままで言われていたような意味で、男らしい、女らしいとわり切ってしまうことに疑問を感じるのである。次に示すのは、三十歳代の男性の夢である。

夢　驕慢な一人の奥方がいた。彼女は権勢たかく、その夫は気品はあるがおとなしくて、彼女の公的・私的生活における好き放題に対してなんの力ももっていない。彼女と彼が相対している姿がストーリーの終りちかくに見えた。……彼女が裁決をくだし、夫はそれに従う。すると、彼女は気をかえて、夫をしりぞけ、魔性の蛇をよぶ。それはいつもは人間の形をして彼女にとりつく。あるいは彼女と睦みあうのだが、いまはっきりと白蛇の姿で彼女をつつむように現われる。彼女は驕慢にしかし、あでやかに笑って蛇をむかえていたようである。この笑いはいつのまにか去ってしまった夫に対しても向けられていたようだ。蛇は彼女のからだにとりつく。と同時にそれは私のからだの皮膚の一部に吸いついてしまった感じになる。彼女は私になったらしい。それ以後、視野から消えてしまう。魔性の蛇は私の皮膚の吸いついた箇所に潰瘍のような吸い口をつくったらしい。——以下略——

この夢は最初は本人の登場しない夢のように見える。登場人物は古い時代の奥方とその夫だけである。しかも、奥方のほうが権勢がたかく、夫はおとなしくて彼女の好き放題に対してなんの力ももっていない。ここでは男性と女性の役割が逆転しているように思われる。

この驕慢な女性は魔性の蛇と睦み合うことになるが、そのとき突然「彼女は私になったらしい」という異変が生じる。夢を見ている男性は女性になるのだ。この節のはじめに、セクシャル・アイデンティティということを述べた。第I章で「私」ということについて考察したとき、職業や住所などが変わっても「私は私である」と述べた。しかし、男が女に変わる、女が男に変わることは大変なことだ。ここでは、夢の中ではあるが、男性が女性になっている。もっとも、その女性は男性的な役割をとってはいたが。

ここに登場する蛇について考え始めると、長くなるので簡単にするが、蛇は男性、女性両性の役割をもって、神話や昔話などに登場する。その象徴性は高く、かつ複雑で、ここでもにわかに断定しがたい。ここでも、蛇はひょっとすると両性具有的にはたらいたのではないだろうか。はじめは男性として登場し、夢をみた男性に吸いついていったときは女性だったのかもしれぬ。

この夢全体の意味は深く、また恐ろしいものでもある。ただ、ここで強調したいのは、男性・女性ということが思いのほかに、心理的には相互変換可能なのではないだろうかということである。従って、そのような観点から男性と女性の問題を見直してはどうだろうか。

アニマとアニムス

「シビル」という十六重人格の症例が最近発表されたことは、前にも少し触れた。その中では衝撃的なことが多く起こるが、この女性の人格の中に自ら男性であることを主張する人格が出現してくるのには驚いてしまった。彼は大工仕事をうまくやり、父親が大工なので、自分は父親似なのだというのである。彼は自分は女の子に赤ちゃんを生ませることもできるとさえ主張し、それは出来ないという治療者と論争している。アメリカのドクターは直截的である。「女の子のからだのなかにいる男の子は成長しても男の子にはならないのよ」とか、男性性器をもっていないと女の子に赤ちゃんを生ませられないとか、言明している。

このことは二つのことをわれわれに教えてくれる。それはすでに述べたことと同様、人間は心理的には思いのほか両性具有的だということ、そして、もう一点は身体的に両性具有ということはまず存在しないことである。といって、われわれは心と体をそれほど完全にわり切って考えられない。やはり、男性・女性の問題は簡単には言いがたいものがある。

次に示すのは、ある四十歳代の女性の夢である。

夢　私は自分の寝床で、ある人とくっついて寝ていたのに気づいた。その人が誰なのかと、顔をくっつけたまま、そっと目を開いてみた。その目、その顔、それはまぎれもなく私その人であった。別に驚くこともなく、そのままじっと相手の私と目を見つめ合っていた。

この夢を見た人は、この合一の結果、最高のエクスタシーを全身で感じたようだった、と語り、その合一は、考えたり、感じたりする私と、行動するだけの私との合一と説明されている。

二重身の夢については著者は強い関心をもち、いままでもよく発表してきたので、本書には別にとりあげなかった。いままでは、二重身の問題を影のことに関連して論じてきたのだったが、この夢はもうすこし他のことを感じさせる。つまり、この合一のエクスタシーは、やはりどこかに男性と女性の合一を思わせるものがある。そうすると、影という言葉を用いるよりは、この相手となった女性を、女性のアニマといった見方をしてはどうだろう。そのとき、もともとの私は女ではあるが男に見たてるのである。なぜ、このような変なことを言うのかと言えば、それは、女性にとっても、「自我」——とくに西洋流に確立された自我——というとき、それは男性のイメージであらわすほうが、ぴったりするからである。

この夢をそんな点から考えてみると、この女性は女性ではあるが、男性的な自我を確立し、それゆえにこそアニマを欲し、それとの合一をここに果たしたのであるということになる。このような言いかたは、われながら飛躍がすぎると思うが、この夢を単に自我と影という見かたで説明するにも無理があるように思う。いまここで述べているような考えについては、著者にとってもまだ明確ではないし、ユング派の人びとのなかでも、大いに異論があることであろう。

男性と女性、アニマとアニムスという複雑な問題に強いて結論めいたことを言うとすると、次のようになるだろう。これを、エロスとロゴスというふうに言いかえるならば、一人の人間がエロスとロゴスの両方の原理を身につけることが望ましいことは当然である。そこで、女性にもアニマが必要と述べたような趣旨から、アニマ的なもの、アニムス的なものという表現を用いるなら、ある個人がアニマ的なものとアニムス的なものと両者をあわせもつことが望ましいといえる。言うならば、人間の意識は両性具有的な方向へと向かっている。これは、まったく自然に反することである。しかし、人間の意識というものそのものが自然に反するものなのである。

アニマ的なもの、アニムス的なものというあいまいな表現をしたが、それはエロスとロゴスのみに還元できるものではなさそうである。それは身体的な基盤にさえつながっている。このことを考えると、意識は両性具有的な方向へ向かっているが、実現は不能なのかもしれない。ヘッセがヘルミーネを追い求めた『荒野の狼』に狂人という覆いをかぶせて表現しなければならなかった事実を忘れてはならない。大きな話をしたあとで、身のほどをわきまえる分別が湧いてくると、男は男らしく、女は女らしくという昔からの標語に、最後は逆もどりしたくなるのである。

現代人とアニムス

前節におけるまったくの尻すぼみの結論に、思わず同意の微笑を浮かべた人と、烈しい怒りを感じた人とがあるに違いない。おそらく、後者には女性のほうが多いのではないかと思う。それをアニムスの怒りと言う。

アニムス的なものと、アニマ的なもの、あるいは男性性と女性性とを考える場合、両者に優劣はつけがたいはずである。しかし、ある時代や文化によって、どちらかに価値がおかれるということはある。現代、とくに西洋の影響を受けたところにおいては、男性性のほうを優位に評価するところが多い。このため、男性はそのアニマを抑圧しても容易に生きてゆけるが、女性はどうしてもアニムスの問題に直面することが多くなる。現代女性はアニムスを避けて生きることはできない。

しかしながら、男性は女性がアニムスに気づくのを好まない。それは、アニムスを背負った女性が男性の世界へ侵入してくるということもあるが、女性がアニムスの自覚をもつとき、相手となる男性は必然的にアニマの自覚を強いられ、それが不愉快なためもある。アニマを誰かに投影して生きるのは容易である。ところが、アニマを自分の内面にあるものとして自覚することは、苦しい作業である。

女性がアニムスの自覚をもつのではなく、それに取りつかれて、アニムス女性となったときは、なかなか凄まじい。現実を無視して論理が先行し、妥協するところを知らない。しかし、女性の中にもアニムスを駆使して、男性におとらぬ仕事をやりぬいてゆける人たちも沢山いる。問題は彼女がそれだけに満足してゆけるか、自分の生きてこなかった女性性を、どのように彼女自身が評価するかということであろう。なかには、普通には強いアニムスによって戦っているが、いざ負けそうになったときや、影の世界にはいったときは、低級な女性性を出してきて、奇妙なバランスをとっている人もある。このような人は、アニムスの剣を磨くのにエネルギーを消費しているので、女性性は低級なままにとどまっていることが多い。

すでに述べたような事情から、アニムス女性に比して、アニマ男性というのは数が少ない。しかし、このような人も以前よりは増えてきたことは事実である。ところで、現在の社会の男性性優位の構造から考えても、アニマ男性は一般に反体制となる可能性が高い。このような人は、アニマのもつ激情の烈しさを武器として強く行動するが、アニマのもつ本来的な弱さのためか、最後には自分のペルソナを失ってしまって、終り、ということもしばしばあるようである。

アニムス女性、アニマ男性、いずれにしろ、そこには人間の心の全体性の追求という大きい流れが存在していることが認められるが、目標があまりに大きすぎて、挫折にいたることが多い。これらの人は二四九ページの夢に示したように、ペルソナとアニマ(アニムス)のあいだに存在すべき自我が、目標の大きさに比して弱すぎるのであろう。

異性の「私」

この節のはじめに、女性に変化した男性の夢をあげた。それは不気味で、単純な解釈を許さぬ内容をもっていた。ここに、男性になった女性の夢をあげるが、これは理解しやすく、いままで、男性と女性の問題として述べてきたことに対して、ひとつの示唆を与えてくれるものであろう。四十歳代の女性が分析のごく初期に見た夢である。

夢　男性二人(その中の一人は私のようでもある)がジープのような車を運転していて、工事現場のような道路の中央に大きな土の穴があいていて、そこに人が入っているが、車をその上に乗り入れなければならない。思い切って乗り入れる。下から人の手が出る。こわい。女の人が轢かれたのに、穴の中から走り出る。誰か？　私なのか？　わからない。その女性の行った先に、母がいる。あと母といろいろとやりとりがあるが覚えていない。

この夢の中の「私」の在りかたは複雑である。夢を見た人は女性であるが、車を運転している二人の男性のうちの一人が「私のようである」と述べ、しかも、車に轢かれたが助かった女性も「私」のようなのである。「私」は男性でもあるし、女性でもある。殺す人でもあれば、殺される人でもある。

この夢を見た女性は、ひとつの職業をもって立派に成功してきた人である。彼女がそのように成功してくるためには、男性たちとの競争を勝ち抜くために、相当なアニムスを必要としたに違いない。彼女はジープを運転する男性のようにふるまうことも必要であったろう。そのようにして目標へと向かってきた彼女は、殺す人であり、殺される人でもあることを、この夢は告げている。

アニムスは女としての彼女を殺していた。その事実を夢の中で体験し、意識化したとき、死んでいたはずの女性は再生して地上へ飛び出してきたのである。そのとき、「私」はすでに男性であるよりは、女性であるほうを選んでいる。無意識の地下に抑えこまれていた女性が地上へと進出してきたとき、最初に「母」をたずねていったことも興味深い。彼女は母性との出会いを、なによりもまず必要としたのである。しかし、残念ながら、母とのあいだのいろいろなやりとりは覚えられなかった。やっと地上に出たばかりの彼女にとって、母性から何かを学びとることはまだ早すぎたのであろう。実際それは分析のその後の発展にまかせられたのである。

男性と女性の問題は実際いかに生きるかという点に結びつけて考えると、きわめて困難なこととなってくる。人は頭で考えるのみならば、いろいろ勇ましい主張もできる。しかし、いざ本当に生きてみるとなると、むずかしいものなのである。ユングは自己実現の道は、あれかこれかではなく、あれもこれもであるという。しかし、われわれは簡単にあれもこれもに手出しするとき、結局はあれもこれも失うことになることを、よくよく知っておかねばならない。それはとほうもない苦しみと努力とによってこそ、なし遂げられることなのである。

V　自己実現の過程

1　自我と自己

普遍的無意識の元型として、影やアニマ(アニムス)について述べて来たが、最後に、ユングのもっとも重視しているとも言える「自己」(self, das Selbst)について述べる。自己はユングがその生涯をかけて取り組んできた問題とも言えるものであるが、彼自身も述べているように、東洋の思想との結びつきが濃い。それだけに、われわれ日本人にとって、アニマ・アニムスよりも体験されやすいということもできる。まず、ユングがどのようにして、このような考えをもつにいたったかを述べることにしよう。

心の全体性

前章までに述べてきたことから考えても、自我と影、ペルソナとアニマ・アニムスなど、人間の心のなかに対極性が存在し、それらのあいだに相補的な関係が存在していることが明らかである。ユングは常にこのような人間の心のなかの相補性に注目してきた。本書では触れなかったが、彼の有名な内向―外向の考えも、そのような線に沿った考え方である。内向的な人と外向的な人が案外に良い友人であったり、夫婦であったりすることは多いものである。

心の相補性については、一九〇二年に発表した彼の博士論文に、そのような考えの萌芽が認められる。すなわち、その論文で二重人格の現象を論じた際に、二重人格として生じるものは、人格の新しい発展の可能性がなんらかの特殊な困難さのために妨害され、その結果、意識の障害として現われたものであると論じている。当時、二重人格や夢中遊行などの行動が研究され、その異常性のほうに注目されているときに、ユングはそれが、なんらかの意味で意識の一面性に対する補償作用として生じていると考え、そこに目的をもった意義を見いだそうとしたところが特徴的である。

たとえば、第I章の最初に取りあげたヒステリーの例について考えてみよう。彼女の耳が聞こえなくなったことは異常と言えば異常である。しかし、夫の浮気の事実を知ったとき、怒ることもなく辛抱しようとしたことも、異常とは言えないだろうか。彼女がヒステリー症状を示すまでの生き方は、外見的には正常であったかもしれないが、その意識の状態はあまりにも一面的であったと言うべきではないだろうか。

辛抱したほうが得だと彼女の意識は判断したかもしれない。しかし、彼女の全存在はそれを承認せず、「夫の声など聞きたくない」というプロテストをなしたのである。言うなれば、ヒステリーの症状は彼女の心がその全体性を回復しようとするための旗じるしとしてあげられたものなのである。

このような点から考えると、人間の意識は自我を中心として、ある程度の統合性と安定性をもっているのだが、その安定性を崩してさえも、常にそれよりも高次の統合性へと志向する傾向が、人間の心の中に存在すると考えられるのである。本人の意識がこのままの状態で安定してゆこうとしているとき、いわばヒステリーの症状まで、送りこんでくるような主体はいったいなになのかという疑問が生じてくる。これに対して、ユングは、人間の意識も無意識も含めた心の全体性に注目し、そのような心全体の統合の中心としての「自己」の存在を仮定するようになったのである。

自己

心の全体性という考えから、心の全体の中心としての自己という明確な考えをもつにいたるのには、ユングは東洋の思想から大きい影響を受けたと言っている。支那学の学者であるリヒャルト・ヴィルヘルムが『太乙金華《たいいつきんか》宗旨《しゅうし》』を独訳したとき、ユングはそれに解説を加え、『黄金の華の秘密』という書名で、ヴィルヘルムと共に一九二九年に出版した。その中で、ユングは彼の自己の概念を明らかにしている。中国における「道」の考えが、相対する陰と陽の相互作用と、その対立を包含するものとして把握されている点に、彼は大きい示唆を受けたものであろう。ちなみに、ユングは後年アニマのことを説明するとき、「陰」との類似性について述べたりしている。

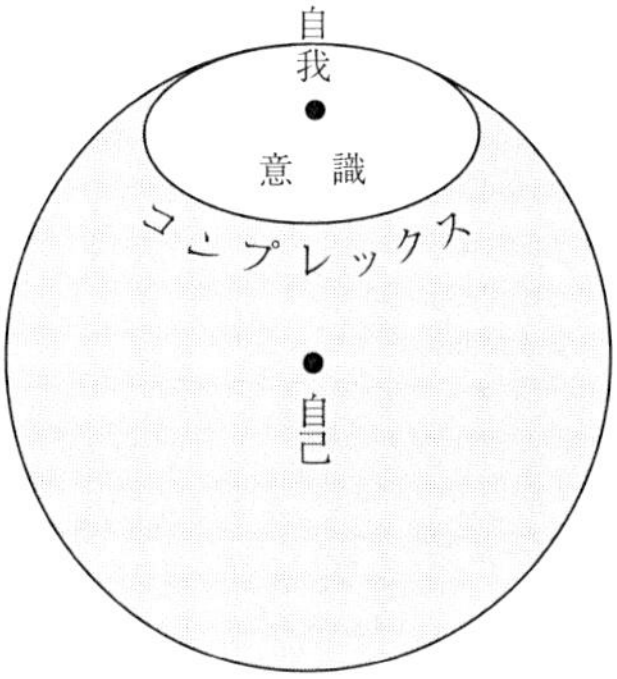

図18　自我と自己

西洋人の意識を重視する態度に対して、ユングは無意識も大切なものであることを強調し、その両者の相補的なはたらきに注目するとき、われわれは全人格の中心はもはや自我ではなく、自己であることを悟るであろうと述べている。彼はこのことを、「自己は心の全体性であり、また同時にその中心である。これは自我と一致するものでなく、大きい円が小さい円を含むように、自我を包含する」とも述べている。

これをあえて図示するならば図18のようになるが、これを、図4の下の開いた形と比較していただきたい。図4の説明のときに述べたが、人間の心を個人のそれは閉じたものとして考えると図18のようになるが、無意識の普遍性などのほうを考えると開いた形に描きたくなる。後者のような場合、いったい自己はどこに位置するのかと考えてみると面白い。おそらく、それは万人共通の一点となることだろう。

ここに、自己のパラドックスがあるように思われる。かつて、ユングに対して、自己ということを、「もっと具体的に見えるもので、なになのか言って欲しい」と迫ったとき、彼は「ここにおられるすべてのひと、皆さんが、私の自己です」と言ったという。このことは、自己実現ということが、いかに自分個人だけのことではなく、他の人びととのつながりを有するものであるかを端的に示している。実際に、分析を受けはじめると、他人との関係の改変や対決を迫られることが多く、他人と無関係に、自分だけの成長をはかることなどは不可能に近いことが実感されるのである。

自己はユングの定義に従うかぎり、あくまで無意識内に存在していて、意識化することの不可能なものである。人間の自我はただ、自己のはたらきを意識化することができるだけである。このため、のちに示すように、われわれは自己をそのシンボルを通じてのみ知ることができると考えるのである。自己のシンボルの顕現は、人に深い感動を与え、それが宗教体験の基礎となると、ユングは述べている。そして、キリスト教におけるキリストや仏教における仏陀を、自己のシンボルとしてみることができると述べている。

アレンジメント

われわれ心理療法家のところにたずねてくる人は、なんらかの悩みや問題をもっている人である。そのとき、わが身の不運を嘆く人も多い。実際に話をお聞きすると、どうしてそんなことが起こったのだろうと思うほど、運の悪いときに運の悪いことが生じているのである。そして、多くの場合、本人の責任はあまり問えないのである。

結婚式の直前に恋人が交通事故で死んだ人もある。二度あることは三度あるというが、思いがけない事故が二度三度と重なって、折角のチャンスを失ってしまった人もある。これらの話を聞いて、われわれはその人の悲しみや苦しみに共感しつつも、一方では、そこになにか漠然としたひとつのパターンのようなものが存在していると感じることがある。それはまるで誰かがアレンジしたのではないかと思うほど、うまくできている——というと苦しんでいる人には申し訳ないのだが——のである。

A夫人は自分の一人息子を大切に育ててきた。一生懸命になったおかげで、息子は一流大学を出、一流会社へも就職した。息子はおとなしく評判の親孝行者で、母親のいうことにはよく従った。結婚というときになって、またまたA夫人の大活躍が始まった。彼女は、「お母さんの気にいる人なら誰でもいい」と言ってくれる息子のために、まさに三国一の花嫁を求めて苦労する。

努力の甲斐あって、彼女から見て申し分のない嫁が探し出された。しかし、喜びも束の間で、嫁と姑の壮烈な戦いが開始され、彼女にとって決定的な打撃を受けた事件が起こった。すなわち、孝行息子が母親のほうではなく嫁のほうの味方になって、母親に向かってきたのである。その日以来彼女は強い抑うつ症になって寝こんでしまった。やっとの思いで相談に来た彼女は、散々にわが身の不幸を嘆き、親不幸な息子と、身のほどを知らぬ若い嫁の悪口を述べたてた。

それにしても、嫁を選んだのが、息子のほうではなく母親のほうであった点が興味深い。彼女の言によると、彼女が慎重に考えた選択規準はすべて裏目に出たのであった。まず両家の家風や考えかたの差が嘆かれたが、それにしても、あまり似たもの同士が一緒になるのではなく、異質なものが結合する結婚のほうが、よい子ができると聞いて決定したことである。嫁の外見のおとなしさにだまされたが、実はしんが強くて、凄まじい勢いで自分にたち向かってくる、などなどと、A夫人が述べたてるのを聞きながら、治療者の心に浮かんでくることは、なんと母子分離を遂行するのにふさわしい嫁をこの人は選んできたのか、ということである。まったく、うまくできている。

ここで親類の関係や、仲人のことまで述べ出すと、ますます「うまくできている」ことが明らかとなるが、それは省略するとしよう。このようなとき、人間はどうしても単純に因果律的に思考し、この失敗の原因を探し出そうとする。たとえば、A夫人の場合であれば、仲人や、変な結婚理論を教えてくれた知人などが、この結婚の「原因」とされ、それに対して攻撃を集中させるのである。

このようなとき、われわれは、ここに直線的な原因と結果の鎖を探し出そうとせずに、全体としてうまくアレンジされていることを見ようとする。言うなれば、A夫人の知ることのない彼女自身の自己がこれをアレンジしたのではないかと考えてみる。そうすると不思議なことに、この結婚は、A夫人の息子にとって、その嫁にとって、そしてそれに関連する誰かれにとってさえ、自己実現のキーポイントとして存在していることが見えてくるのである。自己というのは、思いのほかに共有されているのかもしれない。

個人の自我のほうから見るとまったくばかげていたり、避けたいことであったりすることも、自己のほうから見るときは、ひとつの巧妙なアレンジメントであると見えることは多い。われわれ心理療法家は、その両方の見方ができる人として、そこに存在している。そして、もっと面白いことに、ただ横に坐っているだけと思っていた、われわれ治療者自身も、そのアレンジメントの中にうまく組みこまれてしまって、右往左往させられていることに気づくことすら多いのである。自己というものは恐ろしいものである。

日本人の意識

自己という考えは、日本人には西洋人よりも受け入れやすいように、著者には感じられる。無意識と明確に区別された存在として、意識の中心としての自我を確立することは、西洋の文化のなした特異な仕事ではないかと思われる。そして、その確立した自我を心全体の中心と見誤まるほどに、彼らの合理主義が頂点に達したころに、ユングが自己などということを言い出したのではないか。そのため、彼は心の中心が自我ではなく自己にあることを何度も繰り返して主張している。

しかし、実のところ、自己の存在は東洋人には前から知られていたことではなかったろうか。というよりは、東洋人は意識をそれほどに確立されたものと考えず、意識と無意識とを通じて生じてくる、ある漠然とした全体的な統合性のようなものを評価したのではないだろうか。一九九ページに禅画の円相のことを示したが、あの円相は、すべてのものを包みこむ全体性のようなものを、われわれに感ぜしめるのである。

ここで、実は日本人をそのまま東洋人といってしまってもいいのかという問題がある。東洋の中で、日本だけが急速に西洋文明を吸収したことは、どこかに日本の特異性が存在しているように思われる。しかし、いまはこの点に触れず、わり切ってしまって、東洋に日本も含ませて、東洋と西洋の意識構造の差という点を、極端に図式化して示すと、図19のようになる。これはすでに何度も発表してきたことではあるが、著者にとって最初に試行的に発表して以来、ますますその感を強くしつつあることなので、ここに取りあげることにした。

この図式に従って説明すると、西洋人は自我を中心として、それ自身ひとつのまとまった意識構造をもっている。これに対して、東洋人のほうは、それだけではまとまりを持っていないようでありながら、実はそれは無意識内にある中心(すなわち自己)へ志向した意識構造を持っていると考えられる。ここで、自己の存在を念頭におかないときは、東洋人の意識構造の中心のなさのみが問題となり、日本人の考えることは不可解であるとされたり、主体のなさや、無責任性が非難されたりする。

自分の無意識内に存在する自己へと志向することは、実のところ至難のことなので、日本人の多くは、その自己を外界に投影し、そのためならば、命を棄ててもよいという考えになってしまう。戦争中に日本の兵士がきわめて勇敢でありながら、いったん捕虜となってしまうと、まったく相手に味方して、日本に不利なことを平気ですることが、よく指摘されている。このことは西洋人にとってまったく不可解であった。これは、自己が天皇に投影されているあいだは、そのために死のうとするのであるが、捕虜となったときは、その投影はまったく壊れたわけであり、そのとき、彼が親切にしてくれた敵方の将校にでも自己の投影を向けるとき、事情は一変するのである。

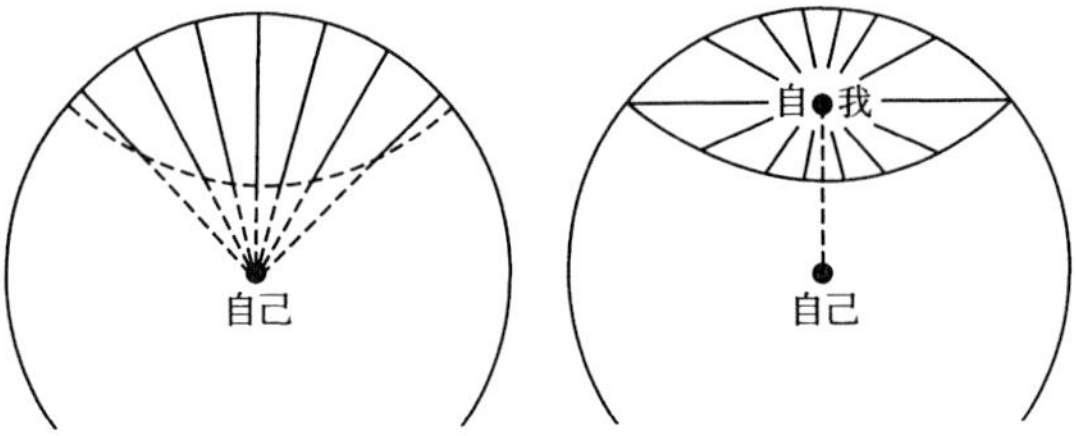

図 19　東洋人と西洋人の意識構造

最近は日本人論が盛んとなり、日本人が西洋人に比していかに異なっているかが、日本人全体に相当自覚されてきたように思われる。ここにこまごまとしたことを述べるのは省略するが、上に簡単に図示した、東洋人と西洋人の意識構造の差という観点からも、多くのことが解明されることと思われる。

2　自己のシンボル

自己は無意識界に存在していて、それ自身を知ることはありえないと述べた。ただ、われわれは自己のある側面をシンボルという形で把握することができる。それらの中で、夢やヴィジョンなどによく現われる典型的なものを取りあげることにしよう。

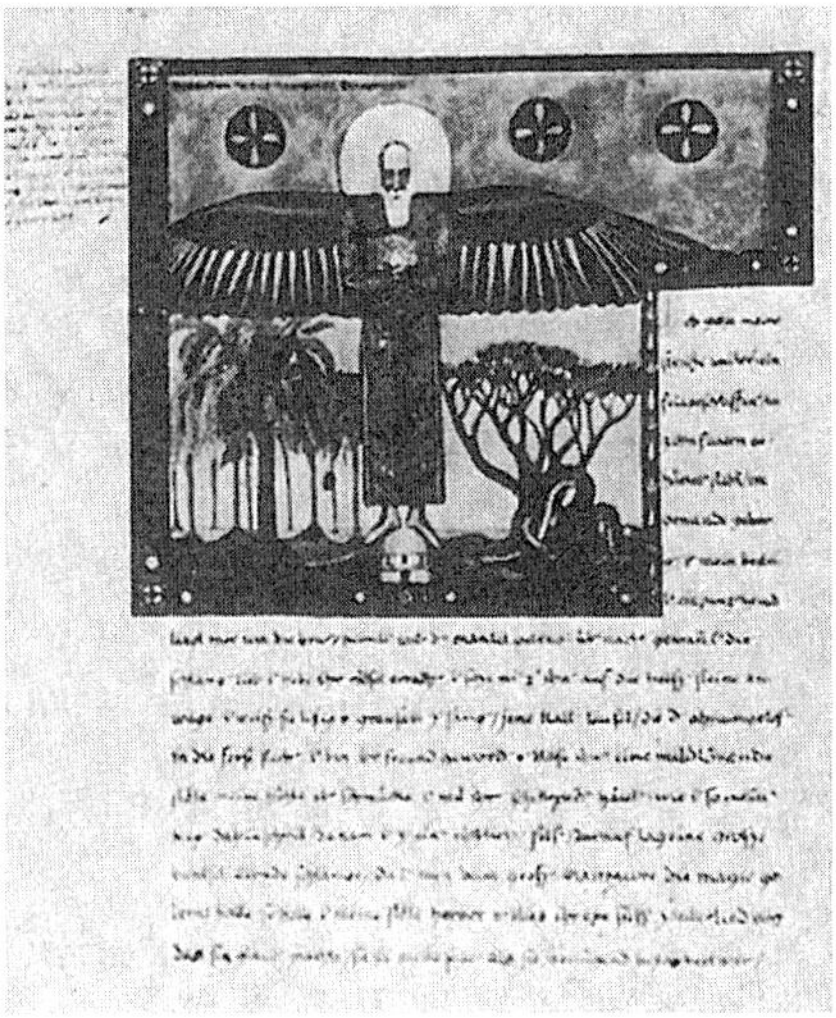

図20　フィレモン(ユングの老賢者像)

老賢者

自己が人格化されるとき、それは超人間的な姿をとり、老賢者(wise old man)として顕現する。このような人格像は昔話によく現われ、昔話の主人公が困り果てているときに、助言を与えたり、貴重な品を与えたりして消え去ってしまう。その知恵は常にまったく常識と隔絶しており、それに従ったものは成功するが、妙に人間の知恵をはたらかして疑ってかかったりしたものは失敗してしまう。

老賢者のイメージは東洋人には、むしろなじみの深いもので、仙人の話とか、あるいは老子などというのもその典型であろう。老子その人は実在したかどうか不明であるが、中国人や日本人のもつ老賢者のイメージが年と共に重積され、一人の人格像として形成されていったものとみることができる。

ユングも自分自身の夢に現われた老賢者について、その『自伝』の中に語っている。

「青い空であった。それは海のようで、雲でおおわれているのではなく、平たい茶色の土くれでおおわれていた。それはまるで土くれが割れて、海の青い水がそれらのあいだから現われてきつつあるかのように見えた。しかし、その水は青い空であった。突然、右側から翼をもった生物が空を横切って滑走してきた。それは牝牛の角をつけたひとりの老人であるのを私は見た。彼は一束の四つの鍵をもっており、そのうちのひとつを、あたかも彼がいま、錠をあけようとしているかのように握っていた。彼はかわせみのような、特徴的な色をした翼をもっていた。」

ユングはこの老人にフィレモンと名づけ、自らその絵を描いている(図20参照)。彼はこの老賢者フィレモンと対話をこころみ、多くの知恵をさずかるのである。空想的にこれらの人物と対話することを、ユングは能動的想像(active imagination)と呼んでいる。対話をこころみつつそれを書きとめてゆくのだが、書くほうに意識が傾くと空想が進まなかったり、陳腐な内容になってしまったりする。空想のほうに傾きすぎると筆記ができなくなる。相当な心的エネルギーのいる作業であるが、成功すると大きい収穫を得る。

ユングはこのような老賢者との「対話」を通じて、自分の心の中に自我とはまったく異なる意図や方向づけをもった存在が生きていることを実感したのである。

女性の場合も自己のシンボルとして、老賢者(男性)が現われるが、至高の女神の姿をもって現われるときもある。著者の経験では日本人の場合、後者のような夢は少ないように思われる。

始源児

自己のシンボルとして老人と同じくらい、幼児の姿が用いられる。同じものが老人となったり幼児となったりするところに、その逆説性がよく示されているが、幼児の姿として現われるときは、その未来への生成の可能性、その純粋無垢な状態などに強調点がおかれていると思われる。これらの幼児のなかには、すでに内面には老人の知恵をもったものもいて、自己のシンボルにふさわしいものである。

中国の昔話や説話は、前節に述べた老賢者と共に、このような不思議な幼童の話に満ちている。大室幹雄氏の『囲碁の民話学』(せりか書房)は、基盤をめぐって登場する、これら老賢者や幼童の話をふんだんに提供してくれる。そのなかから、彼が『荘子』徐無鬼篇の話としてかかげているものを紹介しよう。

黄帝が具茨《ぐし》の山へ大隗神《たいかいしん》に会いに出かけた。聖人を伴につれていったのに道に迷ってしまう。困っていると、たまたま牧馬の童子に会ったので道を尋ねた。すると、なんとこの童子が具茨山への道も、大隗神の居場所も知っているという。黄帝は「不思議な小童だ!」と驚き、それでは「天下を治めることを言ってごらん」と問いかけると、童子は「天下を治める者もぼくみたいであればいいのよ」と答えた。

「ぼくは幼いときから自然に六合《せかい》の内で遊んでいたのさ。ぼくだって、ひょっと目くらみにかかったことはあるよ。でも、長者が、おまえは太陽の馬車に乗って襄城の野にお遊び、と教えてくれたの。もうぼくはいくらかなおったよ。ぼくはこれからもっと六合《せかい》の外に遊ぼうと思うのさ。天下を治めるのもこんなふう。このうえぼくはなにをしようというの?」

黄帝は再拝稽首《さいはいけいしゅ》して、童子を天師と讃えて退去したという。

中国のこのような老賢者や幼童の描きぶりは真に見事という他はない。この童子は「予《われ》、少《わか》きより自《おのずか》ら六合《りくごう》の内に遊べり」と言ったのだから、大室氏も指摘するように、「この童子は高齢なのであるらしい。」老人の知恵をもちつつ、無垢な童子の心をもって、六合《せかい》の内外に遊んでいる姿は、自己のシンボルとしてまことにぴったりである。黄帝はこの童子を天師と讃えたという。ユングの心の中に存在した老賢者フィレモンのように、誰しも、このような魂の導者を必要とするものである。

このような子どもの元型ともいうべき姿に、ユングは始源児という名を与えている。始源児は必ずしも知恵ばかりではない、超越的な力を有しているときもある。たとえば、ギリシャ神話の英雄ヘラクレスは幼児のときに、二匹の蛇を退治してしまう。わが国の昔話の英雄、桃太郎や一寸法師をこれらの中に数えてもいいだろう。夢にこのような超能力をそなえた幼児が出現するときがある。そのとき、その幼児は「小さい」ことを表わすのではなく、むしろ可能性の大きさを示すものであろう。二〇八ページにあげた夢の幼女は、すこしそのような意味をもっている。この幼女は最初は弱いものとして描かれているが、「明るくする」ことを要請するアニムスに対して、暗闇に耐えることを教えるのである。始源児が力や光をもたらそうとしたのは過去のことかもしれない。現在の始源児たちは、われわれに弱さや暗闇をもたらそうとしていると考えてみるのも面白いではないか。

対立物の合一

自己の全体性を表わすものとして、対立物の合一のイメージがある。男性と女性の結合は、それを示すものとしてぴったりである。西洋の多くの昔話が王と王妃の結婚によって結末を迎えるのが多いのも、このことを反映している。男性性と女性性の統合は、自己を象徴するのにふさわしいものである。このテーマは夢の中にももちろん生じるが、なかなか完成された形では生じがたいものである。アニマ・アニムスのところで述べたように、男性性、女性性といっても高いもの、低いものがあるので、それらの全体の結合という意味で、二組の結婚式が同時にあげられるというテーマもときに出現する。

統合への努力がまだ不十分というわけで、花嫁、あるいは花婿の不在の結婚というのが夢に生じることも、ちょいちょいある。あるいは結婚式をあげるはずで、相手を式場に待たしておきながら、自分は時間とか場所をまちがって、うろうろする夢もある。

西洋の昔話に、結婚のテーマが多いと述べた。もちろん、わが国の昔話にもあるが、どうもその率が少ないように感じられる。統計的な検討などするすべもないが、読んでいて、どうしてもそう感じるのである。すでに、浦島太郎の話を聞いて、ソ連の子どもがどんな感想をもったかということを二三六ページに述べたが、この話は典型的に西洋と日本の差を示しているように思う。

これはすでに述べたように、日本人の自我が無意識から独立した存在として確立されておらず、自己との漠然とした結びつきの中で安定しているということと関連しているように思われる。西洋人の場合、一度は分離された自我と自己が、それを結び仲介者としてのアニマ(アニムス)を必要とするのに対して、日本人の場合は、それを必要としないとも言えるだろう。あるいは、日本人にとって、自我の確立した男性と女性が同一の地平において会うことは、ほとんど不可能といっていいのかもしれない。

以上の点と関連して、ある三十歳代の男性の見た興味深い夢を次に示す。

夢　私は西洋の人たち(?)に日本の昔話をしていたようだった。私は語った。「月はすべての人を愛しました。彼女は（月は女性だった）愛の象徴でした。日本人が『愛』を考えるとき、それは『静』ということを思わせます。あなたがた（西洋人）は、愛は常に『烈しい』と思うでしょう。月の愛は静かなのです。しかし、彼女の光はすべての場所に、すべての人にとどくのです。この愛は烈しい愛と異なるものです。彼女の愛はすべてにゆきわたり、そこに区別はないのです。ところが、いまや彼女は太陽と恋に陥ってしまったのです。彼女は心を打ちこんでしまったのです。そして、彼女は彼女の愛する太陽と、他のものとをはっきりと区別するようになったのです。……」聴衆のなかにいた韓国の女性は、私の話に非常に心を動かされたようであった。私は語りつづけたが、なにを話したか、起きたときには忘れてしまっていた。

この夢は日本人には珍しい「愛」の物語である。しかし、この人は夢の中で、西洋人の愛と日本人の愛との差について説明しようとしている。この点については後に触れるとして、ここで注目したいのは、物語の主人公が太陽と月であるという事実である。このことは「自己」の象徴としての「自然」ということにも関連してくると思われる。その点について次に述べる。

自己の象徴としての自然

自己の象徴として、自然物が選ばれることもよくある。自然はいわば、あるがままにあるものとして、自己の象徴に適していると言える。この点も押しすすめてゆけば、一木一草すべて自己の象徴と言うこともできるだろう。このような考えは、むしろ、男性と女性の結合でもって自己を象徴するよりは、日本人には親しみやすいようである。日本人の夢には、自己の象徴としての自然物がよく生じるように思う。

自然物のなかで、石は自己の象徴としてよく出現するものである。ユングの高弟フォン・フランツはユングの編集した『人間と象徴』のなかで、次のように述べている。

「石は、たぶん、最も単純にして最も深い体験、つまり人間が不死で不変なものと感じる瞬間にもつことのできるような、何か永遠の体験、それを象徴している」と述べている。たしかに、石は全世界にわたって、宗教的な崇拝の対象となっている。石はその大きさや形態によって、その表現している意味を少しずつ異にするが、西洋に比して、わが国では、石のあるがままの姿を喜び、自然石を尊ぶ傾向が強いように思われる。

先に述べた対立物の合一という点においても、人間の男性と女性というのではなく、「梅にうぐいす」という形で夢に現われることが、日本人の場合は多いように思われる。人格像としてよりは、自然に投影された形で、自己を見ることが多いようである。

ところで先の太陽と月の結婚の夢をとりあげてみよう。対立物の合一という点で言えば、太陽と月の結婚は最高のものと言えるかもしれない。太陽と月を王と王妃に見たてることも、あるいはその逆のこともよくあることである。しかし、この夢はもうすこし他のことに重点をおいているように思われる。

ここで夢を見た人は日本人として、外国人に訴えている感じがある。初めに強調される、月の愛は母性的な愛である。そして、その語りかたは、「あなたがた西洋人は御存知ないでしょうが」という響きをもさえもっている。それは無差別の愛である。これに対して、太陽の愛というのは明らさまには語られていない。しかし、察するに、それは光と闇、善と悪などを区別する愛ではないだろうか。それは無差別ではなく、善なるものを愛する愛である。

ところが、月は太陽を恋してしまう。そして、そのために月はすべてを同じく愛する態度を忘れ、太陽と太陽以外のものを、すなわち、恋人と恋人以外のものを区別することを体験する。それは、もはや「静かな」愛ではありえないだろう。なかなかむずかしいことが起こったものだ。夢を見た人がその後の続きを覚えられなかったのも当然かもしれない。それにしても聴衆の中の韓国の女性が心を動かされたらしいというのは興味深い。彼女も同じく東洋の人間として、同様の問題に関心を寄せざるをえなかったのであろう。それにしても、対立物の合一ということは、簡単にはできないことである。

自己はときに幾何学的な図形によって象徴されることがある。それは円や四角形を基礎としたものであるが、これについては次節に述べることにする。

3 マンダラ

自己の象徴が幾何学的な図形によって表わされることにユングは気がついた。これには、後述するように、ユング自身の体験が最初大きい役割を演じている。彼はそのような図形が、東洋の宗教におけるマンダラ(曼荼羅)と同様のものであると知り、そのような図形を総称してマンダラと呼ぶようになった。著者は無学にもマンダラのことを初めて聞いたのは、アメリカ留学中にユング派のアメリカ人からであった。マンダラのことを聞いてもぴったり来ず、率直に言って眉唾もの的な感じをさえ抱いたのだった。しかし、それ以後、多くの臨床経験のなかで、マンダラ図形が重要な役割をもつことを体験し、いまでは無意識の心理学における重要な要素であると思うようになった。マンダラについて、まず、ユング自身の体験から述べることにしよう。

ユングの体験

すでに述べたように、ユングはフロイトと別れて自分独自の道を歩こうと決心する。彼が四十歳に近い頃であった。このとき、ユングは方向喪失の状態と呼んでもいいほどに、内的な不確実感におそわれる。彼は精神病の患者に対して、それまで言われてきた学説にとらわれることなく、理論的な前提を一切排除して虚心に接してゆこうとした。彼のこのような態度によって、患者たちから彼らの夢や空想などの深い体験を聞くことができたが、一方それは、ユングにとって自分自身の立脚点がなくなってしまったような不安をさえ与えるものであった。

患者の夢や空想を理解しようと努力しているうちに、そこからユングは多くのことを教えられた。それを理解するため彼は神話や昔話などの世界に興味をもち、すでにのべてきたような普遍的無意識、元型などの考えをもつにいたるのである。しかし、この間にあって、彼の心をとらえたことは、いったい自分自身はどのような神話の中に生きているのか、ということであった。彼の同一性を背後から支えるものとしての神話を、彼は自ら見いださねばならなかった。

一九一二年ころより、彼は自分の無意識の世界との対決をはじめる——というよりは、彼の無意識のほうが対決を迫ってきたというべきだろう。凄まじい夢とヴィジョンに彼は悩まされる。この間のことは彼自らの『自伝』に譲るとして、むしろ、その過程のまとめとして生じてきたマンダラのほうに、ここでは注目することにしよう。ともかく、後年にユング自身の言った言葉として、自分がもしこれだけの創造的活動をなさなかったら、精神分裂病になっていただろう、というのが伝えられているが、それから考えても、この時の内的体験がどれほど凄まじかったかが解るであろう。すでに紹介した老賢者フィレモンは、この体験も終りに近づいたころに出現したイメージである。

一九一二年からつづいたユングの無意識との対決も一九一六年ころには、相当統合されたものとなってきた。彼はそれを『死者への七つの語らい』という小冊子にまとめた。彼は、それを「死者への七つの語らい。東洋が西洋に接する町、アレキサンドリアのバシリデス著」という匿名で個人出版し、友人たちに贈った。これは決して市販されなかったが、彼の死後出版された『自伝』の付録として公刊された。

この内容についてはあとですこし触れるとして、彼は『死者への七つの語らい』を書いたあとで、自分の内的体験を図示するようなつもりで、ひとつの図形を描いた。それが実のところ、彼の最初に描いたマンダラであった(図21参照)。

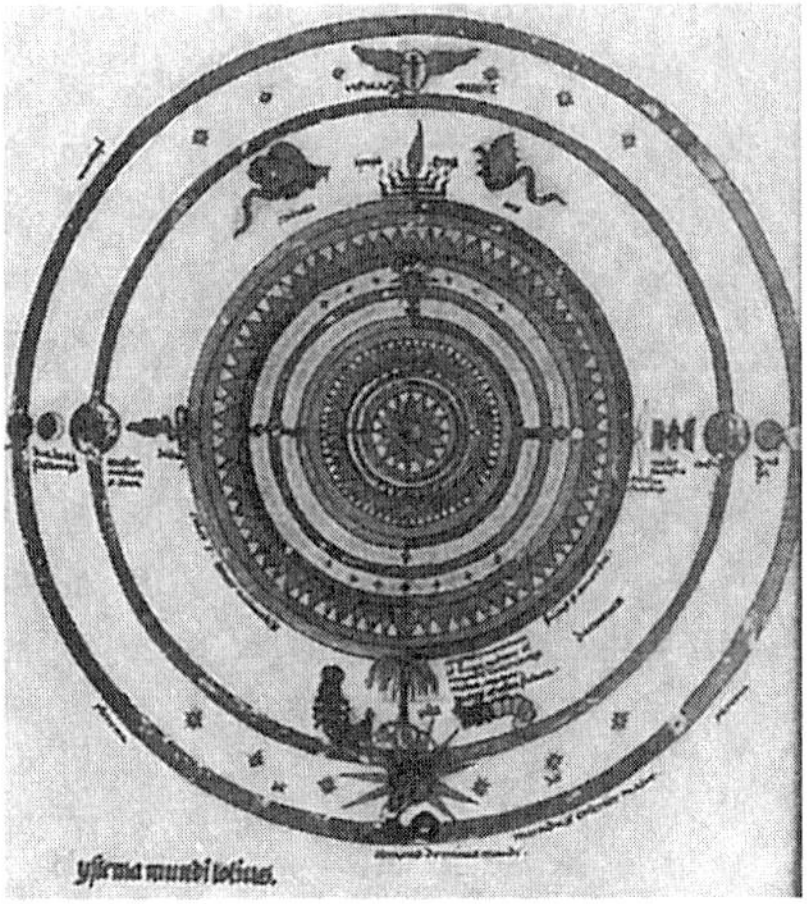

図21　ユングのマンダラ

マンダラとは何か

一九一六年に最初のマンダラ図形を描いてから、彼はせっせと似たような図形を描きつづけた。それは円形と正方形との統一を基本としているようなさまざまな図形であった。彼はそのときの自分の体験について、ファウストの一節から引用して、「形を造ったり形を変えたり、つまり永遠なる意味の永遠なる遊びです」と表現し、つづいて、「私の描いたマンダラは、日毎に新しく私に示された自己の状態についての暗号であった。それらのなかに私は自己——すなわち、私の全存在——が実際にはたらいているのを見た。……私は、それらがなにか中心的なものであるという明確な感情を抱いた。そして、時と共にそれらを通じて、自己の生きた概念を獲得した」と述べている。

　ところで、マンダラとはいったいなになのであろうか。ユング自身も前記のような図を描きつづけていたとき、マンダラという言葉も知らなかったのである。彼がこのことを知ったのは、すでに、「自己」の説明のときにすこし触れた支那学の権威リヒャルト・ヴィルヘルムを通じてである。ヴィルヘルムはチベット仏教のマンダラをユングに紹介し（図22）、ユングはそれが自分が描いたものとあまりにも類似性が高いので驚いてしまうのである。

　マンダラとはサンスクリット語であり、その語義はたくさんあるが、密教においては、本質、道場、壇、聚集などの意味をもつと言われている。仏教の本質としての菩提・正覚の意味から、それを得る神聖な道場としての壇、そして、その壇には仏・菩薩が充満しているという意味での聚集などを、それは表わしている。あるいは「円輪」の意味もあり、それが円輪として表わされることを示している。これらのことを図絵にしたのがマンダラ図形で、それをマンダラと通称しているわけである。

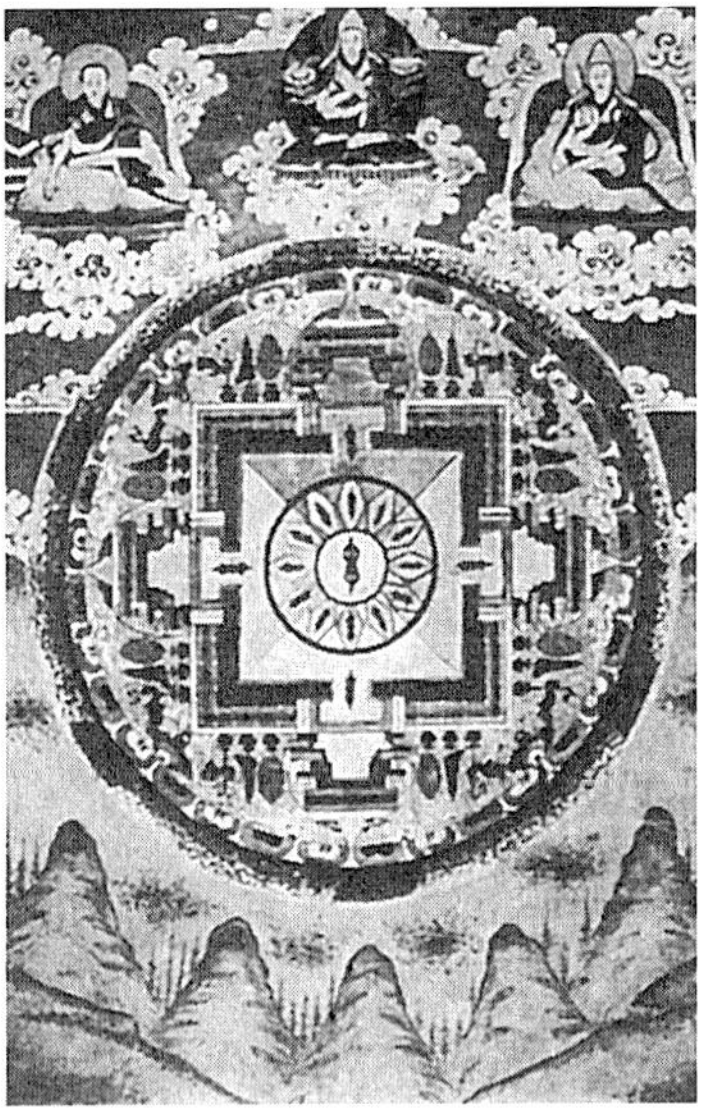

図22　チベットのマンダラ

　たとえば、図22は、チベットのマンダラで現在、フランクフルト・中国研究所に所蔵されているものだが、これをユングは次のように説明している。これは修法上のヤントラ、つまり観法の用具である。修行者は視野をこの図形に限定し、心的集中状態を維持することによって、高い境地に入ろうとするものである。このマンダラは観想を通じて絶対の境地に入った人物の状態を描いているものと思われる。中心にある独鈷杵《とっこしょ》は、男性的なものと女性的なものを統一した完全な境地を示している。内側の正方形の中庭には四つの門があり、そこに四つの金剛杵《こんごうしょ》がおかれている。これは生命エネルギーが内へ向かって流れることを暗示している。このエネルギーは外的な対象から離れて、中心へと集中してくるのである。

かくして、四つの相における全エネルギーが全体として完全に合一する。このようにこのマンダラは一切の対立の統一を示し、陰と陽、天と地のあいだに包まれ、永遠の均衡と揺るぎない持続の状態を示している。わが国の密教においても、マンダラは重要なものである。ここでは省略するが、関心のある方は密教美術の本をみられるとよい。そこに多くのマンダラ図形を見ることができる。

世界観

マンダラは自己の象徴であると言った。しかし、自己はすなわち世界であり、それを表現することは、世界観を示すことにもなる。ここで、先にあげたユングの最初に描いたというマンダラについて、彼自身による説明も参考にしながら、すこし考察してみよう。これは、先にのべた『死者への七つの語らい』の内容と密接に関連し、これらによって、ユングの世界観は、あますところなく示されていると言ってよいほどである。従って詳しく述べ始めるときりがないが、できるだけ簡単に触れることにしよう。

まずこれは、マクロの世界とミクロの世界の対応を示している。先に自己はすなわち世界であると述べたが、人間の内界としてのミクロの世界は、宇宙的なマクロの世界と思いのほかに対応しているものだ。外輪がマクロの世界とすると内輪はミクロの世界であり、注意深くみると、内輪には外輪にある内容が上下逆転してそのまま描かれていることが解る。

一番外側の輪は右側のほうが黄色であり、上下は、赤と茶の混合したような色、そして、左側は濃い緑色である。これは宇宙的な生命の流れを連想せしめるし、人体内の血液の循環をも感じさせる。中央上部にあるのは、羽の生えた卵の中に少年の姿が見え、エリカパイオスとかパネースとか名づけられている。パネースはオルペウス教の神で、クロノス(時)によって卵から生まれた神、「最初に生まれたもの」とも呼ばれる。両性具有で光り輝き、すべてのものの創造者である。この始源児とも見られる少年の対極に存在するのは、一番下に描かれているアプラクサスである。アプラクサスについて本書では述べる余裕がないので残念であるが、ユングは『死者への七つの語らい』の中で、それを善と悪とを超える神として描いている。ここでは、むしろ天界に存在するパネースの対極として描かれ、自然の物質界の神として、そこから「生命の木」が生じてくるように描かれている。生命の木にはvita(生命)と名づけられている。この地界の生命の木に対応して、天界では七つの炎をもった火が燃えている。これには、ignis(火)という語と、eros(愛)という語がそえられている。このような精神界に属するものとして、芸術と科学が、それぞれ羽をもった鼠と蛇で表わされている。これに対して自然界のほうで、生命の木の横に存在しているのは、恐ろしげな怪獣と、こがね虫の幼虫である。これらは死と再生について知っているものだとユングは言う。

左右の対極は、左が空の世界、右が充満の世界を示しているようである。ここにも逆説的表現がみられ、左側は孕ませる原理としてのファルロスを巻く蛇が描かれ、右側は女性的な原理として、左右に注ぐことのできる重ねられた盃が描かれている。左側は地、月、空の世界でサタンの世界とされ、右側は、天界で、聖霊の鳩が飛び立とうとしている。そして、二重の盃からは叡智（ソフィア）が左右に注がれている。上下、左右の対極はダイナミックな相互関係をもち、単純な対比を許さないものがある。この円の内部はすでに述べたようにマクロの世界が逆転されているが、それはなんども繰り返されて、最後に、まさにミクロの世界そのものである内部の中心にいたるという。

これがユングのマンダラであり、すなわち、彼の世界である。この背後に存在するグノーシス的世界観について述べていないので、的確には把握しかねると思われるが、それにしても、彼の世界の一端を知ることができたであろう。このマンダラの上下に存在する、卵の中の少年とアプラクサスは、ヘッセの『デミアン』をただちに連想せしめる。

先に、『荒野の狼』のことにもすこし触れたが、ユングがこのようなマンダラに描き、彼の「心理学」へと結晶せしめていった世界を、ヘッセは小説という形態に創りあげ、多くの人びとに解りやすい形で提供したものと言うことができる。

現代人のマンダラ

ユングのマンダラのひとつを示したが、ユングはこの他多くのマンダラを描いているし、のちに分析をうけた人たちの描いたマンダラについても発表している。著者は先に述べたように、最初にマンダラのことを聞いたときは、それこそ眉唾ものの感じさえうけたのである。その後、ユング研究所に留学し、自分の体験を通じて、その重要性を知った。しかし、スイスより帰国後、ユングの心理学による心理療法をひろめるにあたって、非常に慎重に、マンダラなどの用語をできるかぎり使用しないようにした。ユング自らが行ってきたように、理論的な前提をもたずに、患者の心から生じてくるものを、ありのままに見ようと思ったからである。

　夢の分析にしろ、著者がスイスから持ち帰った箱庭療法にしろ、ともかく理論をのべたてる前に、ひたすら患者の自由な表現を大切にする態度を第一として、行ってもらうことにした。そうすると、箱庭の表現に、注目すべきマンダラが、わりによく出現することが解ったのである。これらの患者さんたちは、かつての著者と同様、東洋人でありながら、マンダラという言葉さえ知らない人が、ほとんどであろう。しかし、実際に、治療の注目すべき転回点に、マンダラは出現してきたのである。ただ、ここでわれわれに解ったことは、マンダラの出現が、その個人が文字どおり自己の存在を確認しえて、それを基盤として新しい立ち直りへと向かってゆく転回点となるときと、それはあたかも敗北してゆくものが最後に頼りうる砦のように出現しながらも、敗戦の勢いを取り戻すことができず、決定的な崩壊へと向かうときとがあるということであった。後者のようなときは、内容的にも形態的にも貧困なマンダラが多いと思われる。

　われわれはこのようにして臨床的に、マンダラというものがきわめて有効であることを実感してきたが、これら多くの図について発表するのは、また他の機会を待たねばならない。

　ユングは現在の社会状勢とマンダラ、という点できわめて興味深い評論を書いている。それは空飛ぶ円盤を素材としたものである（松代洋一訳『空飛ぶ円盤』朝日出版社）。それによれば、現在のような不安な社会の中で、人びとはなんらかの安定した基盤を得たいと望んでいる。それは無意識的な希求と言ってよいほどのものがある。一方では近代人の意識は啓蒙的、合理的傾向が強く、ここに「神秘的」な救済を待望したりすることはできなくなっている。

　このような状態の中で、人びとの無意識内にある全体性の回復の望みは、天空に投影され、空飛ぶ円盤というものを出現せしめると考えられる。この点をユングは、「底にひそんだ無意識が、合理的な批判にめげず、しかるべき幻視を伴ったシンボルの噂という形で表面にあふれだし、つねに秩序と解放と治癒と全体性をもたらすものであったあの元型を、ここでも活躍させるのである。この元型が伝統的な形姿をとらず即物的なしかも工学的な形をとったのは、神話的な人格化を嫌う現代にあってまことに象徴的といえるだろう。形而上的な裁定という流行遅れの観念も、宇宙飛行の可能性によって受け入れやすいものになる」と述べている。

ここにユングのあげている空飛ぶ円盤に関する夢や絵などの実例を紹介はしないが、このような工学的、即物的な形でマンダラの投影が現代において行われているという指摘はまことに興味深く感じられる。われわれ人間の心はなんらかの方法によって、全体性へと向かう傾向をもっているのである。

4 個性化の過程

ユングは自己実現の過程を個性化の過程(process of individuation)と呼ぶことが多い。普遍的無意識内の元型は人類に共通であっても、それが個人内の意識にあらわれるあらわれかたは、個人によって異なるものである。その個人内の実現傾向と、その人に対する外界からの要請の中で、その人はまさにその人なりの、人となり、すなわち、個性を形成してゆくのである。しかし、前節においてユング自身の体験についてすこし触れたように、それは危険に満ちた道なのである。

他界への旅

個性化の道を歩むためには、われわれは自分の内界に目を向けねばならない。しかし、ここにいう内界は、すなわち無意識界である。それは内省可能な領域を指しているのではないことに注意しなくてはならない。自己をみつめるとか、内界に目を向けるということで、自分の感情をあれこれ表現したり、自分の心境をああでもない、こうでもないとひねくりまわすようなことをする人もあるが、そのようなことを言っているのではない。われわれが問題としている内界は、自我によってコントロールできない、あちらの世界なのである。この世界の存在は自ら体験したものでないかぎり、おそらく解らないであろう。

無意識の深層における体験にもっともぴったりのものは、昔話や神話などにある他界の話であろう。それらには、他界の不思議さがいろいろと述べられ、そこにおける危険性も十分に語られている。時間、空間による定位が不能なこともそっくりである。他界へ旅立って帰れなかった人、他界から帰ってきたものの、この世には適応しがたくなっていた人の話もある。個性化の道は恐ろしい道である。

二〇八ページに示した、暗闇に耐える夢を見た女性が、それから十カ月ほどのちに見た夢を次に示す。

夢　私はある町にやってきました。両側に平凡な家並がつづくかなり幅広い道で、どこにゆくのか、多くの人がマラソンをしているのに出会いました。

マラソンと言っても、それほど急いで駆けるふうではなく、中には歩きながら、そこらをうろうろ眺めている人、坐りこんで休んでいる人、おしゃべりを始めて動きそうにない人などさまざまです。私はマラソンをしている人の中に見知った女の人を見つけましたので、どこへゆくのかと尋ねました。彼女は「このマラソンは帰るとあるものを貰えるのよ」と教えてくれました。それは私の大好物でしたので、私もこのマラソンに参加することにして駆け出しました。

すこしゆくと、その道は森の中に入ってゆく道でした。そのあたりになると、私の周りに誰もいなくて一人でしたが、道は真直ぐ一本道のようなので迷うこともなく、その道を進んでゆきました。

森の中をしばらくゆくと、その道の片側が塀になっていました。その塀の中になにがあるのだろうといったことが、ほんのすこし頭をかすめたようでしたが、それより塀の傍に蛇がいるのに気づき、塀の中のことより、この蛇のことが気になりました。すこし気味悪かったのですが、その蛇は私に向かってくるようでもないので、そのままどんどん駆けてゆきました。

最初小さく見えたつもりの蛇は、塀に添って横たわり、塀と同じようにつづいているらしく、美しい緑色の透明な長い長い蛇でした。「これまでに五十メートル位あるかな、この蛇は蛇としてももっとも大きな蛇に違いない」と思ったものですが、なおしばらくゆくと、その蛇の尻尾のところが、私の背丈位の直径をもった大きな輪型になって立っておりました。それは外郭にからませながら、円の中に透明な緑色の尻尾が美しく編みこまれてありました。私はそのあまりの美しさ、見事さに見とれ、そこで立ちどまりました。塀もそこでちょうどおしまいになっていて、そこに門がありました。私はその扉を押して中に入りました。

私はその中の様子を見て、その中を考えてもみなかっただけにとても驚きました。仮にいろいろ想像してみたとしても、とてもこんなふうには想像できなかったと思いました。そこは緑の毛氈を敷きつめたように、奇麗に刈りこんだ輝くばかりの緑の芝生が広々と、どこまでも広がっていて、その芝生には、こんもりした可愛い庭木が配置よく所々に植えられてあるとても美しい庭でした。緑一色でも美しいその庭を、更に美しくしているものがありました。それこそ、つやつやした栗色、うっすらしたクリーム色、柔らかく渋い銀色を手頃なぶちに配した輝くばかりに美しい毛並の虎です。それが二、三匹ずつ固まっては、庭木とよく調和して各所に配置されたようにして坐りこんでいました。その全体の配置の妙、色彩の異様な調和の美しさは、こんなふうに様子を語ったとしても、実際それを見なければ、その美しさはとても解らないと思いました。この世の美しさを表現するあらゆる言葉を持ち出してみても、及びもつかないのは、この美しさがこの世のものではないので、人間はそれを表現できないのだとしか思えません。私はただ感激するばかりでした。

「蛇がいたり、虎がいたり……これはきっとどこかの動物園の柵が壊れて、それでこんな所にうろうろしているのかしら」と思いましたが、それらの思いはまったく一瞬のことで、私の立っているところは、それどころでない身の危険を感じました。どうして、それがそこにあることが解ったのかは知ることができませんが、この庭の中に私のゆく目的の建物がありましたので、私はそのまま前に進んでゆきました。

この庭を通るには、恐ろしさを顔に表わしたり、恐ろしさのあまり慌てて空気を微動だにさせようものなら、異様な状態で調和を保っている美しさは、たちまち崩れ、虎は私めがけて飛びかかって来るに違いありません。私は虎を無視しているように、そしらぬふりして、静かに悠然とした形を保ってその庭を歩きました。しかし、心の中は必死の思いで、あらんかぎりの速力を自分に命じながら、その庭を通ったのでした。

やっと辿りついた建物の入口の扉を開けた途端、それこそ心中の速度ほどの速さでこの中に飛び込んだものです。虎はやっぱり私の後についてきていたようで、建物の中に一緒に入りこもうとします。扉を押えるのに私一人の力では、とても応じ切れなかったのですが、私の背後から誰かが扉を押えるのを手伝ってくれました。それでやっとその扉を締めることができました。

長い夢をすこしも省略することなく示した。読者がこの夢によって、他界と呼ぶに等しい内界の存在をすこしでも実感して下さると幸いである。

内界と外界

先の夢を細かく解釈することはしないが、興味ある点にすこし触れることにしよう。この夢のマラソンで「帰る」ことが強調されている点に注目すべきであろう。これからゆくところが、いかに「帰る」のがむずかしい所であるかを、これは予示している。実際、この蛇の門をくぐった人が、もしこちらに帰って来なかったら、精神病というラベルでも貼られかねまじい状態になったであろう。

この人がくぐった蛇の尾の門は、『荒野の狼』の中で、ハリーが魅せられたあの円形劇場の門を思わせる。それは「尋常の人入場お断り」なのだ。くぐるのには勇気がいる。ここに現われた緑色の蛇も印象的である。緑色の蛇は多くのお話に登場するものだが、ここではそれらは省略して、ユング自身も心の深層に自分を導いてくれるものとして、緑の蛇を描いていることだけを指摘しておこう。緑にも意味は多くあるが、ここではビーナスの色としての意味が強いように思う。緑は愛の女神ビーナスの色だ。愛と言ってもそれは身体性を伴う豊穣の神である。ビーナスの国にはいって見いだしたものは、美しい芝居と虎であった。それは生命力の美しさであり――危険性も潜在している。

「この美しさが、この世のものではないので、人間はそれを表現できないのだとしか思えません」と、この夢を見た女性は言っている。それはまさに他界のことである。そこで、彼女は虎の危険をこそ避けられたものの、その中の建物に締めこまれたのである。

彼女は内界のこの美しい庭つきの家に住みつつ、外界においては普通に生活しなくてはならない。ここに個性化の道を歩むことのむずかしさと苦しさがある。しかし、実のところ、われわれは外界との接触を怠ると、「帰れ」なくなるのだ。ユングは先に述べた凄まじい内的体験をしながら、日常的な生活をやり抜いていったことが、どれほど意味深かったかを強調している。あちらの世界もこちらの世界も、ともに大切なのである。

彼は次のように言っている。「意識と無意識は、どれか一方が他方に抑圧されたり破壊されたりしていては、ひとつの全体を形づくれない。両者を平等の権利をもって公平に戦わせるならば、双方共に満足するに違いない。両者は生命の両面である。意識をして、その合理性を守り自己防衛を行わしめ、無意識の生命をして、それ自身の道をゆかしめる公平な機会を受けしめよう。……それは、古くからあるハンマーと鉄床との間の技である。それらの間で鍛えられた鉄は、遂に壊れることのない全体、すなわち個人となるであろう。」(ユング「人格の統合」より)

個性化の道を歩むものは、腹背に敵を受ける厳しさを体験する。それは「尋常な人入場お断り」の道であることを覚悟しなくてはならない。

共時性

自己実現における重要な要素として、「時」ということがある。いままで何度も述べてきたように、無意識は意識の一面性を補償するはたらきがあるが、その無意識が意識へ作用を及ぼし、全体性の回復への始動がはじまる「時」というものが存在する。

謹厳実直な人がちょうど給料日の翌日に、昔の友人にひょっこり出会う。友人に誘われるままに競馬を見にゆき、そこで給料袋をおとしてしまい、同情して友人が買ってくれた馬券が大あたりをする。これが、この実直な人の競馬におぼれて借金を重ねる話のはじまりである。こんな話を聞かされると、話があまりうまくできているので感心させられる。この章の初めにアレンジメントということを書いたが、まさにそのとおりである。

実直な人の無意識内に形成されていった補償傾向が意識に突入してくる「時」、それはいつか解らない。しかし、その時が来ると、いろいろと偶然に面白いことが生じるのである。あのときに、あの友人に会わなかったら、給料を落とさなかったら、などなどと嘆いてみてもはじまらないのである。

ユングはこのような意味で、人生の後半の重要性を強調する。むしろ、人生の前半はその人にふさわしいペルソナを形成するため、社会的地位や財産などをつくるために、エネルギーが消費される。しかし、人生の後半は、むしろ、内面への旅が要請される。言うなれば、生きることだけではなく、死ぬことも含めた人生の全体的な意味を見いださねばならない。このような「時」が訪れたとき、多くの人は中年の危機を迎える。

中年までは順調にすすんできた人が、中年になって荒れたり、失敗をしたりすることがよくある。思春期という用語と同じように、「思秋期」という用語もあっていいのではないかと思うほど、両者は似た関係にある。それにしても、ヘッセが『デミアン』を書いたのは、四十二歳のときだったというのは示唆的である。思春期の本当の意味を知るのは、思秋期になってからのことである。若いときは生きるのに忙しくて意味を考える暇がない。もちろん、若いときから「意味」にとりつかれる人もある。ユングの言っているのはあくまで一般論であって、人生の前半から、個性化の問題にかかわらざるをえない人たちもいる。これは困難を極めた仕事なので、そのような人はなんらかの症状かなにかによって苦しめられていることが多い。

個性化の「時」の出現に伴って、われわれはしばしば、不思議な現象に出会う。競馬の人の例もすこしそのようなところがあるが、偶然にしては、あまりにも意味の深い偶然と考えられる現象が起こるのである。夢と現実との一致などということも生じる。

ユングはこのような「意味のある偶然の一致」を重要視して、これを因果律によらぬ一種の規律と考え、非因果的な原則として、共時性(synchronicity)の原理なるものを考えた。つまり、自然現象には因果律によって把握できるものと、因果律によっては解明できないが、意味のある現象が同時に生じるような場合とがあり、後者を把握するものとして、共時性ということを考えたのである。

共時性の原理に従って事象を見るとき、なにがなにの原因であるかという観点ではなく、なにとなにが共に起こり、それはどのような意味によって結合しているかという観点から見ることになる。われわれ心理療法家としては、因果的な見かたよりも、共時性による見かたでものを見ているほうが建設的な結果を得ることが多いようである。

ところで、共時性による見かたは、むしろ中国人の得意とするところで、易経などは、そのような知識に満ちた本であるということができる。事象を因果の鎖によって時間系列のなかに並べるのではなく、事象全体をとらえて、その全般的な「相」を見るのである。中国にはやくから文明が栄えながら、西洋流の自然科学が発達しなかった理由のひとつとして、中国人の事象をみる態度が根本的にこのように異なっていたことがあげられる。

「相」を「相」として全体的に把握することはむずかしく、かつ、それを説明することは因果的に説明しやすいものである。たとえば、彗星が出たから王が死ぬだろう、とか、誰か死ぬ夢を見たから、その人は死ぬのではないか、などのように。そうなると、これは迷信になりはてて、自然科学の発達をますます妨害することにもなる。

自然科学の発達した西洋において、ユングが共時性の原理を取りあげたことも面白いが、それに対して、理論物理学者のパウリが共鳴し、彼らがこの点に関しての共著を出したりしているのは、ますます興味深いことである。「科学」ということに関する考えかた自身が、このような点をバネとして、今後は大いに変革されてゆくことになるのではないだろうか。

日本人の自己実現

いままで、ユングの考えに従って、無意識の世界について述べてきたが、その間にあって、ときに日本人の特性ということにも言及してきた。日本人の意識の構造は明らかに、西洋人のそれと異なっているのだから、無意識の在りかたもそれに従って異なってくるのも当然と思われる。その中で、いままで指摘してきたように、日本の文化が母性との結合を保存しつづけ、西洋人と比肩しうるような自我を確立してきていないことは、非常に特徴的である。といっても、このことを必ずしも否定的にのみ評価しているのではないことは、いままでの論議から解っていただけると思う。ユングの大半の努力は、西洋において確立された自我を、いかにして自己へと結びつけるか、ということであったと言っても過言ではない。その点、日本人は漠然とではあるが、自己の存在を常に心にとめていると言えるのではないか。

ところで、二九五ページに示した夢において、月が太陽を恋するようになり、区別することを知ったという事実はきわめて示唆的である。先に述べたことを比喩的に言えば、西洋の意識は太陽の意識であり、東洋のそれは月の意識であるという言いかたもできる点から考えてみると、これは東洋の意識が西洋の意識に心を奪われたことを意味している。

たしかに、日本人の夢分析をつづけてきて、そこには西洋的な自我を確立しようとする強い傾向が存在していることが認められるのは事実である。しかし、いったいそれはどの方向に向かってゆくのか。それは単純に言いがたいし、西洋をモデルにすることは、もはやできないであろう。ユングにしても、東洋の知恵を取り入れることによって、一面化した西洋の意識をいかにして補償するかに苦心したとも言えるからである。

ともかく、はっきりと言えることは、現在の国際交流のはげしさとも相まって、東洋と西洋の対決と相互作用が、深いレベルで行われねばならない「時」が、われわれの上に到来しているということである。日本という国の特異性は、このような仕事に対して、一役買う地位を占めているようにも思われる。東洋と西洋のぶつかりあいの中から生まれてくる新しいシンボルを見いだすことを、日本人ができるとするならば、これほどやり甲斐のある仕事は他にないだろう。

このような大きい夢をもちながら、著者としては夢分析の仕事をつづけているが、現代人の中に見いだされる未来へ向かう傾向性を的確に把握するためには、もう一度、過去に目を向けて、日本人の意識・無意識を含めた心の在りかたというものが、どのように表現されてきたかを、丹念にふりかえることの必要性をも痛感している。実のところ、無意識の世界の無時間性という点に注目するならば、古いものの中に、まったく新しいものを発見することも可能であると思われる。

ユングの個性化の理論から、われわれは多くのことを学ぶが、結局は、日本人としての個性化という点で、自ら考え自ら生きることが重要であると思われる。自ら体験し、自ら考えることこそ、ユングの言う個性化に他ならないと思うからである。

参考文献

I　無意識へのアプローチ

ユング編著、河合隼雄監訳『人間と象徴』上・下、河出書房新社、一九七五年。
フロイト、懸田克躬・吉田正己訳『ヒステリー研究』日本教文社、一九五五年。
フロイト、丸井清泰訳『精神分析入門』上・下、日本教文社、一九五二年。
ジョーンズ、竹友安彦・藤井治彦訳『フロイトの生涯』紀伊国屋書店、一九六四年。
河合隼雄『コンプレックス』岩波新書、一九七一年。〔本巻所収〕
ユング、小川捷之訳『分析心理学』みすず書房、一九七六年。
ベンネット、荻尾重樹訳『ユングの世界』川島書店、一九七三年。

II　イメージの世界

成瀬悟策編『イメイジ』誠信書房、一九七一年。
エリアーデ、前田耕作訳『イメージとシンボル』せりか書房、一九七一年。
デュラン、宇波彰訳『象徴の想像力』せりか書房、一九七〇年。
ランガー、矢野・池上・貴志・近藤訳『シンボルの哲学』岩波書店、一九六〇年。
ストー、岡崎康一訳『創造のダイナミックス』晶文社、一九七六年。
宮城音弥『夢』岩波書店、一九五三年。
松本淳治『眠りと夢の世界』東洋経済新報社、一九七二年。
『夢』(『伝統と現代』一九号)、伝統と現代社、一九七三年。

ボス、三好郁男・笠原嘉・藤縄昭訳『夢――その現存在分析――』みすず書房、一九七〇年。

ハドフィールド、伊形洋・度会好一訳『夢と悪夢』太陽社、一九六八年。

フーコー、荻野恒一訳「序論」『夢と実存』みすず書房、一九九二年。

西郷信綱『古代人と夢』平凡社、一九七二年。

鑪幹八郎『夢分析入門』創元社、一九七六年。

Ⅲ　無意識の深層

エリアーデ、堀一郎訳『大地・農耕・女性』未来社、一九六八年。

エリアーデ、堀一郎訳『生と再生』東京大学出版会、一九七一年。

河合隼雄・藤田統・小嶋謙四郎『母なるもの』二玄社、一九七七年。

ユング／ケレーニイ、杉浦忠夫訳『神話学入門』晶文社、一九七五年。

小沢俊夫編『日本人と民話』ぎょうせい、一九七六年。

河合隼雄『影の現象学』思索社、一九七六年。〔第Ⅰ期著作集第二巻所収〕

ラディン／ケレーニイ／ユング、皆河宗一他訳『トリックスター』晶文社、一九七四年。

山口昌男『道化の民俗学』新潮社、一九七五年。

Ⅳ　無意識界の異性像

エンマ・ユング、笠原嘉・吉本千鶴子訳『内なる異性』海鳴社、一九七六年。

ノイマン、玉谷直実・井上博嗣訳『アモールとプシケー』紀伊国屋書店、一九七三年。

シュライバー、巻正平訳『シビル〈私のなかの16人〉』早川書房、一九七四年。

ヘッセ、芳賀檀訳『荒野の狼』人文書院、一九五一年。

荒井献『原始キリスト教とグノーシス主義』岩波書店、一九七一年。

ユング、ヤッフェ編、河合・藤縄・出井訳『ユング自伝――思い出・夢・思想――』Ｉ・Ⅱ、みすず書房、一九七二―七三年。

ユング、池田紘一・鎌田道生訳『心理学と錬金術』人文書院、一九七六年。

ユング、松代洋一訳『空飛ぶ円盤』朝日出版社、一九七六年。

ユング／パウリ、村上陽一郎・河合隼雄訳『自然現象と心の構造』海鳴社、一九七六年。

高橋巌『神秘学序説』イザラ書房、一九七五年。

土居健郎『「甘え」の構造』弘文堂、一九七一年。

木村敏『人と人との間』弘文堂、一九七二年。

河合隼雄『母性社会日本の病理』中央公論社、一九七六年。

中根千枝『タテ社会の人間関係』講談社、一九六七年。


以上、日本語で書かれたもの、および邦訳のあるものに限定した。なおユングの全集は、Walter-Verlag より *Die Gesammelten Werke von C. G. Jung* として出版されている。英訳版は、Routledge and Kegan Paul より *The Collected Works of C. G. Jung* として出版されている。Walter-Verlag からはユングの書簡集が出版されているが、これも興味深いものである。

Ⅲ

ユング心理学の現在

現在の状況

ユング心理学が現代において担っている責務は、非常に大きく重いものである、と考えられる。この点を明らかにするために、現代の状況についてしばらく考えてみたい。世紀があらたまるということとも重なって、今われわれは世界の大きい転換期に立っていると思われる。ヨーロッパ—キリスト教文化を世界の中心と考える世界観から脱却するときであり、それに伴ういろいろな変化や混乱に遭遇しているのが、現代の状況である。

ところで、一九二〇年代のはじめに北アフリカに旅行し、はじめて非ヨーロッパ文化圏の国を見たC・G・ユング(C. G. Jung)は、その感想を彼の『自伝』のなかに次のように記している。(1)

時計がヨーロッパ人に告げていることは、いわゆる中世以来、時間と同義語である進歩がヨーロッパ人に忍びよって、ヨーロッパ人から取り返すことのできないものを奪い去ったということである。軽くした荷物をもって、ヨーロッパ人はますます加速度を早めながらはっきりしない目標へ向かって彷徨の旅を続けている。重心の喪失と、それに相応して生じた不完全感をヨーロッパ人は、たとえば蒸気船、鉄道、飛行機、ロケットのような、彼らの勝利の幻想によって補った。

この文は、このまま二十一世紀のはじめの今においても通じる。と言うよりは、最近になって一般の人々が気づきはじめたことを、ユングは一九二〇年の頃に見とおしていたのだから、何とも凄いことだと思う。また、それだけにユングは長い間誤解されたり無視されたりし続けてきたのである。と言っても、ユングは別に「西洋よりも東洋」とか「東洋に学べ」と言ったわけではない。彼はインドに旅したとき、インドの文化に心を動かされながらも、インドの聖者から教えを受けようとはしなかった。彼は「ヨーロッパにおいて私は東洋からの盗用はできず、私自身から――つまり私の内的なものが語る、自然が私に告げるものから、生きてゆかねばならないのである」[2]と述べている。

現代の状況は、上記のような点ではユングの時代と大分変わってきている、と筆者は考える。コミュニケーションの急激な発展によって、異文化の接触が爆発的に増加し、そのことと無縁には生きておれない。ユングの言うようにもっとも大切なことは自分自身の「内的なものが語る」ことであるにしろ、そのような内部において文化接触がすでに生じていると言うべきであろう。世界の精神史という見方をしても、ヨーロッパ近代の成し遂げたことは決して無視できない。したがって日本人として考えるなら、やはり自分自身の内的なものを尊重するにしろ、近代ヨーロッパの精神との相互作用と対決は避けられない。その点で、ユングの心理学は相当に意味あるものとなると考えている。

上記のユングの言葉に「重心の喪失」というのがあった。これは彼自身は当時のヨーロッパに対して言っているのだが、現代では、ほとんどすべての社会に当てはめられるのではないだろうか。日本では、オウム真理教の事件が生じた。それを単純に批判する前に、このようなものを生み出した現代社会について考えてみる必要がある、と思う。「重心の喪失」による不安に耐えかねたものは、何でもいいから頼りになると思われる強力な支えを求める。「宗教」ということが重要な関心事になる。

十九世紀より二十世紀の前半までは、近代科学が急激に発展し、その力によって古来からの宗教が、多くの人を束縛していたのを解き放った時代であったと言える。「迷信」による治療よりも近代医学がどれほど強力であるかを経験することが多かった。科学がどんどん進めば、宗教など不要になるのではないかとさえ思われた。

ユングは人間にとっての「宗教性」の必要について論じる。彼の言う宗教性は、必ずしも特定の宗派に属することを意味しない。人間の自我がいかに合理性、論理性によって武装されても、それを超える圧倒的な力をもって無意識より生じてくる内容は人間を限りなく惹きつける。それを「慎重かつ良心的に観察する」ことが宗教性であり、それが人間には必要とユングは考えた。このような仕事をやり抜くことは、個人にとって大変なことであり、そこには宗教的天才が用意する宗派ができてくるのも当然である。これらに属することは、もちろん個人の自由であり、それが望ましいときもある。ただ、それはあくまでその個人が自分の「内部からの声」に従ってきめるべきであるが、慎重を要することは論を待たない。

現代の状況との関連で触れるべきこととして、「女性」の問題がある。日本のように男尊女卑の伝統をもつ国は世界中に多くある。あるいは、キリスト教文化圏でとくにプロテスタントは、その考え方における「男性原理」の重視がある。近代の「進歩」の思想には、この男性原理が強くかかわっている。ユングがこれに対して、女性原理の重要性を指摘したのは周知のことである。フェミニズムの運動は、したがってユングの考えを取り入れるところもあったが、やはりユングも時代精神に影響され、女性に対する伝統的な固定観念をもっている点が指摘され、攻撃されるところもあった。もっとも、フェミニズムの考えは、今後もどのように進んでゆくのか見当のつかぬところがあるし、人間の(男も女も含めた)生き方を考えてゆく上で、フェミニズムとユングのからみ合いは、今後もいろいろと変化してゆくものと思われる。

心理療法

上記のような現代の状況を踏まえ、ユング派の心理療法はどのような傾向をもつであろうか。ユングは神経症の治療も行っていたが、分裂病者に接することも非常に多かった。それに彼自身が中年に体験した病的体験が分裂病圏の深さをもったものであったことも反映して、彼は心理療法によって病気を「治す」ということよりも、個性化の過程(process of individuation)ということに関心をもつようになった。

個性化の過程は一般に安易に受けとめられている「自己実現」とは異なり、人生の前半において確立された自我を前提とし、その自我がユングの言う普遍的無意識と対決し、その内容を意識化し統合してゆくことを意味している。このような作業は自我にとって相当な負担となるのみならず、それはその個人の属する社会や文化の一般的傾向と反するようなことも多いので、その過程を歩むことには、相当な苦しみと危険性を伴うことを覚悟しなくてはならない。そしてすでに述べた宗教性の課題もそこにかかわってくるのである。

現代人は個性化の課題に直面している人が多いように思われる。これは、経済的条件がよくなってきたので、衣食住のことに以前ほど大量のエネルギーを費やす必要がなくなってきたこととも関連している。それと、個人の自由ということが高く評価されるようになったので、既成宗教の教えにあきたらなく感じる人が増えてきたことも要因のひとつとしてあげられるだろう。ユングは彼のところに来談した人の三分の一が「よく適応し、問題がないところに問題がある人」だったと逆説的な表現をしている。つまり、地位や名誉、家庭などにおいては満足しているのだが、「何のために生きるのか」、「人はどこから来てどこへ行くのか」などの根源的な問いに答えようとして苦悩している人たちであった。それが現在では上記のような要因が重なって、非常に多くの人が同様の課題を背負うようになったと考えられる。

ユングの病的体験に対して、フロイト(S. Freud)の病的体験などとともに、エランベルジェ(H. F. Ellenberger)が「創造の病」(creative illness)と名づけたことは周知のとおりである。(3) 筆者はこのような概念を、事故やいろいろな事件などにまで拡大して考えるといいと思っている。とくに、ユングの言うアニマ・アニムスの問題は、非常に重要な問題であり、このことは現実の男女関係と関連してくるので、さまざまの類の「事件」として顕現してくる。日本には西洋のようにロマンチック・アニマと、それに対処するさまざまの方法についての伝統を欠いているので、この問題は容易に実際的な問題として露呈してきやすい。そのようなときに、単なる事件としてその「処置」を考えるのではなく、個性化の過程のきっかけとしてそれを位置づけて考えてみることに、大きい意義があると思われる。このような個性化の過程と関連することは、「心理療法」と呼んでいいのかどうか迷うところであるが、ともかく、このような来談者が増えていることは、ユング派の特徴と言えるかもしれない。

最近渡米し、テキサスのA&M大学の臨床心理学の教授デイヴィッド・ローゼン博士と話し合ったとき、次のような意見を聞いた。彼はユング派の分析家でもあり、講義の際に上記のようなユングの「人生後半」の課題に対する考えを紹介し、「中年の危機」について講義したところ、学生たちは、「それは中年のことではなく、われわれ青年の問題です」と言った。つまり、ユングが人生の前半と後半と分けて述べたことは今は通用せず、ユングが人生後半の課題として述べたことは現代の青年にとっての課題になっているのだ。ローゼン博士は、「青年期平穏説」などが唱えられたのは一昔前で、現在のアメリカの青年の苦悩は非常に深い、と指摘した。そのうちに日本もそうなるだろうとも言った。このことは、これからわれわれが青年期のクライアントに会うときに、大いに心すべきことであろう。

いわゆる健常者について述べた後に、ここで反転して分裂病に関して少し触れておきたい。ここでもユング派の特徴が示されると思うからである。ユングの考えに従うなら、健常者がとくにその個性化の過程にかかわるとき、それは分裂病者と同等の深い無意識内容を問題にすることになる。したがって両者にはある種の共通点が認められる。

分裂病の心理療法に関して少し触れておくと、ユングの分裂病に対する大きい努力にかかわらず、現在のユング派の分析家で分裂病に取り組んでいる人は、あんがい少ない。これは、分裂病という対象の手強さを反映していると思われるが、上述したように、来談者が神経症の人のみならず健常者の方にまで一挙に拡大し、それに応えねばならぬので、わざわざ困難なことに取り組むこともない、というのが欧米の事情のようである。ただ、筆者としては「分裂病」と診断されるかどうかはともかく、幻聴・幻覚などの症状を示しながら、心理療法によって症状が消失し、以後も再発せずに健康な生活を送るような例があることは事実なので、分裂病という診断を急ぐことなく、ユング派の心理療法的接近を行うことも大切と思っている。分裂病の心理療法に取り組んでいるユング派の分析家、武野俊弥氏は「日本において新しい動きが出ている」ことを指摘している。(4)この領域において最近は、ユング派分析家、角野善宏氏がその著作(5)のなかで分裂病の分析例を提示している。今後も日本のユング派からの貢献が大いに期待されるところである。

以上述べてきたように、無意識のより深い層にかかわるとするならば、転移／逆転移も「深く」ならざるを得ない。ユング派においても、転移／逆転移の問題は常に課題として存在し続けている。

科学論

フロイトもユングも彼らの方法が「科学」であることを主張した。当時の風潮を考えるとこれは当然のことと思われる。まったく新しい学問を世に出すに際して、「科学である。したがって正しい」という主張をしなくてはならなかった。それに、彼らは思弁的にではなく、多くの経験——それも苦痛に満ちた——を通して得られた結果であることを明らかにする上においても、「科学」であると強調したかったと思う。

しかし、今から考えるとフロイトにしろユングにしろ彼らがつくりあげてきたことが、少なくとも近代科学と異なることは明らかである。近代科学においては、観察者と観察される現象との間に明確な切断があることを前提にしている。フロイトはこの方法に適応させようとして、「分析者の隠身」ということを主張した。しかし、その後、フロイトの学派においても、逆転移の治療的効用を認めるようになった点に示されているが、分析者と被分析者との「関係」が重要な要因であることが認識されてきた。ユングは早くから逆転移の意義を認めていた。このように、むしろ観察者と被観察者との「関係」のあることを前提とし、その関係のあり方について研究することが、重要であると考えられるようになった。

方法論について次に重要なことは、フロイトもユングも彼らの理論を打ちたてる根本に、自分に対する自己分析の経験を生かしていることである。個人的体験を経たことをできる限り客観化することによって、そこに普遍的な知を見出そうとする。これはもちろん心理療法として意義あることだが、それが近代の自然科学の方法とは異なっていることの自覚を必要とする。このような反省をせず、そこに見出された「理論」は科学的に正しいので、誰にでも「適用」できると考えるのは間違いである。あくまで、被分析者の個人的体験に沿いつつ進むべきで、その際に「理論」が補助的に役立つのである。この点に関する認識も相当に進んできたと言っていいであろう。

科学論においてユングの貢献したこととして、「共時性」(synchronicity)の原理の提唱がある。現象の理解に際して、因果的連関を探るのみならず、非因果的な符号(acausal coincidence)の原理も合わせて考えるべきだとの主張である。このことは、ユングが因果律を否定していると受けとめられたり、魔術的な思考に陥っていると誤解されたりしたが、今では相当に理解が行きとどいている。もちろんこのような考えを受けいれない人も多くあるが、筆者は今後の科学の在り方を考える上において、きわめて重要なことであると思っている。

科学論を考える上でユング心理学との関連で問題とすべきことは「意識のレベル」ということである。ユングは無意識の層を個人的無意識と普遍的無意識とに分けて考えるべきことを主張した。これは西洋近代の考えによって一応の「無意識」と表現されているが、それはむしろ「意識のレベル」が異なることによって把握される「現実」のことと理解する方が妥当と思われる。(6) 意識のレベルの差によって認識される現実も変わってくる。表層の意識によって把握される現実が、いわゆる日常普通の現実である。それを洗練させて近代科学による現実認識が可能となる。これに対して、意識のレベルを降下させてゆくと、それは深層心理学による現実認識になる、と言っても、それを再び表層の意識によってとらえ直したものなのではあるが、この際、意識のレベルが異なることを無視してしまって、近代科学の見方をすると、深層心理学の語るところは「非科学的」あるいは「荒唐無稽」ということになる。

しかし、意識水準の異なることを意識し、それによって把握された「現実」について「科学する」ことは可能ではないだろうか。このことと前述した「共時性の原理」などが結びつき、いわゆる「ニュー・サイエンス」の運動が生じてくる。この点について詳述はできないが、そのような動きのひとつとしてのトランスパーソナル心理学とユング心理学との関係については今後ともよく考えてゆくことが必要と思っている。この「意識の水準」の問題は、今後「人間の科学」を考える上において、非常に重要となるだろう。これには、仏教の思想が関連してくると思うが、この点は他に譲りたい。

ここで問題となることは、先の「共時性」についてでも言えることであるが、よほど的確に考えを推しすすめていかないと、容易に偽科学、偽宗教の類になってしまうことである。共時性にしても、そのような偶然の一致の経験をもとにして「〜すれば〜となる」という因果関係へとすり変えてしまうと、それは魔術になる。あるいは異なる意識のレベルによって把握された現実を混同してしまうと、まったく馬鹿げた結論を引き出してくることになる。

生命ある存在としての人間を全体として対象とする（と言っても客観的対象化は不能であるという認識の上に立ってのことだが）、新しい「人間の科学」をつくり出すことが今後の課題となると思うが、それに対して、ユング心理学が貢献できるであろう。

理論の構築

以上述べてきたようなことを踏まえ、ユング心理学の理論体系をどのようにつくりあげてゆくか、という課題が生じてくる。これはユング派にとってかなり深刻な問題である。いつかユング派の分析家で、国際分析心理学会の会長も務めたこともある、グッゲンビュール（Guggenbühl）氏に京都大学の臨床心理学教室で講義をしてもらったとき、彼が「非実際的なユング」(Unpractical Jung)という題をかかげたのが印象的であった。これは彼一流の逆説的表現ではあるが、確かにユングの「理論」はあまり実際的ではない。たとえば、ユング派では夢分析を重視するのは周知のことであるが、それに対する「マニュアル」はあるだろうか。ユングは膨大な著作を残しているが、夢について書いた論文は四篇しかなく、それも夢分析をどうするかという「実際的」な手がかりを与えるようなものではない。深層心理学という学問そのものに、単純な「マニュアル」を許さぬ性格があるが、それでもユング派とフロイト派とを比較すると、その差が明らかに認められる。

ユング研究所の訓練や講義においても、クライン(Klein)やコフート(Kohut)、ウィニコット(Winnicott)などの名前がよく登場する。ユング派の分析家であると言いつつ、その「理論」を語るときに他派のそれを借用する人は割にいるのである。このことは、すでに述べてきたようなユング派の特徴が、人間を全体として理解しようとする姿勢による限り、従来の「科学」、「学問」の形になじまないという事実を反映している。明確で明晰な概念を提出し、それらを論理的に積みあげてゆくことによって理論体系を打ち出す、という方法にとらわれると、人間が死んでゆく。心理療法において明確な理論をつくりあげると、それを学び身につけてゆく治療者は楽をするが、それを当てはめられるクライアントは苦労することになる。さりとて、理論があまりにもあいまいになり、それが治療者の自信のなさにまでつながってゆくと、治療者とクライアントは「共に歩む」ことができるかもしれないが、共に苦境に陥るだけ、ということにもなる。

これを避けるためには、そもそも新しい人間の科学において、理論がどのようにあるべきであるか、それは従来の「科学」や「学問」とどのような点で異ならざるを得ないのか、などという検討が必要になってくる。このことはなかなか困難なことであるが、どうしてもユング派としては挑戦しなくてはならないところである。

もっとも、そのような面倒なことを言わず、割り切ることの害を十分に自覚しつつ、割り切れる限り割り切って考えてみようという態度もある。その例として、H・A・ウィルマー(H. A. Willmer)のそのものズバリ『プラクティカル・ユング』などという書物がある。(7) この本を読むと、著者が相当なユーモアの持ち主であることがわかる(彼を直接知る人たちによってもその点が確かめられた)。先に、Unpractical Jung ということで紹介したグッゲンビュールも、なかなかウィットのある人だ。心理療法においては多くの二律背反が存在するが、ユング派ではとくにそれを強調する傾向がある。そのような二律背反に耐える余裕をもつことと、ユーモアとは大いに関係してくる。ユーモアと余裕は切っても切れぬ関係がある。どのような理論体系を立てるにしろ、それと対立する考えや矛盾する考えを許容するユーモアを必要とするのかもしれない。

実際的にはユーモアによって切り抜けられるにしても、「学」として提示するときはどうなるのか。おそらく二十一世紀における新しい「人間の科学」は、従来の「学」とはその根本から相当異なるものになる必要がある、と思われる。しかし、その点を一般に納得させるために、何故そのようなことが必要であり、どのように異なるかを説明しなくてはならない。日々の心理療法に力を注いでいると、そのようなことは面倒に感じられることも事実である。実際、アメリカにおいては、ユング派の分析家で大学教授である人は(ユング派でトランスパーソナル心理学の人をいれても)五指を屈するまでに至らない、と思われる。

論理的整合性を大切なメルクマールとしてつくりあげるモデルは、「操作」するのにもっとも好都合なものなのである。その操作によって多くのことを得てきたので、人間は、論理的整合的なモデルこそ「正しい」と錯覚するようになった。それは有効かつ便利ではあるが、別に「正しい」ものではない。このような錯覚が強くなりすぎたので、人間に関する多くの現象に「ボーダーレス」の状況が出現してきた。理論構築のため人間が行った明確な「分類」に対して、自然が反撥しているのである。そのなかのひとつが、ボーダーライン・ケースであろう。心身症もそのように理解されるのではないか、と筆者は考えている。

自然破壊に対する反省から、最近では「共存」ということがよく言われるようになった。心理療法も「操作モデル」から「共存」の方に変化しつつある。その際「共存」の理論体系はまだ確立されていないのではないか、を反省する必要がある。共存と言いつつ、「やさしい操作」によってごまかしていないだろうか。ここでそもそも「モデル」という考えを棄て去るのか、論理的整合性によらない「モデル」を考えるのか。これらの点について考えることは、ユング派のみならず、心理療法に従事するすべての人にとっての課題であると考えられる。

(1) ユング、ヤッフェ編、河合隼雄・藤縄昭・出井淑子訳『ユング自伝 II』みすず書房、一九七三年。
(2) 注1に同じ。
(3) エランベルジェ著、木村敏・中井久夫監訳『無意識の発見』上・下、弘文堂、一九八〇年。
(4) 武野俊弥「分裂病とユング派の治療」『精神療法』第21巻第3号、一九九五年。
(5) 角野善宏『分裂病の心理療法』日本評論社、一九九八年、および角野善宏『たましいの臨床学』岩波書店、二〇〇一年など。
(6) この点については詳述を避けたが、詳しくは拙著『宗教と科学の接点』(岩波書店、一九八六年)を参照されたい。なお同書では「意識の次元」という表現をしているが、「意識の水準《レベル》」の方がよいと考えている。
(7) ウィルマー著、東山弘子・倉光修・皆藤章訳『プラクティカル・ユング』上・下、鳥影社、一九九三―九五年。

内界の人物像と多重人格

二重人格より多重人格へ

最近アメリカにおいて多重人格の症例の多発が報告されている。それも十六重人格[1]とか、まったく考えられないほど多くの多重人格が出現する。十九世紀末から二十世紀初頭にかけて、深層心理学が急激な発展を遂げたときに、多くの二重人格の症例が発表された。当時、自分自身も症例を発表しているピェール・ジャネ[2]は、一〇〇例をこえる程度の発表があったと述べている。

カール・ユング(C. G. Jung)も早くから二重人格の現象に注目していたが、そのような現象を単に「病的」とか「異常」とかの観点から見るのではなく、二重人格として生じるものは、新しい人格の発展の可能性が何らかの特殊な事情によって妨害され、その結果として障害が生じていると見ようとしたところが特徴的である。彼が一九〇二年に発表した博士論文に、つとにこのような考えを指摘しているのは注目に値する。[3]二重人格や夢中遊行のなかに「目的をもった意味」を見出そうとしたのである。

今世紀はじめに多くの二重人格の症例が発表され、それもだんだん少なくなってきた頃、一九五七年にセグペンとクレックレーによって『イヴの三つの顔』という題で劇的な症例が発表された。これはイヴ・ホワイトと名づけられる第一人格に対して、それとまったく逆の性格をもつ第二人格のイヴ・ブラックが存在する症例である。これは治療経過の詳細が報告されている点もあって多くの人によく読まれ、映画化されたりもした。

以上のような今世紀前半までによく出現した二重人格は、ユングによる「影」(shadow)の考えによって説明すると、わかりやすいと思われる。ユングはもともと夢分析の実際経験から、この考えをもつようになった。つまり、夢分析をはじめると、夢を見る人と同性で、何らかの意味で本人と性格が反対の傾向をもつ人物が現われ、その人物との関係から得るところがある、という夢を見ることが多いことに気がついた。ユングは、そのような人物像を shadow image と名づけ、各人は夢の分析を通じて、自分の shadow の存在の realization (何らかの実現を通じての体験的認知)に努めることが必要であると考えた。

ところが、ある人にとって、このような shadow の realization の道がまったく閉ざされ、一面的な堅い人格ができあがってしまうと、shadow も一個の人格として機能しはじめて、時には第一人格と入れ代わるようなことが生じるのではないか、と考えられる。これは自我によるきわめて強い抑圧の結果である。

二重人格の症例は今世紀の後半になって少なくなり、きわめて稀なことになった。ところが、最近になって急に多重人格の症例がアメリカで発表されるようになった。これは、しかし、先に述べた二重人格とは異なる心的メカニズムをもつものと考えられる。その一番大きい点は、多重人格のなかに異性が含まれる、ということである。たとえば、十六重人格のシビルの場合、第一人格は女性であるが、その多重人格のなかに、マイクとシドという二人の男性が含まれている。治療者はマイクとシドに向かって、彼らの身体が女性の身体であり、男性とは異なることを一所懸命に説得しようとするが、二人とも承服しない。そのうちに変わってくると主張している。このことを報告して著者は、「彼女の例が性差の境界を超えて反対の性の人格を発生させた唯一の多重人格だ」

と述べているが、その後の多重人格においては、異性も生じることが報告されている。つまり、これまでの二重人格とは異なる現象が生じたのである。

現在において多発している多重人格は、抑圧よりも分裂(splitting)の機制によるものであると考えられる。アメリカに行ったとき、多重人格の症例を聞く機会があったが、その生活史を見ると、性的虐待などあまりにも強い心理的プレッシャーがあり、一個の人格として存続し続けることが不可能のように感じられた。そんなときに、splitting の機制によって、何とかその重圧を逃れて生きてきたと考えられる、したがって、二重人格のような、白と黒、善と悪といった類の対比はそれほど鮮明ではなく、それぞれの人格が状況に応じて出現してきている、という印象を受ける。

夢のなかの人物

人間は毎晩夢を見る。そのなかに実に多くの人物が登場する。と言っても、人間は夢をすべて記憶するのではないから、夢を見ないと言う人もあるが、最近の夢に関する研究から考えて、すべての人が夢体験をしていると推論していいだろう。それは人間が生きていく上で必要であるようだ。

夢には、時にまったく思いがけない人物が登場する。日常的には忘れ去っている小学校の同級生が登場し、話し合ったりする。あるいは、父親だと思って話し合っているうちに、父親が友人に変わっていたり、極端な場合は、人間ではない事物になったりする。それは椅子なのだが、それが「父親」であることはわかっており、夢のなかでは何ら不思議に思わない。それと、非常に大切なことは、夢のなかの人物は、それぞれの自立性をはっきりと持っていることである。自分が考え出した話であれば、そのなかの人物を自分の考えで動かすことができる。

しかし、夢では一般にそうはいかない。相手が何を考え、何をするかはまったく予想がつかない。しかし、それは自分の夢なのである。

夢のなかで体験するもうひとつの非常に大切なことは、自分自身が他人や他の事物になりながら、それを自分であるとはっきり認識している現象である。夢のなかでは異性になることもある。あるいは、動物や事物になるときもある。つまり、「私」という存在は、通常に考えているよりも、はるかにあやふやなものなのである。あるいは、夢のなかでは、自分が「もう一人の私」に会うこともある。自分が自分に出会うのである。自分は一人ではなく、もう一人いるのだ。

以上のような夢は必ずしも「異常」とは言い難い。稀ではあるが、ともかく健常者の夢に生じてくる。その夢によって「異常」になる、というのではない。つまり、人間の内界においては、いろいろな人物がいろいろと不思議なドラマを演じており、そのなかでは人物や事物の同一性が比較的保たれていないのである。これは、現実生活において、われわれが「同一律」を非常に大切にして生きているのと好対照をなしている。おそらく、このような世界によって支えられないと、われわれの日常生活は成立しないのであろう。

夢のなかの人物と外界の人物はどのように関係するのだろうか。これは時に不思議な一致を見せる。たとえば、夢のなかで人物Aが死ぬと、Aが実際に死んだり、Aの訪問を夢のなかで受けると、それがそのまま翌日の現実になったりする。このようなことは、一般に稀である。とすると、夢のなかの人物は、いったい誰なのか。端的に言えば、夢を見た人の何かである。私が残酷な人物Xについて夢を見るとき、それは私のなかのXを示している。というより、Xは私のなかに生きている、というべきである。「私にも残酷なところがあるなあ」と考えるのではなく、「残酷な人間が生きている、住んでいる」しかもそれは「私の支配に屈しない自律性をもっている」

と考えるべきである。

このように考えると、一個の人間として同一性を保持し、この世に生きているということの大変さがよく認識できる。しかし、実はこれは「私」一個の力ではない。そんなことは不可能である。実は他の人々の協力によってそれはできているのだ。他の人々が私に対してもつ期待、信頼、拒否、その他もろもろのものの総和のなかで、ある程度の一貫性をそなえた「私」というのがつくられているのだ。言うなれば、そのような「私」を保持するために、人間は相当な無理をしている。「無理」という表現が気に入らないのなら、「大変な努力」と言ってもいい。

そこで、観点を変えて言うなら、「私」というのを非常に広くとると、夢のなかに出てくる「私」および他の人物すべてが「私」なのだ。それら全体が「私」を構成している。実際に、夢に出てくる人物の一人一人を「私」だとして考えてみることは意味あることだ。しかし、そのように言ってもそれは通常の「自我」(つまり、覚醒時に「私」であると意識し得る存在)から見ると、近いと感じるのと遠いと感じるのがあるのも事実である。そのときに一般論として、同性よりは異性を遠く感じるものである。この点について、ユングは「影よりもアニマ・アニムスの統合の仕事の方が、はるかに難しい」ことを強調している。アニマ・アニムス像とは異性像のことを指している。

「統合」ということは、確かに困難である。しかし、統合を放棄して各人物像がバラバラに存在しているとすると、これらの内界の人物像が外界に現われて、多重人格になるというのは可能ではなかろうか。たくさんの人物がいるなかで、常に「私」が一貫して出現するのではなく、人が入れ代わって出るとなると多重人格になる。このようなことも考えられるのである。

自我と私

そもそも「私」というのは、いくら考えてもわからない難物である。インドの説話に次のようなのがある。ある旅人が小屋に一人で泊っていると、鬼が死体をかついでやってきた。そこへもう一匹の鬼が来てその死体は自分のものだと言う。そこで二匹の鬼が旅人にどちらが正しいか判断せよという。旅人が最初に来た鬼のものだと言うと、後から来たのが怒って旅人の手をち切って食べてしまう。最初の鬼は死体から手をち切って旅人につけてくれる。ところが怒った鬼は旅人をどんどん解体していくので、最初の鬼はつぎつぎと死体の部分をとってつけてくれる。そして、最後のところでは旅人と死体との「体」はまったく入れ変わってしまった。そこで、旅人は「いったい私は誰だろう」と嘆くのである。

この話の結果はどうなるのか。旅人は「いったい私は誰だろう」という難問を抱いて、坊さんに会いにいくが、その答えは「そもそも『私』などというのは、いろいろな要素が集まって仮にできているのだから、そんなことを心配しなくともいい」というのであった。ここには仏教の教えが端的に示されている。「私」などというのが絶対にあると思うから、人間はいらぬ苦労をする、というわけである。

このような仏教の考えに立つと、多重人格の治療など簡単なものである。いったいどれがほんとうの私でしょうなどと言っても、本来「私」などというのは寄せ集めの仮のものだから、何の心配もいらないわけである。

仏教の考えにまったく対照的なのが、近代自我の考えである。「私」というのは全体として考えはじめると上述したようにきわめてあいまいな存在になってくるのだが、デカルトの「我思う故に我在り」という言葉に示されるように、自分が思考していること、意識していることを根拠として、「自我」の存在を明確にし、それを

「私」と規定するのが西洋近代の考えである。こうすると、実に多くのことが明確になってくる。「私」の責任、「他人」との関係など。それに何と言っても、このことによって自然科学やテクノロジーが急激に進歩し、その体系化が進む。このためには、自我は自分自身の(1)能動性、(2)単一性、(3)同一性、(4)外界と他人と区別された存在としての自我、を認識していなくてはならない。これによって人類は実に多くの仕事をするようになったが、これを「自然」の方から見ると、途方もない無理をしていることになる。

十九世紀後半においては、このような自我が単純な道徳律に従って、「善」なる自我をつくりあげると、どうしてもそこに無視された「悪」の方が集まって第二人格をつくりやすいという傾向が生じた。フロイト(Freud)の精神分析をはじめ深層心理学の諸派は、近代西洋のもっとも大切と考えた「自我」に対して「無意識」も考慮に入れることを提唱した。このことは相当に一般に受け入れられて、単純な二重人格の症例は急に少なくなった。

二十世紀の後半になると、とくにアメリカにおいて、子どもの体験するストレスが急増した。このことの第一の原因は、各人が「自我」を大切にしつつ、「自我」と他人の「自我」との結びつきをどのようにもつのがいいのかについて、その配慮に欠けるようになったからである。西洋の自我の成立の背景にはキリスト教という宗教があり、その信仰を保ったまま、自我の確立を行うときは、神を介することによって、個々人の自我は深いつながりをもつことができる。しかし、近代自我の在り方そのものに、キリスト教をそのまま信じ難い点を内包しているところがあって、なかなかそれを両立させていくのは難しい。

信仰抜きで「自我」の確立と発展のみを考えることに、大人が熱心になるとまず被害を受けるのは子どもである(子どものみならず、社会の「弱者」が被害を受けるのだが、ここでは、子どものことのみを考える)。子どもに対する心理的ストレスが極端に高まるなかで、子どもが上記したような「自我」をもとうとするならば、その場面、場面によって異なる「自我」を顕在させる方法によってしか、存続することはできないのではなかろうか。これは二重人格の場合とまったく異なる、こま切れになった分裂の状態である。しかし、分裂病のように自我意識にまで大きい障害を受けるのではなく、おそらくそのことを回避するために、個々の自我はある程度健常に機能しているが、それぞれ別個の人格に分裂することによって、ストレスの直撃を受けぬようにしている、と考えられる。その人間の内界に住む人物を総動員して、事に当たっているということができる。

おそらく日本では、もちろん都市文化のなかで、子どもの虐待や多重人格は発生してくるであろうが、文化差の問題があるので、アメリカほど多発しないのではないか、と筆者は考えている。表層の文化はすぐに変化するが、深層の方は非常にゆっくりと変化していくものである。

新しい「心」の構造

二重人格の現象に対して、ユングはその肯定的な面を見出そうとした。彼がそのときに考えた重要なことは、人間存在の「全体性」ということと「統合」ということであった。われわれは、彼にならって、多重人格の現象のなかに肯定的な面を見出すことができるであろうか。

ユングは単純な道徳観に基づく近代自我のもろさを、二重人格の現象に見出し、その欠点を克服することを現代人の課題と考えた、ということもできるが、われわれが多重人格の現象から学ぶことは、おそらく近代自我からの脱却の必要性ということであろう。すでに述べたこととの関連で言えば、内界に住む多くの人物をすべて「私」と考えるのなら、そのなかで「自我」だけを、あまりに特別扱いするのをやめよう、あるいは、「唯一の自我」に固執するのはやめよう、ということになるのかもしれない。

と言って、すべての人が「多重人格」をそのまま生きるとなると、社会は混乱し破滅するだろう。ユングにしても、すべての人が二重人格者として生きよと言ったのではない。彼は、二重人格として顕現している側面をできる限り第一人格に「統合」することを主張した。このために、彼は常に「悪」の問題について考え続けることになった。

多重人格の場面も、第一人格への「統合」を目指すと考えてよいのだろうか。筆者の考えでは、ここに「統合」ということを持ち出すのは無理がありすぎる。二重人格から多重人格への移行の過程を考えるべきであるし、そもそも、夢のなかで自分は内界の人物たちを「統合」しているかどうかを考えてみて欲しい。

内界の人物について考えるのが難しい場合は、外界の人物について考えてみてもいい。誰しも、外界の人すべてを好きとか、すべての人と人生観が同じなどということはないであろう。嫌いな人もいるし、倫理観も相当に異なる人もいる。しかし、人間はうまく共存して生きている。嫌いな人とはなるべくつき合わないようにする、しかし、必要とあれば慎重につき合う。このように考えると、人間は実にうまく生きている。しかし、そこに「統合」などということはない。うっかり「統合」などを考えはじめたら、争いが起こって仕方がないのではなかろうか。

内界においても同様に考えてはどうであろう。「統合」を考えずに「共存」をはかる。ただ、ここでわかりにくくなるのは、自我が内界のいろいろな人物との共存をはかり、親しくつき合うようになるとき、その人物を外界から見ている人にとって、どれほどの「一貫性」あるいは「アイデンティティ」が感じられるのか、という点である。それは、ほとんど「多重人格」に見えるのではなかろうか。しかし、「多重人格であること」と「ほとんど多重人格に見えること」との間には、重大な差があると言えないだろうか。

何だか話が途方もないことになってしまったようだが、もし自分が多重人格の症例に会って治療をするとなると、ここまで考えねばならないように思う。どのようなクライアントにしろ、その人と会うことは自分自身の人生観を揺すぶられることになる。アメリカにおいて多発している多重人格は、われわれが現代に生きる上において、実に重要な問題を提出しているように、筆者には思われる。したがって、文化比較のことにまで筆が及んだりして、話が広がってしまったし、ここに述べたことは、まったくの試論というべきものである。今後この問題をもっと追究していきたいと思っている。

(1) フローラ・リータ・シュライバー、巻正平訳『シビル〈私のなかの16人〉』早川書房、一九七四年。
(2) ピエール・ジャネ、関計夫訳『人格の心理的発達』慶応通信、一九五五年。
(3) Jung, C. G., *Zur Psychologie und Pathologie sogenannter occulter Phänomene*. Leipzig, 1902.

初出一覧

序説　現代人と心　書き下ろし。

Ⅰ

コンプレックス　一九七一年十二月、岩波書店刊。

Ⅱ

無意識の構造　一九七七年九月、中央公論社刊。

Ⅲ

ユング心理学の現在　『精神療法』二一巻三号、一九九五年六月、金剛出版。『ユング派の臨床』二〇〇〇年二月、金剛出版刊に所収。

内界の人物像と多重人格　『精神療法』二一巻六号、一九九五年十二月、金剛出版刊。

■岩波オンデマンドブックス■

河合隼雄著作集 第II期 1
コンプレックスと人間

2001年12月5日 第1刷発行
2015年12月10日 オンデマンド版発行

著 者 河合隼雄《かわいはやお》

発行者 岡本 厚

発行所 株式会社 岩波書店
〒101-8002 東京都千代田区一ツ橋2-5-5
電話案内 03-5210-4000
http://www.iwanami.co.jp/

印刷／製本・法令印刷

ISBN 978-4-00-730333-3 Printed in Japan